高等职业教育铁道供电技术专业系列教材

轨道交通高压设备检测和试验

王喜燕　周　郑◎主　编

陈庆花　刘亚琳◎副主编

李轶群◎主　审

中国铁道出版社有限公司

2024年·北京

内 容 简 介

本书是高等职业教育新形态融媒体教材。全书以轨道交通高压设备为主线,遵循设备运维规律,对接真实岗位作业项目,构建"绝缘介质特性分析、试验安全防护、高压设备试验"三大模块,分别介绍了气体、液体、固体绝缘介质特性;高压设备试验安全防护;变压器试验、互感器试验、高压开关试验、避雷器试验、接地装置试验、电力电缆试验。

本书适合作为高等职业院校铁道供电技术专业教材,又可作为高等职业院校城市轨道交通供电类相关专业教材,也可作为现场作业人员职业技能培训与鉴定的参考书。

图书在版编目(CIP)数据

轨道交通高压设备检测和试验／王喜燕,周郑主编.
北京:中国铁道出版社有限公司,2024.9. --(高等
职业教育铁道供电技术专业系列教材). -- ISBN 978-7
-113-31473-6

Ⅰ. U223.6
中国国家版本馆 CIP 数据核字第 2024KH4902 号

书　　名:轨道交通高压设备检测和试验
作　　者:王喜燕　周　郑

责任编辑:尹　娜　　　　编辑部电话:(010)51873206　　　　电子邮箱:624154369@qq.com
封面设计:郑春鹏
责任校对:苗　丹
责任印制:樊启鹏

出版发行:中国铁道出版社有限公司(100054,北京市西城区右安门西街 8 号)
网　　址:http://www.tdpress.com
印　　刷:三河市国英印务有限公司
版　　次:2024 年 9 月第 1 版　2024 年 9 月第 1 次印刷
开　　本:787 mm×1 092 mm 1/16　印张:17　字数:414 千
书　　号:ISBN 978-7-113-31473-6
定　　价:55.00 元

前　言

高压设备检测与试验属于一项"高空、高压、高危"的特种作业,作业人员必须掌握高压设备绝缘、作业安全防护、操作标准规范等理论与技能。本书立足轨道交通变电设备检修工岗位需求,贯穿轨道交通高压试验安全职业理念,对接轨道交通产业新设备、新技术、新标准,以岗位技能培养为核心,采用项目化方式,分析变电设备检修工岗位工作过程,细化现场典型工作任务,分析绝缘介质特性,规范试验安全防护,主要介绍了轨道交通变电所变压器、互感器、高压开关、避雷器、接地装置、电力电缆的检测与试验,并融入现场案例、技术前沿、创新应用等内容,以提高学生职业岗位综合能力。

本书依据《电气装置安装工程　电气设备交接试验标准》(以下简称《试验标准》)(GB 50150—2016)、《电力设备预防性试验规程》(以下简称《试验规程》)(DL/T 596—2021)、《铁路牵引变电所电气设备试验规则》等国家标准、行业标准、企业标准进行编写,分为绝缘介质特性分析、试验安全防护、高压设备试验三个模块,梳理了八个项目,细化为三十六个任务,融入动画、视频、微课、虚拟仿真等数字化资源,实用性强、交互性好。

本书由郑州铁路职业技术学院王喜燕、周郑任主编,陈庆花、刘亚琳任副主编,中国铁路武汉局集团有限公司工程师方小花、湖南高速铁路职业技术学院曹志华参与编写,中国铁路武汉局集团有限公司高级工程师李轶群主审。具体编写分工如下:项目一、项目二由王喜燕编写,项目三、项目四任务一由陈庆花编写,项目四任务二、任务三由方小花编写,项目四任务四、任务五由曹志华编写,项目五、项目六任务一、任务二、任务四由周郑编写,项目四任务六、项目六任务三、任务五、项目七、项目八由刘亚琳编写。

由于编者水平有限,书中难免存在不足和疏漏之处,欢迎各位读者批评指正。

编　者

2024 年 6 月

目 录

项目一

高压设备绝缘介质的特性分析

项目描述

　　绝缘介质也称为电介质。本项目主要讲解高压设备绝缘介质特性分析,介绍了气体、液体、固体电介质在电场的作用下出现的极化、电导和损耗物理现象,详细分析了气体电介质在均匀电场中的气体击穿放电、不均匀电场中的气体放电,以及不同电压形式下气隙的击穿特性,总结了提高气体电介质击穿电压的方法。液体电介质和固体电介质广泛用作电气设备的内绝缘,本项目还介绍了液体电介质、固体电介质的击穿过程、击穿特性,分析影响液体电介质、固体电介质击穿电压的因素,总结了提高液体、固体电介质击穿电压的方法。

学习目标

1. 知识目标

(1)掌握电介质极化、电导、损耗的概念及相关参数;

(2)掌握各类电介质的极化、电导、损耗特点;

(3)理解不均匀电场气体放电的特征,以及不同电压形式下气隙的击穿特性;

(4)理解液体、固体电介质的击穿理论。

2. 能力目标

(1)分析不同电介质的极化、电导、损耗的特点,以及在工程实践中的意义;

(2)分析不均匀电场中及不同电压形式下气体放电特性;

(3)分析影响液体电介质击穿电压的因素,阐述提高液体电介质击穿电压的方法;

(4)分析影响固体电介质击穿电压的因素,阐述提高固体电介质击穿电压的方法。

3. 素质目标

(1)培养科学严谨、认真细致的学习态度;

(2)提升逻辑思维、分析问题的能力;

(3)培养良好沟通、团结一致的团队精神。

学习引导

　　在电力系统中,电介质是作为电气设备的绝缘材料使用。电介质将电气设备不同电位的导体分隔开,使之在电气上没有联系,以保持不同的电位。电气设备的运行可靠性,在很大程度上取决于电介质的绝缘性能。据统计,电力系统中 50%~80% 的停电事故是由于设备电介质的绝缘性能下降最终导致击穿而引起的,因此有必要研究各类电介质在高电压作用下的击穿特性,以及电介质在电场的作用下出现的极化、电导和损耗等电气物理现象。

●●●● 任务一　电介质的极化、电导和损耗 ●●●●

📋 任务描述

　　一切电介质在电场的作用下都会出现极化、电导和损耗等电气物理现象。一般气体的极化、电导和损耗都很微弱,可以忽略不计。本任务主要讲解电介质的分类及电气特性,讲解电介质的极化、电导、损耗现象,分析电介质在电场作用下的导电性能、介电性能和电气强度。

📋 任务目标

　　1.掌握电介质极化、电导、损耗的概念;
　　2.理解相对介电常数、介质损耗因数的推导过程;
　　3.列举电介质极化的形式;
　　4.掌握各类电介质的极化、电导、损耗特点;
　　5.阐述电介质的极化、电导、损耗在工程实际中的意义。

📚 知识准备

一、电介质的分类

　　电介质按物质的形态,可分为气体电介质、液体电介质和固体电介质三类。在电气设备绝缘结构的实际应用中,往往采用几种电介质联合构成为组合绝缘结构。通常,电气设备的外绝缘由气体电介质和固体电介质联合而成,而内绝缘则由固体电介质和液体电介质联合而成。

二、电介质的电气特性

　　电介质的电气特性,主要表现为它们在电场作用下的导电性能、介电性能和电气强度,它们分别以四个主要参数来表示,即电导率 γ(或绝缘电阻率 ρ)、介电常数 ε、介质损耗角正切 $\tan\delta$ 和击穿场强 E_b。

三、电介质的极化

(一)电介质极化的概念

　　任何结构的电介质在没有外电场作用时,内部的正、负电荷处于相对平衡状态,整体上对外没有极性。当有外电场作用时,电介质中的正、负电荷将

电介质的极化

沿着电场方向作有限的位移或者转向而形成电矩,这种现象称为电介质的极化。极化使得电介质的表面出现电荷,其中靠近正极的表面出现负电荷,靠近负极的表面出现正电荷。

（二）电介质的相对介电常数

电介质极化的强弱可用介电常数的大小来表示。它与该电介质分子的极性强弱有关,还受到温度、外加电场频率等因素的影响。具有极性分子的电介质称为极性电介质,极性电介质即使没有外电场的作用其分子本身也具有电矩。由中性分子构成的电介质称为中性电介质。

如图 1-1 所示的平行板电容器极化现象,当两极板之间为真空时,在极板间施加直流电压 U,两极板上分别充有正、负电荷,其电荷量为

$$Q_0 = C_0 U \tag{1-1}$$

式中　C_0——真空电容器的电容量。

$$C_0 = \frac{\varepsilon_0 A}{d} \tag{1-2}$$

其中,$\varepsilon_0 = 8.86 \times 10^{-14}$ F/cm,为真空的介电常数;A 为极板面积,cm^2;d 为极间距离,cm。

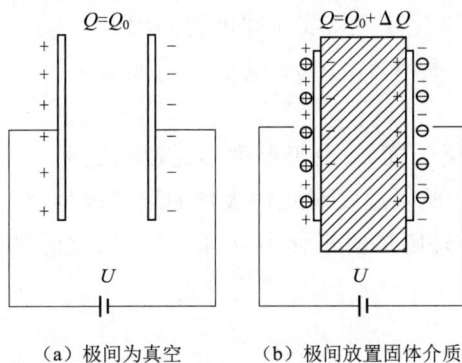

（a）极间为真空　　（b）极间放置固体介质

图 1-1　平行板电容器极化现象

如果在此极板间填充以其他电介质,这时在外加的直流电场作用下,电介质中的正、负电荷将沿电场方向做有限的位移或转向,从而使电介质表面出现与极板电荷相反极性的束缚电荷,即电介质发生了极化。由于外施直流电压 U 不变,为保持极板间的电场强度不变,这时必须再从电源吸取一部分电荷 ΔQ 到极板上,以抵消束缚电荷的作用。可见,由于极板间电介质的加入,致使极板上的电荷量从 Q_0 增加到 Q:

$$Q = Q_0 + \Delta Q = CU \tag{1-3}$$

式中　C——加入电介质后两极板间的电容量。

$$C = \frac{\varepsilon A}{d} \tag{1-4}$$

其中,ε 为加入电介质的介电常数。

显然,这时电容量 C 比两极板间为真空时的电容量 C_0 增大了。对于同一平行板电容器,放入其中的电介质不同,其极化的程度也不同,表现为极板上的电荷量 Q 的不同。于是,Q/Q_0 就反映了在相同条件下不同电介质极化现象的强弱。

$$\frac{Q}{Q_0} = \frac{CU}{C_0 U} = \frac{C}{C_0} = \frac{\varepsilon \dfrac{A}{d}}{\varepsilon_0 \dfrac{A}{d}} = \frac{\varepsilon}{\varepsilon_0} = \varepsilon_r \tag{1-5}$$

式中　ε_r——电介质的相对介电常数,它是表征电介质在电场作用下极化现象强弱的指标。ε_r 值愈大,电介质的极化特性愈强。ε_r 值由电介质的材料决定,并与温度、频率等因素有关。

(三)电介质极化的形式

电介质最基本的极化形式有电子式极化、离子式极化和偶极子极化三种,另外还有空间电荷极化和夹层极化等。

1. 电子式极化

如图 1-2 所示,电介质中的原子、分子或离子中的电子在外电场的作用下,使电子轨道相对于原子核产生弹性位移,使正、负电荷作用中心不再重合而形成感应偶极矩的过程,称为电子式极化。

电子式极化的特点如下:

(1)电子式极化存在于所有电介质中。

(2)由于电子质量很小,极化建立所需时间极短,为 $10^{-15} \sim 10^{-14}$ s。因此,这种极化在各种频率的交变电场中均能发生,即 ε_r 不随频率的变化而变化。

(3)极化程度取决于电场强度 E,由于温度不足以引起质点内部电子能量状态的变化,所以温度对此种极化的影响极小。

(4)极化是弹性的,去掉外电场时极化可立即恢复,极化时消耗的能量可以忽略不计,因此也称之为"无损极化"。

图 1-2　电子式极化

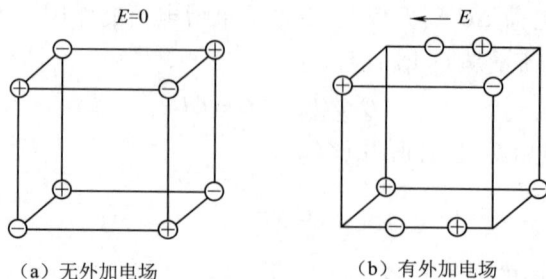

2. 离子式极化

固体无机化合物大多属于离子式结构,如云母、陶瓷等。在离子式结构的电介质中,无外加电场作用时,由于晶体的正、负离子对称排列,各个离子对的偶极矩互相抵消,平均偶极矩为零,对外不呈现电极性。有外加电场作用时,除了促使各离子内部产生电子式极化外,正、负离子还将发生方向相反的偏移,使平均偶极矩不再为零,电介质呈现极化,这就是离子式极化,又称离子位移极化,如图 1-3 所示。

图 1-3　离子式极化

离子式极化的特点如下:

(1)离子式极化存在于离子结构的电介质中。

（2）极化的建立是在正、负离子在外电场中定向位移的基础上的，极化所需时间极短，约 $10^{-13} \sim 10^{-12}$ s，因此 ε_r 不随频率的改变而变化。

（3）温度升高时，离子间的距离增大，离子间的结合力减弱使得极化程度有所增加，同时离子的密度减小又使得极化程度有所降低，前者的影响大于后者，所以 ε_r 随温度的升高而增强。

（4）在离子间束缚较强的情况下，离子的相对位移是很有限的，没有离开晶格，外电场消失后即可恢复原状，因此它属于弹性极化，几乎没有能量损耗。

3. 偶极子极化

在胶木、橡胶、纤维素、蓖麻油、氯化联苯等极性电介质中，分子中的正、负电荷作用中心不重合，就单个分子而言，其具有偶极矩，称为偶极子。没有外电场作用时，由于分子的不规则热运动，各极性分子偶极矩的排列是杂乱无章的，宏观上对外不呈现电矩。有外电场作用时，偶极子受到电场力的作用而发生定向旋转，做较有规则的排列，整个电介质的偶极矩不再是零，对外呈现极性，这种极化就是偶极子极化，又称为转向极化，如图1-4所示。

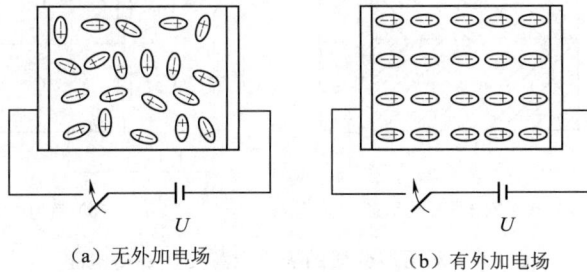

（a）无外加电场　　　　（b）有外加电场

图1-4　偶极子极化

偶极子极化的特点如下：

（1）偶极子极化存在于极性电介质中。

（2）极化建立的时间较长，为 $10^{-6} \sim 10^{-2}$ s，因此 ε_r 与频率有较大关系。当频率较高时，极化由于跟不上电场的变化而减弱，ε_r 随频率的增加而减小。

（3）温度升高时，分子的热运动加剧，会妨碍偶极子的定向排列，使得极化减弱；温度很低时，分子间联系紧密，偶极子转向困难，不易极化。因此，随温度的增加，ε_r 先增加后降低。图1-5所示为氯化联苯的 ε_r 与频率 f 和温度 t 之间的关系。

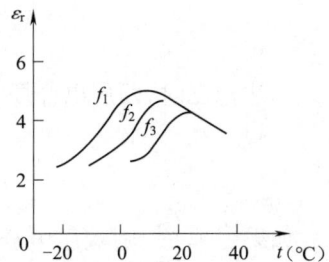

图1-5　氯化联苯的 ε_r 与温度 t 和频率 f 的关系 $(f_1 < f_2 < f_3)$

（4）偶极子在转向时需要克服分子间的吸引力和摩擦力而消耗能量，因此极化是非弹性的，又称为"有损极化"。

4. 空间电荷极化

电介质中多少都会存在一些可迁徙的电子或离子，在电场作用下这些带电质点将发生移动，并聚积在电极附近的电介质界面上，形成宏观的空间电荷，这种极化称为空间电荷极化。

空间电荷极化一般进行得比较缓慢，而且需要消耗能量，属于有损极化。在电场频率较低的交变电场中容易发生这种极化。在高频场中，由于带电质点来不及移动，这种极化难以发生。

5. 夹层极化

夹层极化是由多层电介质组成的复合绝缘中产生的一种特殊的空间电荷极化。上述几种极化形式都是由带电质点的弹性位移或转向形成,而夹层极化则是由带电质点的移动形成的。

在实际电气设备中,常采用多层电介质的绝缘结构,如电缆、电机和变压器的绕组等,在两层电介质之间常夹有油层、胶层等形成多层介质结构。对于电介质不均匀、电介质含有杂质、电介质受潮等,都可以作为夹层电介质看待。由于夹层电介质各层电介质的介电常数和电导率都不同,外加电场后,各层间的电压分布将会出现从加压初瞬时按介电常数成反比分布,逐渐过渡到稳态时的按电导率成反比分布。在电压重新分配的过程中,夹层界面上会积聚起一些空间电荷,使整个电介质的等值电容增大,形成夹层电介质界面极化,简称夹层极化。图 1-6 为最简单的双层电介质极化示意及其等值电路。

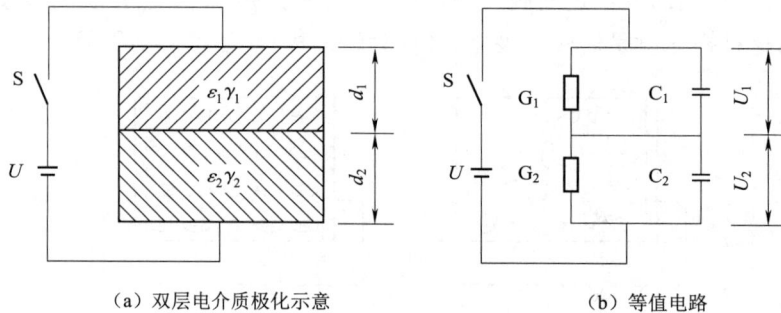

(a) 双层电介质极化示意   (b) 等值电路

图 1-6   双层电介质的极化示意及其等值电路

图 1-6 中,开关 S 闭合瞬间,两层电介质的初始电压按电容成反比分配,即

$$\left.\frac{U_1}{U_2}\right|_{t \to 0} = \frac{C_2}{C_1} \tag{1-6}$$

到达稳态时,两层电介质上的电压按电导成反比分配,即

$$\left.\frac{U_1}{U_2}\right|_{t \to \infty} = \frac{G_2}{G_1} \tag{1-7}$$

如果 $\frac{C_1}{C_2} = \frac{G_2}{G_1}$,则双层电介质的表面电荷不重新分配,初始电压比等于稳态电压比。但实际中,一般情况下 $\frac{C_1}{C_2} \neq \frac{G_2}{G_1}$,要有一个电压重新分配的过程,即 C_1、C_2 上的电荷要重新分配。

设 $C_1 > C_2$ 而 $G_1 < G_2$,则

$$t \to 0 \text{ 时}, U_1 < U_2 \tag{1-8}$$

$$t \to \infty \text{ 时}, U_1 > U_2 \tag{1-9}$$

这样,在 $t > 0$ 后,随着时间 t 的增大,U_2 逐渐下降,而外施总电压 $U = U_1 + U_2$ 保持不变,所以 U_1 逐渐升高。在这个电压重新分配的过程中,由于 U_2 下降,电容 C_2 在初瞬时获得的电荷将有一部分通过电导 G_2 泄放掉;相应地,电容 C_1 则要通过 G_2 从电源再吸收一部分电荷,这部分电荷称为吸收电荷。电荷积聚过程所形成的电流称为吸收电流。

由于夹层极化涉及电荷的移动和积聚,所以必然带来能量损失,属于有损极化;并且电介

质的电导通常都很小,极化建立的时间很长,极化过程特别缓慢,所需时间由几秒到几十分钟,甚至更长。这种极化只在直流和低频交流电压下才能表现出来。

(四)各类电介质极化的特点

真空的相对介电常数 $\varepsilon_r = 1$。各种气体电介质因分子间距离很大,密度很小,极化程度很弱,因此各种气体的 ε_r 值均可视为1。在工频电压下、温度为20 ℃时,常用的液体、固体电介质的 ε_r 大多在2~6之间见表1-1。

表1-1 常用电介质的 ε_r 值

材料类别		名称	ε_r(工频,20 ℃)
气体电介质 (标准大气条件)	中性	空气 氮气	1.000 58 1.000 60
	极性	二氧化硫	1.009
液体电介质	弱极性	变压器油 硅有机液体	2.2 2.2~2.8
	极性	蓖麻油 氯化联苯	4.5 4.6~5.2
	强极性	酒精 水	33 81
固体电介质	中性或 弱极性	石蜡 聚苯乙烯 聚四氟乙烯 松香 沥青	2.0~2.5 2.5~2.6 2.0~2.2 2.5~2.6 2.6~2.7
	极性	纤维素 胶木 聚氯乙烯	6.5 4.5 3.0~3.5
	离子型	云母 电瓷	5~7 5.5~6.5

(五)电介质极化的工程意义

在选择高压电气设备的绝缘材料时,除了注意材料的电气强度(一般用电介质所能耐受的电压来衡量)要求以外,还应考虑相对介电常数 ε_r 的大小。例如,在制造电容器时,希望极板间绝缘介质的 ε_r 大些,这样可以使电容器单位容量的体积和质量减小;在制造电缆时,则要选用 ε_r 小的绝缘材料作为缆芯与外皮间的绝缘介质,以减小充电电流。其他绝缘结构也往往希望选用 ε_r 小的绝缘材料。

高压电气设备中的绝缘常常是由几种电介质组合而成的,这种情况下要注意各种电介质 ε_r 值的适当配合,否则可能导致整体绝缘能力的下降。这是因为在交流及冲击电压下,串联电介质中的电场强度是按与 ε_r 成反比分布的,即几种电介质串联使用时,ε_r 小的电介质承受较大的电场强度,而 ε_r 大的电介质则承受较小的电场强度。这样就使得外加电压的大部分常常由 ε_r 小的材料所负担,因而降低了整体的绝缘能力。例如,当绝缘材料中含有气泡时,因为气体 ε_r 很小,外加电压后,气泡分担的电场强度就很大,容易发生气泡游离或局部放电,而气泡中的这种放电往往会导致整个绝缘的击穿。例如,电缆缆芯处的场强比远离缆芯处大,在设计制造时,靠近缆芯处使用 ε_r 较大的材料可使该处的场强变得小一些,从而使整体介质中的电场分布更均匀,从而提高整体的绝缘能力。

四、电介质的电导

(一)电介质电导的概念

任何电介质都不可能是理想的绝缘体,电介质内部总存在一些自由的或联系较弱的带电质点。在电场作用下,电介质中的带电质点沿电场方向定向移动构成电流的现象,称为电介质的电导。任何电介质都具有一定的电导,都存在一定的导电性。表示电导特性的物理量是电导率 r,它的倒数是电阻率 p。

电介质的电导与金属电导有着本质的区别。电介质的电导主要是由离子造成的,包括电介质本身和杂质分子离解出的离子(主要是杂质离子),是离子性电导;而金属的电导则是由金属导体中的自由电子造成的,是电子电导。电介质的电导很小,其电导率在 $10^{-9}(1/\Omega \cdot cm)$ 以下;而金属的电导很大,其电导率在 $10^5(1/\Omega \cdot cm)$ 以上。电介质的电导随温度的升高而增大,具有正的温度系数,这是因为随温度的升高,分子间的相互作用力减弱,同时离子的热运动加剧,改变了原来受束缚的状态,有利于离子的迁移,使得电导增大;而金属的电导随温度的升高而降低,具有负温度系数。

由于电导与电阻互为倒数关系,所以工程上常用的是电介质的绝缘电阻。

(二)吸收现象

如图 1-7(a)所示,电介质在直流电压 U 作用下,流过电介质的电流 i 随时间的变化规律如图 1-7(b)所示,它随时间逐渐衰减,最终达到某个稳定值,这种现象称为吸收现象。

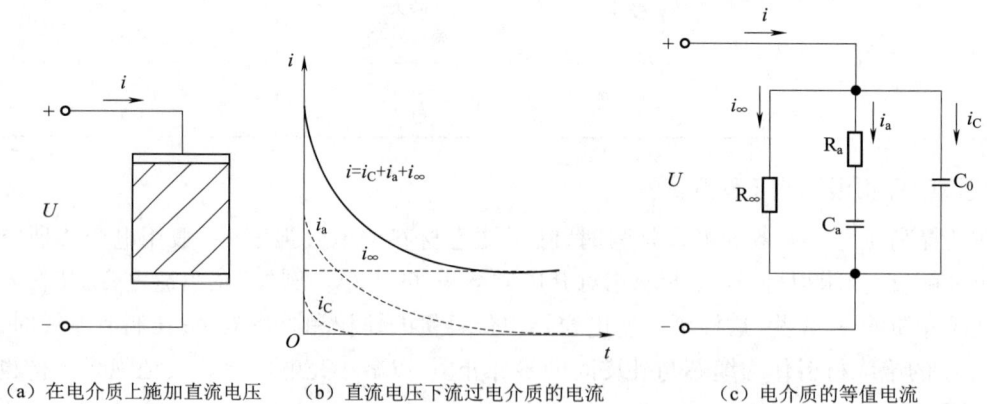

(a)在电介质上施加直流电压　(b)直流电压下流过电介质的电流　(c)电介质的等值电流

图 1-7　电介质中的电流及其等值电路

吸收现象是由电介质的极化产生的。流过电介质的电流 i 由三部分组成:

$$i = i_C + i_a + i_\infty \tag{1-10}$$

式中　i_C——电容电流,是由无损极化产生的电流,由于无损极化建立所需时间很短,所以 i_C 很快衰减到零;

　　　i_a——吸收电流,是由有损极化产生的电流,有损极化建立所需时间较长,所以 i_a 缓慢衰减到零;

i_∞——电介质的电导电流或泄漏电流,是不随时间变化的恒定分量。

根据上述分析,可以得到电介质的等值电路,如图 1-7(c)所示。它由三条并联支路组成,其中,含有电容 C_0 的支路代表无损极化引起的瞬时充电的电容电流支路,电阻 R_a 和电容 C_a 串联的支路代表有损极化引起的吸收电流支路,而含有电阻 R_∞ 的支路代表电导电流支路。

电介质在直流电压 U 的作用下,开始由于各种极化过程的存在,流过的电流较大,然后随着极化过程的结束,电流逐渐衰减而趋于一稳定值 I_∞,即泄漏电流。与这个稳定值所对应的电阻就称为电介质的绝缘电阻,记为 R_∞。

$$R_\infty = \frac{U}{I_\infty} \tag{1-11}$$

电介质的绝缘电阻决定了电介质泄漏电流的大小。过大的泄漏电流在电介质中流通会引起电介质发热,加速绝缘老化。可以通过测量电介质绝缘电阻的大小来判断绝缘的优劣状况。由于电介质中的电流 i 完全衰减至稳定的泄漏电流 I_∞ 所对应的吸收过程往往需要数分钟以上的时间,通常测量绝缘电阻时应施加电压 1 min 或 10 min(如大型电机)后测得稳定数据。

吸收现象在绝缘试验中对判断绝缘是否受潮很有用。当绝缘受潮时,其电导大大增加,电导电流也大大增加,而吸收电流的变化相对较小,且通过电导很快衰减。据此,工程上通过测量加上直流电压后 $t=15$ s 和 $t=60$ s 时流过电介质的电流之比来反映吸收现象的强弱,该比值为电介质的吸收比 K。

$$K = \frac{I_{15\mathrm{s}}}{I_{60\mathrm{s}}} = \frac{R_{60\mathrm{s}}}{R_{15\mathrm{s}}} \tag{1-12}$$

对于良好的绝缘,一般 $K \geq 1.3$。当绝缘受潮或劣化时,K 值变小,如果 $K \approx 1$,认为绝缘受潮严重。此外,在对吸收现象较显著的绝缘试验中,如电缆、电容器等设备,要特别注意由吸收电流聚积起来的所谓"吸收电荷"对人身和设备安全的威胁。

对于固体电介质,R_∞ 是绝缘的体积电阻和表面电阻两部分并联的总阻值。绝缘的表面电阻受外界因素影响较大(如潮湿、脏污等),其数值可在很大范围内变化,不能用以说明绝缘内部的情况;而体积电阻值则真实反映了绝缘介质的内部状况。对气体和液体而言,只存在体积绝缘电阻。为了消除或减小固体电介质表面状况对所测绝缘电阻的影响,一般在测试之前首先对电介质表面进行清洁处理,并在测量接线上采取一定的措施,以减小表面泄漏电流对测量的影响。

(三)各类电介质电导的特点

1. 气体电介质的电导

气体电介质的工作场强低于击穿场强时,其电导率 γ 为 $10^{-15} \sim 10^{-16}$ (S/cm),绝缘电阻很大,泄漏电流很小,是良好的绝缘体。气体的电导主要是电子电导,可以忽略不计。

不同电介质电导的特点

2. 液体电介质的电导

构成液体电介质电导的主要因素有两种:离子电导和电泳电导。离子电导是由液体本身分子或杂质的分子离解出来的离子造成的;电泳电导是由液体电介质中的胶体质点(如树脂、炭渣、悬浮状水滴等)吸附电荷后形成带电胶粒产生的。

中性和弱极性液体在纯净时电导很小;当含有杂质和水分时,电导显著增加,绝缘性能下降,其电导主要由杂质离子构成。极性和强极性液体电介质分解作用很强,离子数多,电导很

大,一般情况下不能用作绝缘材料。可见,液体的分子结构、极性强弱、纯净程度、电介质温度等对电导影响很大。表1-2列出了部分液体电介质的电导率。

表1-2　液体电介质的电导率 γ

液体种类	液体名称	温度/℃	电导率/（S/cm）	纯净程度
中性	变压器油	80	0.5×10^{-12}	未净化
		80	2×10^{-15}	净化
		80	10^{-15}	两次净化
		80	0.5×10^{-15}	高度净化
极性	二氯联苯	80	10^{-11}	工程应用
	蓖麻油	20	10^{-12}	工程应用
强极性	水	20	10^{-7}	高度净化
	乙醇	20	10^{-8}	净化

3. 固体电介质的电导

固体电介质的电导分为体积电导和表面电导,这与绝缘电阻的体积电阻和表面电阻是相对应的。

在固体电介质上加电压时,电介质的内部有电流流过,这是固体电介质的体积电导。体积电导主要是由固体电介质本身的离子和杂质离子构成的离子电导。非极性和弱极性固体电介质的电导主要是由杂质离子造成的,纯净电介质的电阻率 ρ 可达 $10^{17} \sim 10^{19} \, \Omega \cdot cm$。偶极性固体电介质因本身分子能离解,所以其电导是由其本身和杂质离子共同造成的,电阻率较小,最高可达 $10^{15} \sim 10^{16} \, \Omega \cdot cm$。离子性电介质电导的大小和离子本身的性质有关。结构紧密、洁净的离子性电介质,电阻率 ρ 为 $10^{17} \sim 10^{19} \, \Omega \cdot cm$;结构不紧密且含单价小离子($Na^+$、$K^+$)的离子性电介质的电阻率 ρ 仅为 $10^{13} \sim 10^{14} \, \Omega \cdot cm$。

在固体电介质上加电压时,电介质的表面有电流流过,这是固体电介质的表面电导。固体电介质的表面电导主要由表面吸附的水分和污物引起。固体电介质表面干燥、清洁时的电导很小。电介质表面很薄的一层水膜就能造成明显的电导,且水膜越厚表面电导越大;如果其中还有污物,则表面电导增大就更加显著。电介质吸附水分的能力与自身结构有关。石蜡、聚苯乙烯、硅有机物等非极性和弱极性电介质,其分子与水分子的亲和力小于水分子的内聚力,水分不易在其表面形成水膜,表面电导率很小,这种固体电介质称为憎水性电介质;玻璃、陶瓷等离子性电介质和偶极性电介质,其分子与水分子的亲和力大于水分子的内聚力,水分容易在其表面形成水膜,表面电导率很大,这种固体电介质称为亲水性介质。

采取使电介质表面洁净、干燥或涂敷石蜡、有机硅、绝缘漆等措施,可以降低固体电介质的表面电导。

(四)电介质电导的工程意义

在高压设备绝缘预防性试验中,一般都要通过测量绝缘电阻和泄漏电流来反映绝缘的电导特性,以判断设备的绝缘是否受潮或其他劣化现象。在测试过程中应消除或减小表面电导对测量结果的影响,并注意测量时的温度。

串联的多层电介质绝缘结构,在直流电压作用下的稳态电压分布与各层电介质的电导成反比。因此,设计用于直流的电气设备时,要注意各层所用电介质的电导率的配合,尽量使材料得到合理的利用。

电介质的电导对电气设备的运行有重要影响。电介质的电导随温度的升高而增加。电导产生的能量损耗使设备发热,为限制设备的温度升高,有时必须降低设备的工作电流。在一定的条件下,电导损耗还可能导致电介质发生热击穿。

可以合理利用表面电阻对绝缘电阻的影响。为了减小表面泄漏电流,应尽量提高表面电阻,如对电介质表面进行清洁、干燥处理或涂敷憎水性材料等。当为了减小某部分的电场强度时,则需减小这部分的表面电阻,如在高压套管法兰附近涂半导体釉,高压电机定子绕组露出槽口的部分涂半导体漆等,都可以减小该处的电场强度,以消除电晕。

五、电介质的损耗

(一)电介质损耗的概念

任何电介质在电场中都会有能量的损耗。在外加电压作用下,电介质在单位时间内消耗的能量称为介质损耗。

电介质损耗包括电导损耗和极化损耗。电导损耗是由电介质中的泄漏电流引起的。气体、液体和固体电介质中都存在这种形式的损耗。电介质中的电导损耗通常很小,但当电介质受潮、脏污或温度升高时,电导损耗会急剧增大。极化损耗是由有损极化(如偶极子极化和夹层极化)引起的。

电介质的能量损耗最终会引起电介质的发热,致使温度升高,温度的升高又使介质的电导增大,泄漏电流增加,损耗进一步增大,如此形成恶性循环。长期的高温作用会加速绝缘的老化过程,直至绝缘击穿。可见,电介质的损耗特性对其绝缘性能影响极大。

同一电介质在不同类型的电压作用下的损耗不同。在直流电压下,由于电介质中没有周期性的极化过程,而一次性极化所损耗的能量可以忽略不计,所以电介质中的损耗就只有电导损耗,此时用电介质的电导率即可表达其损耗特性;在交流电压下,除了电导损耗外,还存在由于周期性反复进行的极化而引起的不可忽略的极化损耗,需要引入一个新的物理量 $\tan\delta$ 来反映电介质的能量损耗特性。

(二)介质损耗因数 $\tan\delta$

如图 1-8 所示的电介质并联等值电路既适用于直流电压,也适用于交流电压。此等值电路还可以转化为图 1-9 所示的电介质串联等值电路。

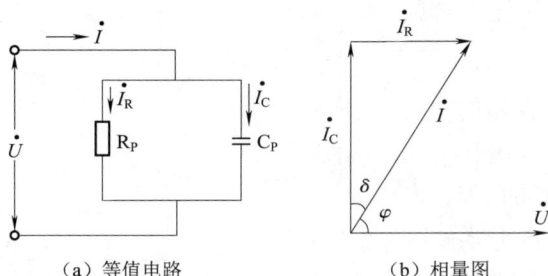

| (a)等值电路 | (b)相量图 | (a)等值电路 | (b)相量图 |

图 1-8 电介质的并联等值电路及相量图   图 1-9 电介质的串联等值电路及相量图

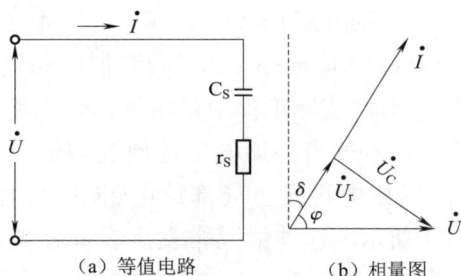

在等值电路所对应的相量图中，δ 为功率因数角 φ 的余角，称为介质损耗角。

在并联等值电路中，$\dot{I}_R = \dfrac{\dot{U}}{R_P}$，$\dot{I}_C = \dfrac{\dot{U}}{-jX_C} = j\omega C_P \dot{U}$，则

$$\tan\delta = \frac{I_R}{I_C} = \frac{U/R_P}{U\omega C_P} = \frac{1}{\omega C_P R_P} \tag{1-13}$$

$$P = UI_R = UI_C \tan\delta = U^2 \omega C_P \tan\delta \tag{1-14}$$

在串联等值电路中，$\dot{U}_r = r_S \dot{I}$，$\dot{U}_C = -jX_C \dot{I} = \dfrac{\dot{I}}{j\omega C_S}$，则

$$\tan\delta = \frac{U_r}{U_C} = \frac{r_S I}{I/\omega C_S} = \omega C_S r_S \tag{1-15}$$

$$P = I^2 r_S = \left(\frac{U}{Z}\right)^2 r_S = \frac{U^2}{r_S^2 + (1/\omega C_S)^2} r_S = \frac{U^2 \omega^2 C_S^2 r_S}{1 + (\omega C_S r_S)^2} = \frac{U^2 \omega C_S \tan\delta}{1 + \tan^2\delta} \tag{1-16}$$

以上是对同一电介质的两种不同形式的等值电路进行的分析，其功率损耗应相等，比较得知：

$$C_P = \frac{C_S}{1 + \tan^2\delta} \tag{1-17}$$

式(1-17)表明，同一电介质用不同等值电路表示时，其等值电容是不相同的。通常 $\tan\delta$ 远远小于 1，所以 $1 + \tan^2\delta \approx 1$，故 $C_P \approx C_S$。这时，介质损耗在两种等值电路中都可表示为

$$P = U^2 \omega C \tan\delta \tag{1-18}$$

显然，介质损耗 P 与外加电压 U 的平方成正比，与电源的角频率 ω 成正比，与等值电容成正比。所以，为了控制电介质的损耗，减小其发热，延缓电介质的老化，应避免绝缘长期在高于其额定电压及高于额定频率的电源下工作。通常，对于电气设备而言，额定工作电压及电源频率均为定值，又由于绝缘结构确定，其等值电容 C 也确定，因此 P 最终取决于 $\tan\delta$ 的大小。

$\tan\delta = \dfrac{I_R}{I_C}$ 是一个无量纲的量，它与绝缘的几何尺寸无关，只反映电介质本身的性能。因此，在高电压工程中常把 $\tan\delta$ 作为衡量电介质损耗特性的一个基本参数，称为介质损耗因数或介质损耗角正切。

(三)各类电介质损耗的特点

1. 气体电介质的损耗

气体分子间的距离很大，相互间的作用力很弱，所以在极化过程中不会引起损耗。如果外加电压还不足以引起电离过程，则气体中只存在很小的电导损耗(其 $\tan\delta < 10^{-8}$)，受温度和频率的影响都不大。因此，实际工程中常用气体作为标准电容器的电介质。不过当外加电压达到气体的起始放电电压 U_0 时，气体中将发生局部放电，损耗将急剧增加，如图 1-10 所示。这种情况常发生在固体或液体电介质中含有气泡的场合，因为固体和液体电介质的 ε_r 都要比气体电介质的 ε_0 大得多，所以即使外加电压还不高

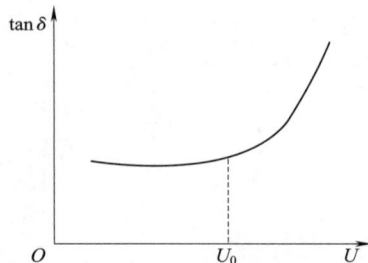

图 1-10 气体的 $\tan\delta$ 与外加电压的关系

时,气泡中即可能出现很大的电场强度而导致局部放电。

2. 液体电介质的损耗

中性和弱极性液体电介质的极化损耗很小,其损耗主要由电导引起。随温度的上升,电导按指数规律增加。如变压器油在 20 ℃时的 $\tan\delta\leqslant0.5\%$,70 ℃时 $\tan\delta\leqslant2.5\%$。电缆油和电容器油的性能更好一些,高压电缆油在 100 ℃时的 $\tan\delta\leqslant0.15\%$。

极性液体电介质(如蓖麻油、氯化联苯等)除了电导损耗外,还存在极化损耗,$\tan\delta$ 值较大,且与温度、频率的关系如图 1-11 所示。

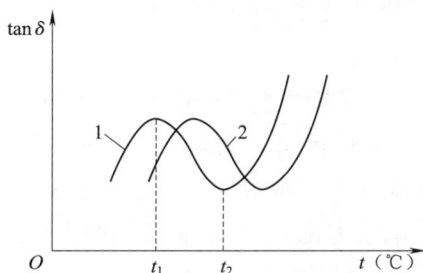

1—对应于频率 f_1 的曲线;2—对应于频率 f_2 的曲线($f_1<f_2$)。

图 1-11 极性电介质 $\tan\delta$ 与温度和频率的关系

图 1-11 中曲线 1 为电源频率为 f_1 的情况。当温度较低($t<t_1$)时,电导损耗和极化损耗都很小,随温度的升高偶极子转向容易,从而使极化损耗显著增加,同时电导损耗也随温度升高而略有增加,因此在这一范围内 $\tan\delta$ 随温度升高而增大。当 $t=t_1$ 时,总的介质损耗达到最大值;当温度继续升高($t_1<t<t_2$)时,分子热运动加剧,阻碍了偶极子在电场作用下做规则排列,极化损耗减小,在此阶段虽然电导损耗随温度的升高仍是增加的,但其增加的程度比极化损耗减小的程度小,因此在这一范围内 $\tan\delta$ 是随温度升高而减小的;当 $t=t_2$ 时,总损耗达到最小值;当温度进一步升高($t>t_2$)时,电导损耗随温度的升高而急剧增加,此时总损耗以电导损耗为主,也随之急剧增大。

当电源频率增高时,如图 1-11 中曲线 2 电源频率为 f_2 所示,整个曲线右移。这是因为在较高的频率下,偶极子来不及充分转向,要使转向极化充分进行,就必须减小黏滞性即升高温度。

3. 固体电介质的损耗

在电气设备中常用的固体绝缘材料主要有云母、陶瓷、玻璃等无机绝缘材料和聚乙烯、聚苯乙烯、聚氯乙烯、纤维素、胶木等有机绝缘材料。

云母是一种优良的绝缘材料,结构紧密,不含杂质时没有显著的极化过程,在各种频率下的损耗均主要由电导引起。云母电介质损耗小,耐高温性能好,是理想的电机绝缘材料。云母的缺点是机械性能差,所以一定要先用黏合剂和增强材料加工成云母制品才能使用。

电工陶瓷既有电导损耗,也有极化损耗。20 ℃和 50 Hz 下电瓷的 $\tan\delta$ 为 2% ~ 5%。含有大量玻璃相的普通电瓷的 $\tan\delta$ 较大,而以结晶相为主的超高频电瓷的 $\tan\delta$ 很小。

玻璃也具有电导损耗和极化损耗,总的介质损耗大小与玻璃的成分有关,含碱金属氧化物(Na_2O、K_2O 等)的玻璃损耗较大,加入重金属氧化物(BaO、PbO 等)能使碱玻璃的损耗下降一些。

聚乙烯、聚苯乙烯、聚四氟乙烯等都是非极性有机电介质,如果不含极性杂质,它们都只有电子式极化,损耗仅取决于电导。如聚乙烯在 $-80 \sim +100$ ℃的温度范围内 $\tan \delta$ 的变化范围是 $0.01\% \sim 0.02\%$,这种优良的绝缘特性可保持到高频的情况;并且聚乙烯具有很高的化学稳定性、具有弹性、不吸潮、机械加工简便等优点,是很好的固体绝缘材料,可用于制造高频电缆、海底电缆、高频电容器等。聚乙烯的缺点是耐热性能较差,温度较高时会软化变形。

聚氯乙烯、纤维素、酚醛树脂、胶木、绝缘纸等均属于极性有机电介质,显著的极化损耗使这类电介质具有较大的介质损耗,它们的 $\tan \delta$ 约为 $0.1\% \sim 1.0\%$,甚至更大;极性有机电介质的 $\tan \delta$ 与温度和频率的关系与极性液体电介质相似。

(四)电介质损耗的工程意义

在设计设备的绝缘结构时,必须考虑绝缘介质的 $\tan \delta$ 值。$\tan \delta$ 值过大使电介质损耗过大,会引起材料的严重发热,使电介质迅速劣化甚至导致热击穿。

$\tan \delta$ 的大小是反映绝缘状况的重要指标之一,电气设备出厂或检修时,测量设备绝缘的 $\tan \delta$ 是一个基本项目。绝缘受潮或劣化时,$\tan \delta$ 将急剧增大;通过 $\tan \delta$ 与外加电压 U 的关系曲线可以判断绝缘内部是否发生了局部放电。

由电介质损耗引起的发热是在电介质内部产生的,其发热均匀,不同于外部加热方式,可利用这一特点作为干燥加热的特殊手段。如电瓷生产中对泥坯的加热是在泥坯两端加交流电压,利用电介质损耗发热加速泥坯的干燥过程。

任务实施

任 务 单

填写任务单,见表1-3。

表1-3　任务单

任务内容	调研现场作业案例,结合案例分析电介质的极化、电导、损耗的工程实践意义,形成调研报告
小组成员	
成员分工	
调研方法	
完成时间	

任 务 流 程

学生分组—小组分工—案例调研—小组讨论—分析问题—制订提纲—撰写报告。

任务评价

任务评价表,见表1-4。

表1-4 评价表

任务名称		电介质的极化、电导、损耗的工程实践意义的调研报告					
班级		小组成员			完成日期		
序号		评价内容及评分标准		分值	学生自评	学生互评	教师评价
1	格式要求	1. 调研报告的标准字体:所有一级标题均采用三号黑体,居中,上下各空一行;所有二、三级标题均采用小四号黑体,靠左对齐,首行缩进2个字符;二级标题前空一行,二级标题后不空行;三级标题前后均不空行。 2. 所有正文均采用小四号宋体,靠左对齐,首行缩进2个字符,行距均为固定值23磅。所有空行均采用小四号,行距为固定值23磅。 3. 参考文献格式:"参考文献"用三号黑体居中,上下各空1行;内文宋体小四号,行距为固定值20磅;序号加半角中括号;悬挂缩进1.5字符		10分			
2	排版要求	纸型为A4,上下页边距为2.54 cm、左边距为3.0 cm、右边距为2.6 cm、正文行距为固定值23磅。双面打印		5分			
3	内容要求	调研报告包括:封面、摘要、正文、结论、参考文献。调研报告总字数在2 000~3 000字范围内		5分			
		论点正确,论据充分,结论严谨合理		10分			
		结构合理,中心突出,内容充实,逻辑性强,层次清晰,数据可靠,详略得当		10分			
		具有较强的文字表达能力,语言准确,文笔流畅,图表清楚		10分			
		现场作业案例选取准确,符合调研内容		5分			
		电介质的极化、电导、损耗的工程实践意义分析详细,能运用所学的知识及获取新知识去完成调研报告		40分			
4	提交要求	任务发布后,两周内完成调研报告		5分			
综合评价							

课后练习

1. 对于变压器绝缘电阻、吸收比或极化指数测试结果的分析判断最重要的方法是什么?

2. 极化系数在什么情况下使用?

任务二　气体电介质的击穿特性分析

任务描述

　　由于气体绝缘电介质不存在老化的问题，在击穿后也有完全的绝缘自恢复特性，再加上其成本非常廉价，因此气体成了在实际应用中最常见的绝缘介质。本任务描述了带电粒子产生与消失的方式、均匀电场中的气体的击穿放电、不均匀电场中的气体放电、不同电压形式下气隙的击穿特性。

任务目标

　　1. 掌握气体中带电粒子产生与消失的方式；
　　2. 掌握电子崩、自持放电的概念；
　　3. 理解不均匀电场气体放电的特征；
　　4. 阐述不同电压形式下气隙的击穿特性；
　　5. 总结提高气体电介质击穿电压的方法。

知识准备

　　气体电介质，尤其是空气介质在电力系统中的应用最为广泛，几乎所有的高压输电线路（电力电缆除外）、隔离开关的断口等都是利用空气介质作为绝缘的。此外，SF_6 气体也是工程中使用较多的气体电介质，如 SF_6 断路器和 SF_6 全封闭组合电器。

　　正常情况下，气体是"不导电"的，为良好的绝缘体。实际上，由于受各种宇宙射线的作用，正常时空气中含少量的带电质点，但数量极低，无法形成导电通道。但是当作用在气体上的电压或电场强度超过某一临界值时，气体就会突然失去绝缘性能而发生放电。放电导致气体间隙短路，称为气隙的"击穿"。气体发生击穿时，电导突增，并伴有声、光、热等现象。

　　当电压较低，电源容量较小时，气隙间的放电表现为充满整个间隙的辉光放电。辉光放电的电流密度较小，放电区域通常占据整个电极间的空间，如验电笔中的氖管、广告霓虹灯管的发光灯。

　　在大气压或者更高气压下，放电则表现为跳跃性的树枝状放电火花，称为火花放电。当电源功率不大时，这种树枝状火花会瞬时熄灭又突然产生；当电源功率较大且内阻较小时，放电电流较大，树枝状放电火花一旦产生立即发展至对面电极，出现高温的电弧，称为电弧放电。

　　在极不均匀电场中，在整个间隙击穿之前会在电场很强的地方出现局部放电，表现形式为出现暗蓝色光晕，并伴有嗞嗞声。如果电压不继续升高，这种局部放电就局限在较小的范围内，称为电晕放电。电晕放电时，气体间隙的大部分仍未丧失绝缘性能，所以电晕放电电流小。如设备带电的尖角和高压输电线路导线周围经常发生电晕放电。

　　气体放电后，只会引起气体介质绝缘性能的暂时丧失，一旦放电结束后，又可自行恢复其绝缘性能。因此,气体电介质是一种可自恢复绝缘介质。

气体间隙发生击穿时的最低临界电压称为击穿电压。均匀电场中击穿电压与间隙距离之比称为击穿场强;不均匀电场中击穿电压与间隙距离之比称为平均击穿场强。击穿电压或(平均)击穿场强是表征气体击穿特性的重要参数。

一、带电粒子的产生与消失

气体间隙在外加电压作用下会产生放电甚至击穿,说明气体中有大量带电粒子产生;气体间隙击穿后,又可自行恢复其绝缘性能,说明气体中的带电粒子会消失。

带电粒子的
产生与消失

(一)带电粒子的产生

产生带电粒子的物理过程称为电离(或游离),它是气体放电的首要前提。

气体原子中的电子沿着原子核周围的圆形或椭圆形轨道围绕带正电的原子核旋转。在常态下,电子处于离核最近的轨道上,因为这样势能最小。在外界因素(电场、高温等)作用下,气体原子获得外加能量时,一个或若干个电子有可能转移到离核较远的轨道上去,这个现象称为原子的激发(或激励)。产生激发所需的能量(激励能)等于该轨道和常态轨道的能级差。激发状态存在的时间很短(例如 10^{-8} s),电子将自动返回常态轨道上去,这时产生激发时所吸收的外加能量将以辐射能(光子)的形式放出。如果原子获得的外加能量足够大,电子还可跃迁至离核更远的轨道上去,甚至摆脱原子核的约束而成为自由电子,这时原来中性的原子就发生了电离,分解成两种带电粒子——自由电子和正离子,这个过程就称为原子的电离(或游离)。使基态原子或分子中结合最松弛的那个电子电离出来所需的最小能量称为电离能 W_i。电离能随气体的种类不同而不同,见表 1-5,一般约为 $10 \sim 15$ eV。

表 1-5 某些气体的激发能和电离能

气体	激发能 W_e/eV	电离能 W_i/eV	气体	激发能 W_e/eV	电离能 W_i/eV
N_2	6.1	15.6	CO_2	10.0	13.7
O_2	7.9	12.5	H_2O	7.6	12.8
H_2	11.2	15.4	SF_6	6.8	15.6

引起电离所需的能量可通过不同的形式传递给气体分子,如光能、热能、机械(动)能等,对应的电离过程称为碰撞电离、光电离、热电离等。

1. 碰撞电离

由于受紫外线、宇宙射线及来自地球内部的辐射线的作用,通常气体中总存在一些散在的电子或离子。这些处于电场中的带电粒子,在电场 E 的作用下,沿电场方向不断得到加速并积累动能。当具有的动能积累到一定数值后,在其与间隙中的气体原子或分子发生碰撞时,可以把自己的动能传给后者而产生电离。这种由碰撞引起的电离称为碰撞电离。

碰撞电离是气体中产生带电粒子的最重要的方式。电子、离子、中性质点与中性原子或分子的碰撞,以及激发原子与激发原子的碰撞都能产生碰撞电离。离子或其他质点因其本身的体积和质量较大,难以在碰撞前积累起足够的能量,产生碰撞电离的概率比电子小得多。所以在分析气体放电发展过程时,往往只考虑自由电子与气体原子或分子相碰撞所引起的碰撞电离。

产生碰撞电离的必要条件是

$$\frac{1}{2}mv^2 \geqslant W_i \tag{1-19}$$

式中　m——电子的质量;

　　　v——电子的运动速度;

　　　W_i——气体原子或分子的电离能。

碰撞电离中,一个质点在每两次碰撞之间自由通过的距离称为自由行程 λ。由于每两次碰撞间的自由行程不同,具有统计性,所以引入平均自由行程 $\overline{\lambda}$ 的概念。$\overline{\lambda}$ 与气体间的压力 P 成反比,与绝对温度 T 成正比。一般而言,$\overline{\lambda}$ 越大,质点越容易发生碰撞电离。

通过碰撞,能使中性原子或分子发生电离的电子称为有效电子。

2. 光电离

当原子中的电子从高能级返回到低能级时,多余的能量以光子的形式释放出来;反之,原子也可以吸收光子的能量来提高它的位能。由光辐射引起的气体原子或分子电离的现象,称为光电离。

发生空间光电离的条件:

$$h\nu \geqslant W_i \tag{1-20}$$

式中　h——普朗克常数,其值为 4.15×10^{-15} eV·s;

　　　ν——光的频率。

光子的能量 $h\nu$ 大于等于气体原子或分子的电离能,就可以使气体原子或分子发生电离。与电子碰撞电离不同的是,在碰撞后,光子把能量传给原子或分子后自身便不再存在。

各种可见光都不能使气体直接发生光电离,紫外线也只能使少数几种电离能特别小的金属蒸气发生光电离,只有那些波长更短的高能辐射线(例如 X 射线、γ 射线等)才能使气体发生光电离。

在气体放电中,能导致气体光电离的光源有外界的高能辐射线,还可能是气体放电本身。例如在气体放电过程中,当处于激发状态的原子回到常态,以及异号带电粒子复合时,都以光子的形式放出辐射能而引起新的光电离。

3. 热电离

气体在热状态下引起的电离过程,称为热电离。

常温下,气体质点的热运动所具有的平均动能远低于气体的电离能,不可能产生热电离。但在高温下的气体,例如发生电弧放电时,弧柱的温度可高达数千摄氏度以上,这时气体质点的动能就足以导致气体分子或原子碰撞时产生电离。此外,高温气体的热辐射也能导致气体分子或原子产生光电离。可见,从基本方面来说,热电流和碰撞电离及光电离是一致的,都是能量超过某一临界值的粒子或光子碰撞分子使之发生电离,只是直接的能量来源不同而已。在实际的气体放电过程中,这三种电离形式往往会同时存在、相互作用,只是各种电离形式表现出的强弱不同。在放电过程中,当处于较高能位的激发态原子回到正常状态,以及异号带电粒子复合成中性粒子时,又都会以光子的形式放出多余的能量,由此可能导致光电离,同时产生热能而引发热电离,高温下的热运动则又加剧了碰撞电离过程。

热电离的基本条件是

$$\frac{2}{3}kT \geqslant W_i \tag{1-21}$$

式中　k——玻尔兹曼常数,其值为 1.38×10^{-23} J/K;

　　　T——热力学温度,K。

4. 表面电离

以上讨论的是气体在间隙空间里带点粒子的产生过程,称为空间电离。实际上,气体中的电子也可以由电场作用下的金属表面发射出来,称为金属电极表面电离。从金属电极表面发射电子同样需要一定的能量,称为逸出功。不同的金属有不同的逸出功,见表 1-6,一般在 10 eV 以内。可见,金属表面发射电子要比在空间使气体分子电离容易得多。

表 1-6　某些金属的逸出功　　　　　　　　　　单位:eV

金属	铝	银	铁	铜	氧化铜	铯
逸出功	1.8	3.1	3.9	3.9	5.3	0.7

随着外加能量形式的不同,阴极的表面电离可在下列情况下发生:

(1)正离子撞击阴极表面

正离子在电场中向阴极运动,碰撞阴极表面时将动能传递给阴极中的电子可使其从金属中逸出。在逸出的电子中,一部分可能和撞击阴极的正离子结合为分子,其余的则成为自由电子。只要正离子能从阴极撞击出至少一个自由电子,就可认为发生了阴极表面电离。

(2)光电子发射

高能辐射线照射阴极,光子的能量大于金属的逸出功时,会引起光电子发射。

(3)热电子发射

金属中的电子在高温下也能获得足够的动能而从金属表面逸出,称为热电子发射。

(4)强场发射(冷发射)

当阴极表面附近空间存在很强的外电场时(10^6 V/cm 数量级),将电子从阴极表面拉出来,称为强场发射。由于强场发射所需电场极强,一般气体间隙达不到如此高的场强,所以不会产生强场发射。而在高真空间隙的击穿时,强场发射具有重要意义。

(二)带电粒子的消失

当气体中发生放电时,除了有不断产生带电粒子的电离过程以外,同时还存在一个相反的过程,即去电离过程。它将使带电粒子从电离区消失,或者削弱产生电离的作用。当导致气体电离的因素消失后,由于去电离过程,会使气体还原成中性状态而自动恢复其绝缘性能。在电场作用下,气体中的放电是不断发展以致击穿,还是尚能保持其绝缘作用,就取决于电离和去电离过程的发展情况。气体去电离的基本形式有漂移、扩散、复合和吸附效应。

1. 漂移

带电粒子在外电场的作用下做定向移动,消逝于电极面形成回路电流,从而减少了气体中的带电粒子,这种现象称为漂移。由于电子的漂移速度比离子快,所以放电电流主要是电子漂移运动的结果。放电电流的大小取决于带电粒子的浓度及其在电场方向的平均速度。

2. 扩散

由于热运动,气体中带电粒子总是从气体放电通道中的高浓度区向周围空间扩散,从而使气体放电通道中的带电粒子数目减少。显然,扩散与气体的状态有关。气体的压力越高或温度越低,扩散过程越弱。由于电子的质量远小于离子,所以电子的热运动速度很大,在运动过程中受到的碰撞机会很少,其扩散作用比离子强得多。

3. 复合

气体中带异号电荷的粒子相遇时,有可能发生电荷的传递而互相中和,从而使气体中的带电粒子减少。复合速度与异号电荷的浓度和相对速度有关。异号电荷的相对速度越小,相互作用的时间越长,复合的可能性越大。气体中电子的运动速度比离子大得多,所以正、负离子间的复合要比正离子和电子之间的复合容易得多。

带电粒子的复合会发生光辐射,这种光辐射在一定条件下又会导致其他气体分子电离。因此,气体放电会呈现出跳跃式的发展。

4. 吸附效应

电子与绝大多数的气体原子或分子碰撞时,可能发生碰撞电离而产生带电粒子,使得气体中的自由电子数量大增。但是,有些气体原子或分子对电子具有较强的亲合力,当电子与其碰撞时,非但没有电离出新的电子,反而被吸附其上形成负离子,同时释放出能量,这种现象称为吸附效应。负离子的电离能力远不如电子,吸附效应能有效地减少气体中的自由电子数,从而对碰撞电离中最活跃的电子起到强烈的束缚作用,大大抑制了电离因素的发展,因此将吸附效应也看作是一种去电离因素。

容易吸附电子形成负离子的气体称为电负性气体,如氯、氟、水蒸气和六氟化硫(SF_6)等,其中 SF_6 的吸附效应最强烈,其电气强度远大于一般气体,被称为高电气强度气体。

气体中电离与去电离这对矛盾的发展过程将决定气体的状态。当电离因素强于去电离因素时,气体中带电粒子数越来越多,最终导致气体击穿;当去电离因素强于电离因素时,气体中带电粒子数越来越少,最终使气体放电过程消失而恢复其绝缘状态。在工程实际中,可以根据需要人为地控制电离或去电离因素。比如,在高压断路器中,为了迅速断开电路,就需要加强电弧通道中的去电离因素,采取各种措施增大带电粒子的扩散能力和带电离子的复合速度,以及采用吸附效应强烈的 SF_6 高电气强度气体等。

二、均匀电场中的气体放电

(一)汤逊放电理论

20 世纪初英国物理学家汤逊在均匀电场、低气压、短间隙的条件下进行了气体放电实验。根据实验结果,汤逊提出了比较系统的气体放电理论,阐述了气体放电过程,并确定了放电电流和击穿电压之间的函数关系。尽管汤逊放电理论只适用于低气压短间隙均匀电场中的气体放电现象,但其中描述的气体放电的基本物理过程却具有普遍意义。

1. 汤逊放电实验

实验原理如图 1-12 所示,在空气中放置一对平板电极,其中的电场为均匀电场。在光照

汤逊放电理论

下,气体由于光电离而产生一定数量的带电粒子。

在两电极间施加一可调直流电压,当电压 U 从零逐渐升高时,观察电路中电流 I 的变化,即可得到均匀电场(两平板电极)中气体的伏安特性曲线,如图 1-13 所示。

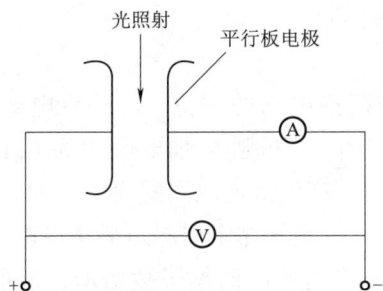

图 1-12 汤逊放电实验原理图

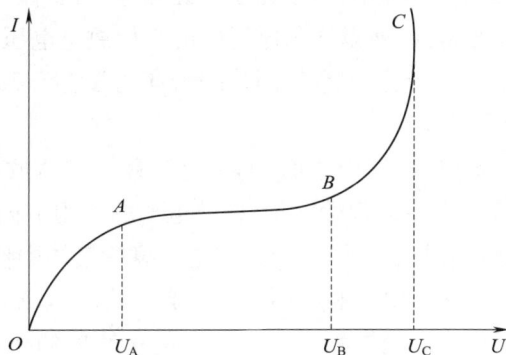

图 1-13 气体的伏安特性

由图 1-13 可见,均匀电场中气体的伏安特性并不是简单的线性关系。其中:

OA 段为线性段。外加电压 U 值不大,但电流 I 随电压 U 的增加基本呈线性增大趋势。这是因为空间宇宙射线的作用使得大气中不断有光电离现象,同时又不断有带电粒子的复合过程,二者达到动态平衡时,大气中便存在一些少量的带电粒子(每立方厘米的常态空气中存在约 $500 \sim 1\,000$ 对正、负带电粒子)。当极板外加直流电压后,这些带电粒子发生定向移动形成电流。随外加电压的升高,带电粒子定向移动的速度增大,电流随之增大,二者基本呈线性关系。

AB 段为饱和段。当到达 A 点后,电流 I 不再随电压 U 的增大而增大,而是基本维持在某一数值不再增加,呈现饱和状态。这是因为由于外界电离因素产生的少量带电粒子已经全部参与导电。由于这种带电粒子数极少,则电流密度极小,一般只有 10^{-19} A/cm² 数量级,此时气体仍处于良好的绝缘状态。

BC 段为碰撞电离段。当到达 B 点后,电流 I 又重新随电压 U 的升高而增大,这说明又有新的因素产生了新的带电粒子参与导电。汤逊认为此时间隙电压足够高,电场足够强,电子的运动速度足够高,达到了产生碰撞电离的条件,气体中就出现了电子的碰撞电离现象。电压越高,碰撞电离越强,产生的电子数越多,电流越大,直到 C 点。

C 点以后为自持放电段。当到达 C 点以后,随着电压的升高,电流急剧增大。此时若外加电压稍有减小,电流仍不减小,并伴有声、光现象。这时,原本处于绝缘状态的气体介质转变为导电状态,使两平板电极间发生短路,即气体介质被击穿。这是因为强烈的电离过程所产生的热和光进一步增强了气体的电离因素,使电离过程达到了自我维持的程度,而不是依靠外界电离因素,这种仅由电场的作用就能自行维持的放电称为自持放电。气体放电一旦进入自持放电阶段,就意味着气隙已被击穿。

需要说明的是,C 点以前气隙内虽有电流,但其数值很小,通常远小于微安级。此时气体介质仍具有相当的绝缘性能,仍处于绝缘状态。此时的放电电流是需要外界电离因素(光电离)才能维持的,一旦取消外界电离因素,放电就会停止,放电电流也会消失。这种需要外界电离因素才能维持的放电称为非自持放电。曲线上的 C 点为非自持放电和自持放电的分界点。C 点对应的电压 U_C 就是放电由非自持转为自持的临界电压,称为起始放电电压,其对应场强称为起始放电场强。

在均匀电场中,由于场强处处相等,只要任意一处开始出现自持放电,就意味着整个间隙将被完全击穿,所以均匀电场中的起始放电电压就是间隙的击穿电压。试验表明,在标准大气条件下,均匀电场中空气间隙的击穿场强约为 30 kV(幅值)/cm。

2. 电子崩

汤逊引入了"电子崩"的概念解释了气体放电过程中碰撞电离的现象。由外界电离因素(光电离)产生的起始电子,在外电场的作用下向阳极板移动。当间隙外加电压达到 U_B 以后,由于电场较强,电子动能较大,电子碰撞气体中性原子或分子产生碰撞电离的概率较大。碰撞电离产生的新电子和起始电子一起又将从电场获得动能,继续在气体中引起新的碰撞电离,又产生新电子。这样就出现了一个迅猛发展的碰撞游离,使得间隙中的电子数倍增,如同雪崩状,这一现象称为电子崩,如图 1-14 所示。电子崩的出现,使间隙中的带电粒子数迅速增多,所以 BC 段放电电流也增大,但此时的放电仍为非自持放电。

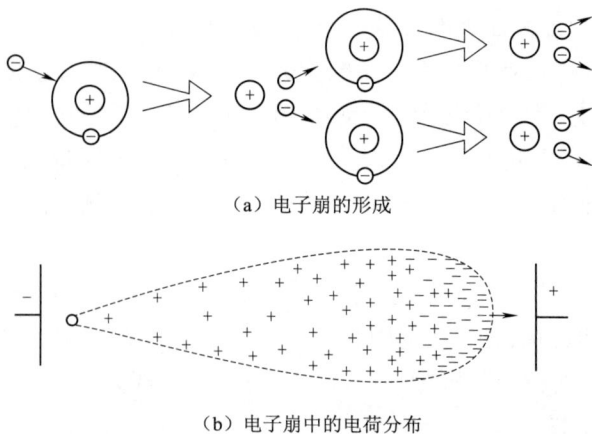

(a)电子崩的形成

(b)电子崩中的电荷分布

图 1-14　电子崩的形成示意

当间隙外加电压达到 U_C 时,在碰撞电离中与电子同时产生的正离子,在强电场的作用下向阴极运动,撞击阴极表面,达到了表面电离的条件,使阴极表面释放出二代电子,这些二代电子在电场中获得足够的动能又产生碰撞电离,使电子崩现象加剧,此时气体的放电转入自持放电。

3. 汤逊自持放电条件

电子碰撞电离形成电子崩是气体放电的主要过程,而放电是否由非自持转为自持,则取决于阴极表面是否释放出了二代电子。

假定一个电子从阴极出发到阳极,由于碰撞电离产生电子崩。到达阳极时,新产生了一定数量的电子及相同数量的正离子。只要电压足够高,气体间隙场强足够大,这些正离子撞击阴极表面至少能释放出一个二代电子来弥补原来那个产生电子崩并已进入阳极的初始电子,使后继电子崩无须依靠其他外界电离因素而仅依靠放电过程本身就能自行得到发展。这就是汤逊自持放电条件。

（二）巴申定律

早在汤逊放电理论出现之前，物理学家巴申就于 19 世纪末对气体放电进行了大量的实验研究，并对均匀电场中的气体放电作出了击穿电压 U_b 与放电距离 d 和气压 P 的乘积的关系曲线，即 $U_b = f(Pd)$，如图 1-15 所示。

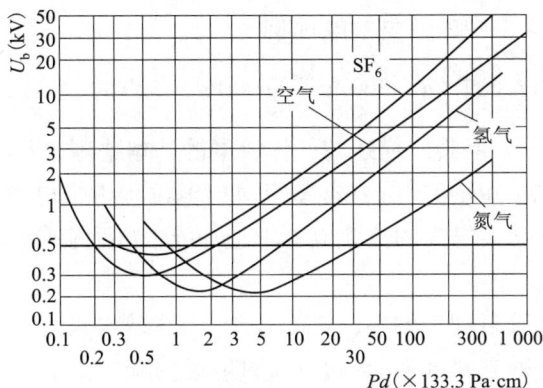

图 1-15　均匀电场中几种气体的击穿电压 U_b 与 Pd 的关系曲线

从图 1-15 中可以看出，巴申曲线呈 U 形，分为左右两半支，在某一 Pd 值时曲线有极小值。不同气体的最低击穿电压 $U_{b,min}$ 及对应的 Pd 值各不相同。对空气而言，当 $Pd \approx 76$ Pa·cm 时出现最低击穿电压 $U_{b,min} \approx 325$ V，显然空气的最低击穿电压出现在低气压下而不是常压下。

对巴申曲线的解释如下：

假设 d 保持不变，改变气压 P。曲线右半支 P 增大时，单位体积内气体分子或原子数目增多，虽然电子容易与之碰撞，但每次碰撞时电子积聚的动能达不到电离能而难以使气体分子电离，因此 U_b 升高；曲线左半支 P 过分减小时，虽然电子能在定向移动中能积聚起足够的动能，但由于单位体积内气体分子或原子数目很少，电子与之相碰撞的机会很少，电离过程减弱，因此 U_b 也升高。

根据汤逊放电理论，也可得出上述函数关系 $U_b = f(Pd)$。因此，巴申定律可从理论上由汤逊放电理论得到佐证，同时也给汤逊放电理论以实验结果的支持。以上分析都是在假定气体温度不变的情况下得到的。为了考虑温度变化的影响，巴申定律更普遍的形式是以气体的密度 δ 代替压力 P，即可用 $U_b = f(\delta d)$ 表示。

由巴申曲线可见，高气压或高真空都可提高击穿电压，工程上已经广泛使用。例如对充气的高压断路器，为了提高气体的电气绝缘强度，所充气体往往不是一个大气压，而是施加一定的气压；真空断路器则是利用高真空来提高断路器断口的击穿电压。

（三）流注放电理论

汤逊放电理论能够较好地解释均匀电场中低气压、短间隙的气体放电过程，但在解释大气中长间隙（Pd 较大）放电过程时，放电时间、阴极材料的影响和放电时间对气体放电的影响无法全部在汤逊放电理论范围内给予解释，具体如下：

放电时间。根据汤逊放电理论计算出来的击穿过程所需的时间，至少应等于正离子走过

极间距离的时间,而实测的放电时间要比此值小 10~100 倍。

阴极材料的影响。根据汤逊放电理论,阴极材料在击穿过程中起着重要的作用,然而实验表明,气体在大气压下,间隙的击穿电压与阴极材料无关。

放电外形。按汤逊放电理论,气体放电应在整个间隙中均匀连续地发展。低气压下的气体放电区确实占据了整个电极空间,如放电管中的辉光放电。但在大气中气体击穿时会出现有分支的明亮细通道,如天空中的雷电放电现象。

通常认为,$\delta d > 0.26$ cm(或 $Pd > 200 \times \dfrac{101.3}{760}$ kPa·cm)时,击穿过程将发生变化,汤逊放电理论的计算结果不再适用,但其所描述的气体放电的基本物理过程却具有普遍意义。对此,1939 年勒布(Leob)和米克(Meek)等人在雾室里对放电过程中带电粒子的运动轨迹拍照进行研究,在实验基础上于 1940 年发表的流注放电理论却能较好地解释这种高气压长间隙及不均匀电场中的气体放电现象。

流注放电理论与汤逊放电理论的不同之处在于:流注放电理论认为电子的碰撞电离和空间光电离是形成自持放电的主要因素,空间电荷对电场的畸变作用是产生光电离的重要原因。但流注放电理论还很不完备,目前只能做定性描述。

1. 空间电荷对电场的畸变作用

当外电场足够强时,一个由外界电离因素产生的初始电子,在从阴极向阳极运动的过程中产生碰撞电离而发展成为电子崩,这种电子崩称为初始电子崩,简称初崩或主崩。由于电子的移动速度远大于正离子,所以绝大多数电子都集中在电子崩的头部,而正离子则基本滞留在其原来位置,因此电子崩头部集中着大部分的正离子和几乎全部的电子。又由于电子崩在发展过程中带电粒子的不断扩散,所以其半径也逐渐增大,这些电子崩中的正、负电荷会使原有的均匀电场 E_0 发生很大的变化,如图 1-16(a)所示。

当电子崩发展到一定程度后,电子崩形成的空间电荷的电场将大为增强,使总的合成电场明显发生畸变,其结果是增强了崩头及崩尾的电场,而削弱了电子崩内部正负电荷区域之间的电场,如图 1-16(b)所示。

在电子崩头部,由于电场的明显增强是有利于气体分子和离子的激励现象的,而当分子和离子从激励状态恢复到常态时,能量以光子的形式释放出来,结果电子崩头部将放射大量的光子。在电子崩中间区域,由于电场较弱,这有利于带电

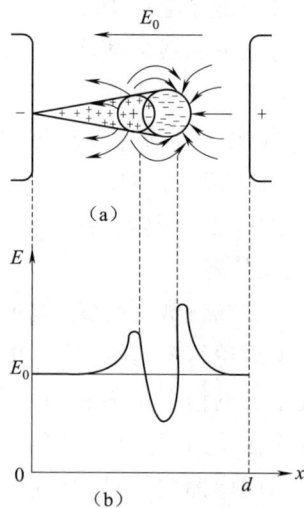

图 1-16　电子崩中的空间电荷在均匀电场中造成的畸变

质点的复合和被激发分子回到原状态,同样也将有光子辐射。如果外电场较弱,这些过程不很强烈,不会引起什么新的现象。但当外电场足够强时,情况就会发生质的变化,电子崩头部开始形成流注。

2. 空间光电离的作用

前面所描述的初崩头部成为辐射源后,会向气隙空间各处发生光子而引起空间光电离。光电离新产生的光电子位于崩头前方的强电场区,它们又激烈地产生了新的电子崩,即二次电

子崩。二次电子崩向主电子崩汇合,其头部的电子进入主电子崩头部的正空间电荷区(主电子崩的电子此时已大部分进入阳极),由于这里的电场强度较小,所以电子大多形成负离子。由大量的正、负带电质点构成的混合通道就是流注。

由于流注通道的导电性好,其头部(流注的发展方向与初崩的发展方向相反)又是由二次电子崩形成的正电荷,因此流注头部前方出现更强的电场。同时,由于很多二次崩汇集的结果,流注头部的电离过程继续发展,向周围放射出大量光子,继续引起空间光电离。于是,在流注前方出现了新的二次电子崩,它们被吸引向流注头部,从而延长了流注通道。

这样,流注不断向阴极推进,且随着流注向阴极的接近,其头部电场越来越强,发展速度越来越快。当流注一旦达到阴极,整个间隙被导电性能良好的等离子通道所贯通。此时,强大的电子流流过流注迅速向阳极运动,由于互相摩擦,便会产生几千摄氏度的高温,形成了热电离,放电即转为火花放电或电弧放电,将整个间隙击穿。流注的形成和发展过程如图 1-17 所示。

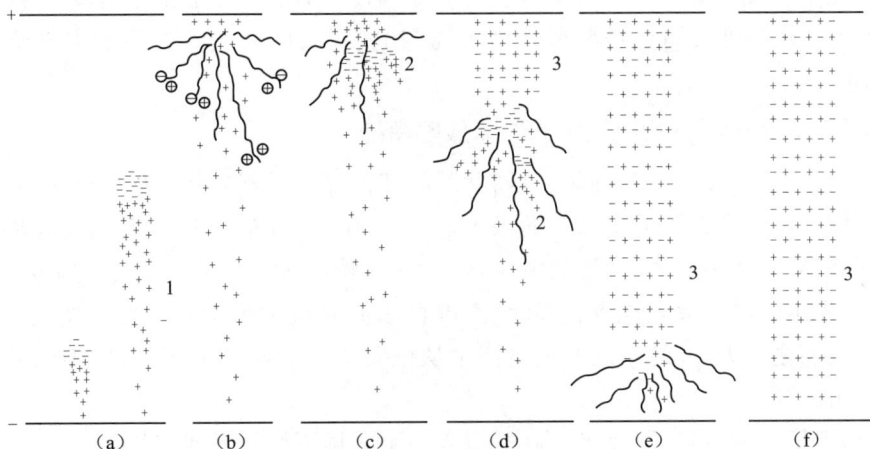

1—主电子崩;2—二次电子崩;3—流注。

图 1-17　流注的形成及发展

由以上分析可见,流注的形成需要初崩头部的电荷达到一定的数量,使电场发生足够的畸变和加强,造成足够的空间光电离才能实现。当外加电压较低时,电子崩需要经过整个间隙才能形成流注,这种流注是由阳极向阴极发展的,称为正流注。当外加电压比击穿电压高时,电子崩无须跑完整个间隙,其头部的电子数就可以达到形成流注的足够数量,此时流注会以更快的速度发展,同时通道会出现更明显的分支,如长间隙的雷电放电现象。这种情况下流注是由阴极向阳极发展的,称为负流注。只要流注形成,放电就转入自持,从而导致均匀电场的气隙击穿。

流注放电理论可以解释汤逊放电理论不能说明的大气放电现象:

放电时间。在大气中的放电发展迅速,是因为多个不同位置的电子崩同时发展和汇合,这些二次崩的起始电子是光子,而光子的运动速度比电子大得多,且它又在加强的电场中前进,其速度比初始电子崩快,故流注的发展速度极快,大气中的放电时间极短。

阴极材料的影响。在大气条件下,放电的发展不是靠正离子撞击阴极使阴极表面电离产生二次电子来维持的,而是靠空间光电离产生光电子来维持的,所以大气中间隙的击穿电压与阴极材料基本无关。

放电外形。流注通道中的电荷密度很大,电导很强,其中的电场强度很小。因此,流注的出现将减弱其周围空间内的电场而加强流注的前方电场,并且这一作用将伴随着其向前发展而更为增强。电子崩形成流注后,当由于偶然原因使某一流注发展较快时,它将抑制其他流注的形成和发展。这种作用随流注向前推进越来越强,使流注头部始终保持着很小的半径,因此整个放电通道是狭窄的;而且二次崩可以从流注四周不同的方位同时向流注头部汇合,所以流注的头部推进可能有曲折和分支。

三、不均匀电场中的气体放电

不均匀电场中
的气体放电

汤逊放电实验中的均匀电场是一种少有的特例,实际电力设施中常见的是不均匀电场。按照电场的不均匀程度,又可分为稍不均匀电场和极不均匀电场。如高压试验室中测量电压用的球间隙和全封闭组合电器中的分相母线筒都是典型的稍不均匀电场;高压输电线之间的空气绝缘是典型的极不均匀电场。

(一)稍不均匀和极不均匀电场中的气体放电特征

稍不均匀电场的放电特性与均匀电场相似,间隙击穿前看不到什么放电迹象,一旦出现自持放电,便立即导致整个间隙的击穿。而极不均匀电场的放电特性则与此大不相同。由于电场强度沿气隙的分布极不均匀,当外加电压达到某一临界值时,曲率半径较小的电极表面附近的局部区域首先出现电晕放电现象,它环绕该电极表面有蓝紫色晕光。当外加电压进一步增大时,电晕区也随之扩大,间隙中的放电电流也从微安级增大到毫安级,但气隙依然保持其绝缘状态,没有被击穿。

为了能够定量分析电场的不均匀程度,引入一个电场不均匀系数 f 来描述。

$$f = \frac{E_{\max}}{E_{\mathrm{av}}} \tag{1-22}$$

式中 $E_{\max}$——最大场强;

E_{av}——平均场强,其计算公式如下:

$$E_{\mathrm{av}} = \frac{U}{d} \tag{1-23}$$

其中,U——间隙上的外加电压,d——间隙的最小距离。

根据放电的特征(是否存在稳定的电晕放电),可将电场用 f 值作大致地划分:当 $f < 2$ 时为稍不均匀电场;而当 $f > 4$ 以上,就明显属于极不均匀电场的范畴了。

(二)极不均匀电场中的电晕放电

电晕放电可以是极不均匀电场气隙击穿过程的第一阶段,也可以是长期存在的稳定放电形式。这种放电对于超高压和特高压输电线路具有特殊的重要性,与这些线路的导线选择、电能平衡、环境影响等均有密切的关系。

如前所述,不均匀电场气隙中的最大电场强度 $E_{\max}$ 通常出现在曲率半径小的电极表面附近。电极的曲率半径越小,$E_{\max}$ 就越大,电场越不均匀,如"棒—板"间隙和"棒—棒"间隙。在这种间隙中,棒电极表面的电场强度最大。当外加电压达到某一临界值时,棒电极附近空间的电场强度首先达到起始放电场强 E_0，因而在这个局部区域中首先出现碰撞电离和电子崩，甚至出现流注，并发展成为自持放电。但由于离棒电极较远的地方电场强度仍然很低，所以自持放电只能局限在棒电极附近一个不大的区域，这种局部放电称为电晕放电，把开始出现电晕放电的电压称为电晕起始电压。

发生电晕放电时，环绕棒电极表面会出现蓝紫色晕光，并伴有轻微的"嗞嗞"响声，严重时还可嗅到臭氧的气味。

电晕放电所引起的光、声、热等效应及化学反应都会消耗能量，引起能量损失；在电晕放电过程中，由于电子崩和流注不断消失和重新出现所造成的放电脉冲会产生高频电磁波，对周围无线电通信、广播信号和电气测量造成干扰；电晕放电还会使空气发生化学反应，形成臭氧及氧化氮等物，对金属及有机绝缘物会产生氧化和腐蚀作用；此外，在某些环境要求较高的场合，电晕所发出的噪声也有可能超过环保标准。

因此，研究电晕放电、如何限制电晕放电，是高电压技术中的一项重要任务。在进行超高压或特高压输电线路设计时，为了防止或减轻电晕放电所造成的能量损耗及电磁波干扰危害，最根本的途径是设法限制和降低导线的表面电场强度。限制电晕放电最有效的措施为增大电极的曲率半径，改进电极形状，例如超（特）高压线路采用分裂导线；某些高压电器采用空心薄壳的、扩大尺寸的球面或旋转椭圆面等形式的电极；变电站里采用管型空心硬母线等。

电晕放电也有其有利的一面，例如在输电线上传播的雷电过电压波将因电晕而衰减其幅值和降低其波前陡度；操作过电压的幅值也会受到电晕的抑制；电晕放电还在静电除尘器、静电喷涂装置、臭氧发生器等工业设施中获得广泛的应用。

（三）极不均匀电场中的极性效应

在极不均匀电场中，虽然放电一定从曲率半径较小的那个电极表面（即电场强度最大的地方）开始，而与该电极的极性（电位的正负）无关，但后来的放电发展过程、气隙的电气强度、击穿电压等都与该电极的极性密切相关，即极不均匀电场中的放电存在明显的极性效应。极性效应是不对称的极不均匀电场所具有的特性之一。

决定极性要看表面电场较强的那个电极所具有的电位符号。在两个电极几何形状不同的场合，极性取决于曲率半径较小的那个电极的电位符号（例如"棒—板"气隙的棒极电位）；在两个电极几何形状相同的场合（例如"棒—棒"气隙），极性则取决于不接地的那个电极上的电位。

下面以电场最不均匀的"棒—板"间隙为例，从流注放电理论的概念出发，说明放电的发展过程和极性效应。

1. 正极性

"棒—板"间隙的正极性击穿电压较低，而其电晕起始电压相对较高。

棒极带正电位时，棒极附近强场区内的电晕放电将在棒极附近空间留下许多正离子（电子崩头部的电子到达棒极后即被中和），如图 1-18（a）所示。这些正离子以相对缓慢的速度向阴极运动，如图 1-18（b）所示。它们削弱了棒极附近的电场强度，而加强了正离子群外部空间的电场，如图 1-18（c）所示。这样，棒极的附近难以形成流注，自持放电难以实现，故其电晕起始电压较高。而正离子群前方电场的加强是有利于流注向极板方向推进的，因而放电的发展是顺利的，直至气隙被击穿，故其击穿电压较低。

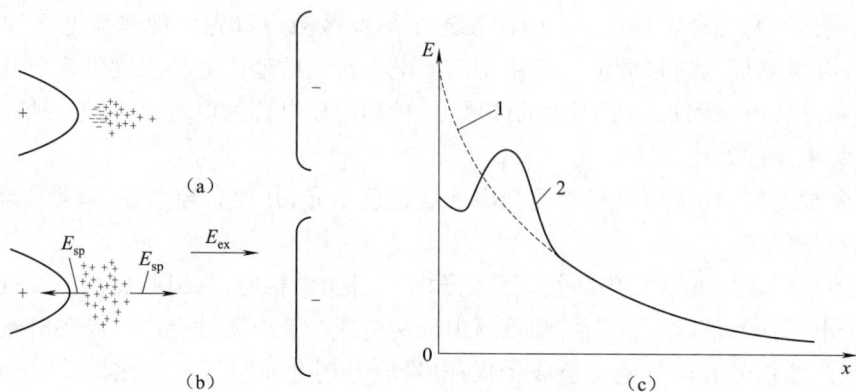

E_{ex}—外电场；E_{sp}—空间电荷的电场；1—外电场曲线；2—经过空间电荷畸变后的电场曲线。

图 1-18　正极性"棒—板"间隙中的电场畸变

2. 负极性

"棒—板"间隙的负极性击穿电压较高，而其电晕起始电压相对较低。

当棒极带负电位时，电子崩的发展方向与棒带正电位时相反，如图 1-19（a）所示。电子崩由棒极表面出发向外发展，崩头的电子在离开强场（电晕）区后，虽不能再引起新的碰撞电离，但仍继续以越来越慢的速度向板极运动，并大多形成负离子。这样，在棒极附近出现的是大批正离子，而在间隙深处则是非常分散的负离子，如图 1-19（b）所示。负离子浓度小，对电场的影响不大，而正离子却使外加电场发生了畸变，它们加强了棒极表面附近的电场而削弱了外围空间的电场，如图 1-19（c）所示。棒极附近电场的加强，容易形成自持放电，所以电晕起始电压较低；而外围空间电场的削弱，则使电晕区不易向外扩展，流注的发展不顺利，故其击穿电压较高。

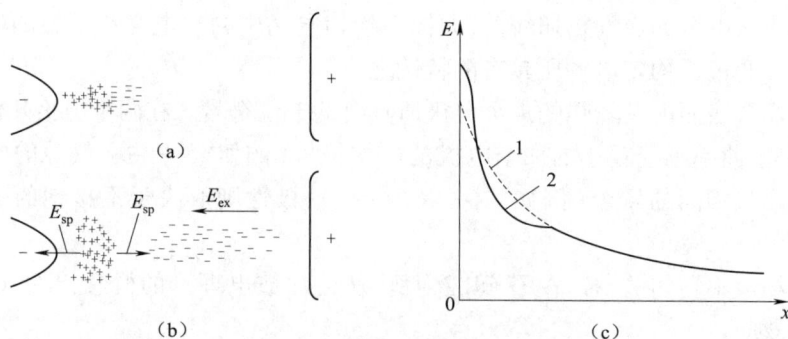

E_{ex}—外电场；E_{sp}—空间电荷的电场；1—外电场曲线；2—经过空间电荷畸变后的电场曲线。

图 1-19　负极性"棒—板"间隙中的电场畸变

输电线路和电气设备外绝缘的空气间隙大都属于极不均匀电场的情况，所以在工频高电压的作用下，击穿均发生在外加电压为正极性的那半周内；在进行外绝缘的冲击高压试验时，也往往施加正极性冲击电压，因为这时的电气强度较低。

（四）极不均匀电场中的放电发展过程

间隙距离较短时，当外加电压达到了间隙的击穿电压，棒极附近的强场区内形成电子崩，并转化为流注,当流注发展到对面电极时,两极间由流注所贯通,流注迅速转化为电弧或火化放电,间隙即被击穿。

间隙距离较长时(如"棒—板"间隙距离大于 1 m 时),由于间隙内弱电场区增大,流注不足以贯通整个气隙,此时从棒极开始的流注通道发展到足够的长度后,将有较多的电子沿通道流向电极,通过通道根部的电子最多,于是流注从根部开始发热(温度可达数千摄氏度或更高,足以使气体出现热电离),出现一个茎状发亮的热电离通道,这个具有热电离过程的通道称为先导通道,其发展过程如图 1-20 所示。由于先导中出现了新的更为强烈的电离过程,所以先导通道中带电质点的浓度远大于流注通道,因而电导更大,压降更小。由于流注通道中的一部分转变为先导,使得流注头部的电场加强,从而为流注继续伸长到对面电极并迅速转变为先导创造了条件,这个过程称为先导放电。当先导通道发展到接近对面电极时,在余下的小间隙中场强达到极大的数值,从而引起强烈的电离,这一间隙中出现了离子浓度远大于先导的等离子体,这一强电离区又以极高的速度向相反方向传播,同时中和先导通道中多余的空间电荷,这个过程称为主放电。主放电过程使贯穿两极间的通道最终形成温度很高、电导很大、轴向场强很小的等离子体火花通道,这时的间隙接近于短路状态,使气隙完全失去了绝缘性能而完成击穿。自然界中的雷电放电就属于典型的超长间隙放电。

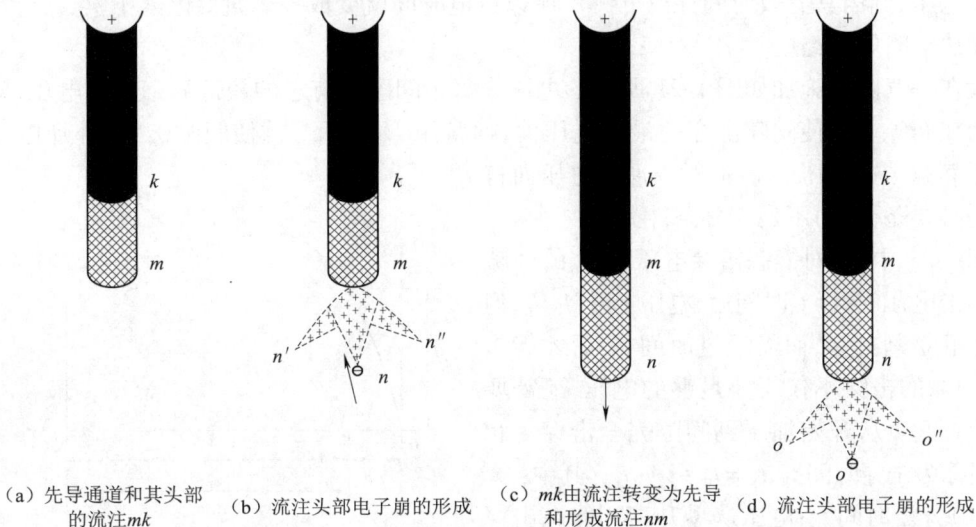

（a）先导通道及其头部的流注mk 　（b）流注头部电子崩的形成 　（c）mk由流注转变为先导和形成流注nm 　（d）流注头部电子崩的形成

图 1-20 正棒—负极间隙中先导通道的发展

综上所述,在极不均匀电场中,短间隙的放电可分为电子崩、流注和主放电阶段;长间隙则可分为电子崩、流注、先导和主放电阶段。间隙越长,先导过程就发展得越充分。

四、不同电压形式下气隙的击穿特性

气隙的击穿电压与电场均匀程度、电极形状、极间距离、气体的状态,以及气体种类有关。此外,气隙的击穿电压还与外加电压形式有非常大的关系。

按作用时间的长短,外加电压形式可分为两类:一类称为持续电压,此类

电压持续时间较长,变化速度较小,如直流电压和工频交流电压;另一类称为冲击电压,此类电压持续时间极短,以 μs 计,变化速度很快,如雷电冲击电压和操作冲击电压。在持续电压作用下,间隙放电发展所需的时间可以忽略不计,仅考虑其电压大小即可。但是在冲击电压下,电压作用时间短到可以与放电需要的时间相比拟,这时放电发展所需的时间就不可忽略了。

了解气体放电的基本物理过程有助于分析说明气隙在各种高电压下的击穿规律和实验结果,但由于气体放电的发展过程比较复杂,影响因素很多,因此通常以实验的方法来求取某些典型电极所构成的气隙(例如"棒—板""棒—棒""球—球"等)的击穿特性,以满足工程实用的需要。

(一)相关概念

1. 完成气隙击穿的条件

完成气隙击穿的三个必备条件为:

(1)足够大的电场强度或足够高的电压。

(2)在气隙中存在能引起电子崩并导致流注和主放电的有效电子。

(3)需要一定的时间,让放电得以逐步发展并完成击穿。

完成击穿所需的放电时间是很短的(以 μs 计),如果气隙上所加的是直流电压、工频交流电压等持续作用的电压,则上述第三个条件容易满足。但如果加的是变化速度快、作用时间短的冲击电压,则因其有效时间亦以 μs 计,所以放电时间就变成一个重要因素了。

2. 放电时间的组成

设在一气隙上施加如图 1-21 所示的电压。每个间隙都有它的最低静态击穿电压,即长时间作用在间隙上能使间隙击穿的最低电压值,通常用 U_0 表示。欲使间隙击穿,外加电压必须不小于静态击穿电压 U_0。但对于冲击电压而言这仅是必要条件,而不是充分条件。

图 1-21 中,当对静态击穿电压为 U_0 的间隙施加冲击电压时,经 t_0 时间后,电压上升到 U_0,但间隙并不立刻击穿,而需经过时间 t_{lag} 后才能击穿,即间隙的击穿不仅需要足够的电压,还需要足够的时间。从开始加压到间隙完全击穿为止的时间称为击穿时间 t_b,$t_b = t_0 + t_s + t_f$。其中:

(1)升压时间 t_0:电压从零升高到静态击穿电压 U_0 所需的时间。在这段时间内,击穿过程尚未开始,因为此时电压还不足够高。实际上,

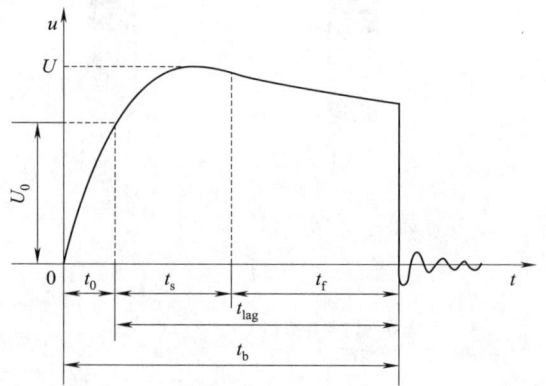

图 1-21　放电时间的组成

时间到达 t_0 后,击穿过程也不一定立即开始,因为此时气隙中可能尚未出现有效电子。

(2)统计时延 t_s:从电压升到 U_0 的时刻起间隙中形成第一个有效电子的时间。有效电子是指能引起电子崩并最终导致击穿的电子。有效电子的出现是一个随机事件,取决于许多偶然因素,因而等候有效电子的出现所需的时间具有统计性。

(3)放电形成时延 t_f:从出现第一个有效电子的时刻到间隙完全击穿的时间。只有出现有效电子,击穿过程才真正开始,该有效电子将引起碰撞电离,形成电子崩,发展为流注和主放电,最后完成气隙的击穿。

其中,$t_{lag} = t_s + t_f$,称为放电时延。

显然,击穿时间 t_b 和放电时延 t_{lag} 的长短都与所加电压的幅值 U 有关,U 越高,放电过程发展得越快,t_b 和 t_{lag} 越短。在短间隙(1 cm 以下)中,特别是电场均匀时,t_f 远小于 t_s,放电时延 t_{lag} 实际上就等于统计时延 t_s。在电场较均匀时,放电发展速度快,放电形成时延 t_f 短;在电场极不均匀时,放电发展到弱电场区后速度较慢,放电形成时延 t_f 较长。

(二)标准冲击电压波

由于气隙在冲击电压下的击穿电压和放电时间都与冲击电压的波形有关,所以在求取气隙的冲击击穿特性时,必须首先将冲击电压的波形标准化。我国规定的标准冲击电压波形主要有:

1. 标准雷电冲击电压波

雷电冲击电压是由于电力系统遭受雷击而引起的一种过电压。为了检验绝缘耐受雷电冲击电压的能力,在实验室中可以利用冲击电压发生器产生冲击高压,用以模拟雷电放电引起的过电压。

国际电工委员会(IEC)和我国国家标准对标准雷电冲击电压波的规定为:$T_1 = 1.2\ \mu s$,容许误差 $\pm 30\%$;$T_2 = 50\ \mu s$,容许误差 $\pm 20\%$。通常写成 $1.2/50\ \mu s$,并在前面加上正、负号以标明其极性。有些国家采用 $1.5/40\ \mu s$ 的标准波,与上述波形基本相同,如图 1-22 所示。

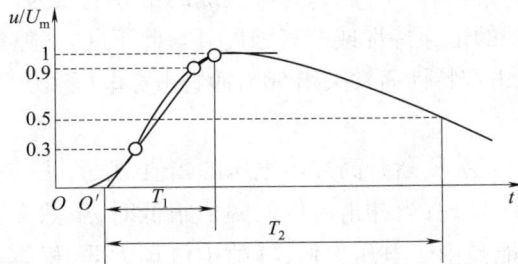

T_1—视在波前时间;T_2—视在半峰值时间;U_m—雷电冲击电压峰值。

图 1-22 标准雷电冲击电压波形

2. 标准雷电截波

当电力系统绝缘遭受雷击而突然发生放电,波形即被截断。被截断的雷电冲击电压波形称为雷电冲击电压截波(主要考验设备的纵绝缘),如图 1-23 所示。对某些绝缘来说,它的作用要比全波更加严酷。IEC 和我国国家标准对标准雷电截波的规定为:$T_1 = 1.2\ \mu s$,容许误差 $\pm 30\%$;$T_C = 2 \sim 5\ \mu s$。通常写成 $1.2/2 \sim 5\ \mu s$。

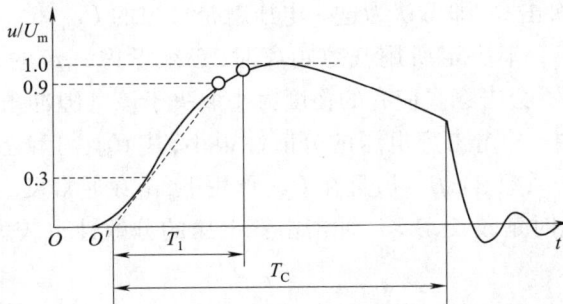

T_1—波前时间;T_C—截断时间;U_m—雷电冲击电压截波峰值。

图 1-23 标准雷电截波电压波形

3. 标准操作冲击电压波

操作冲击电压是由于电力系统操作或发生事故时,因状态发生突然变化而引起电感和电容回路的振荡而产生的过电压。随着电力系统工作电压的不断提高,操作过电压下的绝缘问题越来越突出。目前,IEC 标准规定,额定电压为 330 kV 及以上的高压电气设备都要进行操作冲击电压试验。标准操作冲击电压波是用来等效模拟电力系统中的操作过电压波的,如图1-24 所示。IEC 标准和我国标准的规定为:波前时间 T_{cr} = 250 μs,容许误差 ±20%;半峰值时间 T_2 = 2 500 μs,容许误差 ±60%。通常写成 250/2 500 μs 冲击波。当在试验中采用上述标准操作冲击波形不能满足要求或不适用时,推荐采用 100/2 500 μs 和 500/2 500 μs 冲击波。

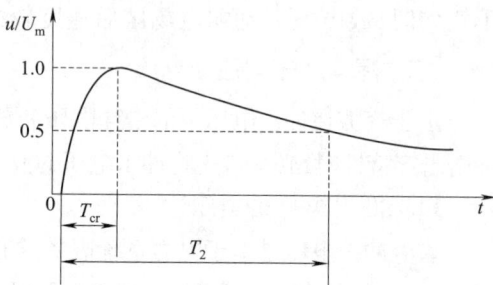

图 1-24　标准操作冲击电压波

(三)冲击电压下气隙的击穿特性

在持续电压作用下,当气体状态不变时,每一气隙的击穿电压为一确定的数值,因而通常以这一击穿电压值来表征气隙的击穿特性或电气强度。与此不同,气隙在冲击电压作用下的击穿就复杂得多了,此时气隙的击穿特性通常采用 50% 冲击击穿电压和伏秒特性两种表征方法。

1. 50% 冲击击穿电压($U_{50\%}$)

保持冲击电压的波形不变,逐渐升高冲击电压的幅值,并将每一挡峰值的冲击电压重复作用于某一气隙。在此过程中发现:当冲击电压的幅值很低时,虽然多次重复施加冲击电压,但每次气隙都不击穿。这可能是由于电压太低,气隙中电场太弱,根本不能引起电离过程;也可能是电离过程虽已出现,但这时所需的放电时间还较长,超过了外加电压的有效作用时间,因而来不及完成击穿过程。不过随着外加电压的升高,放电时延缩短,已有可能出现击穿现象,但由于放电时延和击穿时间均具有统计分散性,因而在多次重复施加电压时,击穿有时发生,有时不发生。随着电压峰值的继续升高,多次施加电压时气隙发生击穿的百分比越来越大。最后当冲击电压的峰值超过某一值后,气隙在每次施加电压时都将发生击穿。从说明气隙耐受冲击电压的能力看,希望求得刚好发生击穿时的电压,但这个电压在实验中很难准确求得,所以工程中广泛采用击穿百分比为 50% 时的电压,即 50% 冲击击穿电压($U_{50\%}$)。显然,确定 $U_{50\%}$ 时施加电压的次数越多,得到的 $U_{50\%}$ 越准确,但工作量也越大。在工程实际中,通常以施加 10 次电压中有 4～6 次击穿,即可认为这一电压就是气隙的 $U_{50\%}$。

工程上,如果采用 $U_{50\%}$ 来决定所用气隙距离时,必须考虑一定的裕度,因为当电压低于 $U_{50\%}$ 时,气隙也不是一定不会击穿。应有的裕度大小取决于该气隙冲击击穿电压分散性大小。在均匀和稍不均匀电场中,冲击击穿电压的分散性很小,其 $U_{50\%}$ 与静态击穿电压 U_0 几乎相同($U_{50\%}$ 与 U_0 之比称为冲击系数 β),$\beta \approx 1$,且在 $U_{50\%}$ 作用下,击穿通常发生在波前峰值附近;在极不均匀电场中,由于放电时延较长,$\beta > 1$,冲击击穿电压的分散性也较大,且在 $U_{50\%}$ 作用下,击穿通常发生在波尾部分。

2. 伏秒特性

由于气隙的击穿存在时延现象,在冲击电压作用下气隙的击穿特性不仅与电压的高低有关,还与电压的作用时间有关。气隙的冲击击穿特性必须用电压峰值和击穿时间这两个参量共同来描述，这种特性称为气隙的伏秒特性。把在"电压—时间"坐标平面上形成的表示这种特性的曲线称为伏秒特性曲线。

伏秒特性曲线通常用实验的方法求取，如图1-25所示。对某一间隙施加冲击电压，保持其波形不变，逐渐升高冲击电压的峰值，得到该间隙的放电电压 u 与放电时间 t 的关系即可绘制出伏秒特性曲线。当电压较低时，击穿一般发生在波尾部分。当在波尾击穿时，不能用击穿时的电压作为气隙的击穿电压，因为在击穿过程中起决定作用的应是曾经作用过的冲击电压的峰值，所以应该把峰值电压作为气隙的击穿电压，它与放电时间的交点才是伏秒特性的一个点。当电压较高时，放电时间大大缩短，击穿发生在波前部分。在波前击穿时就以击穿时的电压作为气隙的击穿电压值，它与放电时间的交点为伏秒特性的一个点。依此方法可以作出一系列的点（P_1、P_2、P_3…），将这些点依次连接即可得到伏秒特性曲线。

实际上，由于放电时间的分散性，同一个间隙在同一幅值的标准冲击电压波的多次作用下，每次击穿所需的时间不同，在每一个电压下可得到一系列的放电时间。因此，伏秒特性曲线是以上、下包络线为界的一个带状区域。

由于气隙的放电时间都不会太长，所以随着时间的延伸，一切气隙的伏秒特性最后都将趋于平坦（此时击穿电压不再受放电时间的影响），如图1-26所示。均匀或稍不均匀电场间隙的放电时延短，其伏秒特性很快变平，曲线比较平坦，而且分散性也小，只在放电时间小于 $1\mu s$ 左右时略向上翘，这是因为放电时间小于 $1\mu s$ 左右时，时间的缩短需要提高电压的缘故；而极不均匀电场间隙的放电时延长，其伏秒特性到达变平的时间也长，曲线比较陡峭，而且分散性较大。

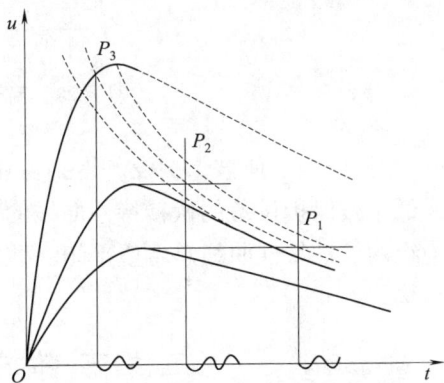

图 1-25　伏秒特性的绘制方法

伏秒特性对于比较不同设备绝缘的冲击击穿特性有重要意义。如果一个电压同时作用在两个并联的绝缘结构上，其中一个绝缘结构先击穿，电压被截断短接，另一个绝缘结构就不会再被击穿，则前者保护了后者。

伏秒特性是防雷设计中实现保护设备和被保护设备间绝缘配合的依据。图1-27中，间隙

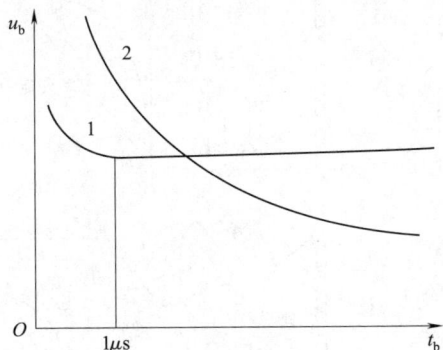

1—均匀电场；
2—不均匀电场。

图 1-26　均匀电场和不均匀电场气隙的伏秒特性

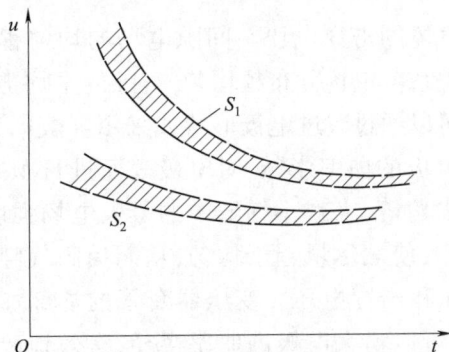

S_1—被保护设备绝缘的伏秒特性曲线；
S_2—与 S_1 并联的保护设备绝缘的伏秒特性曲线。

图 1-27　两个间隙的伏秒特性（S_2 低于 S_1）

S_1 的伏秒特性曲线全部位于间隙 S_2 的上方,在同一电压作用下 S_2 先于 S_1 击穿,可靠地保护了 S_1 ;图 1-28 中,间隙 S_1 和 S_2 的伏秒特性曲线相交,冲击电压峰值较低时 S_2 能对 S_1 起到保护作用,但冲击电压峰值较高时 S_2 就不能保护 S_1 了。

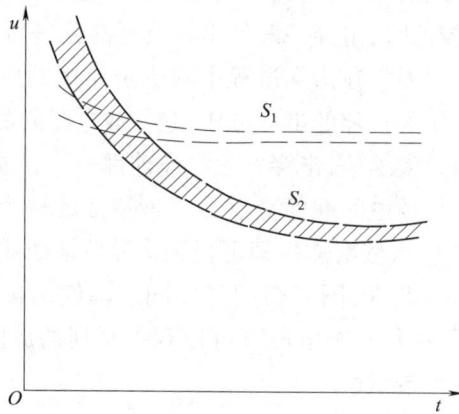

图 1-28　两个间隙的伏秒特性(S_1 与 S_2 相交)

可见,为了使被保护设备得到可靠的保护,保护设备绝缘的伏秒特性曲线的上包线必须始终低于被保护设备的伏秒特性曲线的下包线。同时,为了能得到较理想的绝缘配合,保护设备绝缘的伏秒特性曲线总希望平坦一些,分散性小一些,即保护设备应采用电场比较均匀的绝缘结构。

五、提高气体电介质电气强度的方法

为了缩小电力设施的尺寸,总希望将气隙长度或绝缘距离尽可能取得小一些,为此需要采取措施,以提高气体介质的电气强度。从实用的角度出发,要提高气隙的击穿电压可采用两条途径:一是改善气隙中的电场分布,使之尽量均匀;二是设法削弱或抑制气体介质中的电离过程。

(一)改进电极形状

气体的击穿电压与间隙电场的均匀程度有着密切的关系。电场分布越均匀,气隙的平均击穿场强越大。可以通过改进电极形状或采用屏蔽罩、屏蔽环来增大电极的曲率半径、对电极表面进行抛光、除去毛刺和尖角等,来减小气隙中的最大电场强度,改善电场分布,使之尽量趋于均匀,从而提高气隙的电晕起始电压和击穿电压。变压器套管的端部加装球形屏蔽罩,可以增大电极的曲率半径,有效地改善电场分布。图 1-29 中的绝缘支柱端部加装屏蔽环也可以显著改善电场分布。

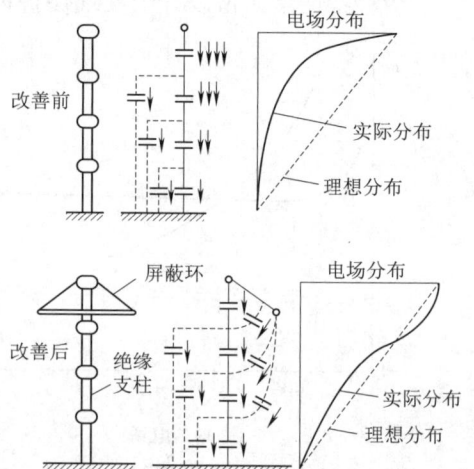

图 1-29　改进电极形状以改善电场分布

（二）利用空间电荷改善电场分布

极不均匀电场中，在一定的条件下可利用电晕电极所产生的空间电荷来改善电场的分布，从而提高气隙的击穿电压。比如，导线—平板或导线—导线的电极布置方式，当导线直径减小到一定程度以后，气隙的工频击穿电压反而会随导线直径的减小而提高，这种现象称为"细线效应"。其原因在于细线引起的电晕放电所形成的围绕细线的均匀空间电荷层相当于扩大了细线的等值半径，改善了气隙中的电场分布。细线效应只存在于一定的间隙距离范围内，而且仅在持续电压作用下才有效。

（三）采用屏障

由于气隙中的电场分布和气体放电的发展过程都与带电粒子在气隙中的产生、运动和分布密切相关，所以在气隙中放置形状适当、位置合适、能有效阻拦带电粒子运动的绝缘屏障能有效地提高气隙的击穿电压。

屏障用极薄的绝缘材料制成，其本身的耐电强度并没有多大意义。屏障一般安装在电晕间隙中，其表面与电力线垂直。屏障的作用取决于它所阻拦的与电晕电极同号的空间电荷，这样就能使电晕电极与屏障之间的空间电场强度减小，从而使整个气隙的电场分布均匀化。虽然这时屏障与另一电极之间的空间电场强度反而增大了，但其电场形状变得更像两块平板电极之间的均匀电场，如图 1-30 所示，所以整个气隙的电气强度得到了提高。

有屏障气隙的击穿电压与该屏障的安装位置有很大的关系，如图 1-31 所示。"棒—板"气隙在无屏障时的直流击穿电压分别为 $U+$（棒极为正）和 $U-$（棒极为负）。在不同位置设置屏障后发现，屏障与棒极距离等于气隙距离的 1/5～1/6 时击穿电压提高得最多。当棒极为正时可达无屏障时的 2～3 倍，但棒极为负时只能略微提高气隙的击穿电压约 20%，且屏障远离棒极时的击穿电压反而会比无屏障时还要低。这是由于屏障的存在，聚集在屏障上的负离子一方面使部分电场变得均匀，另一方面聚集状态的负离子形成的空间电荷又有加强与板极间电场的作用，而当屏障离棒极较远时，后一种作用占优势。

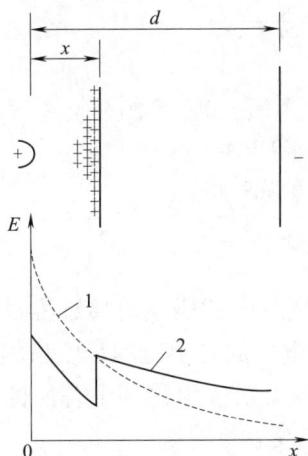

1—无屏障;2—有屏障。

图 1-30　设置屏障前后的电场分布

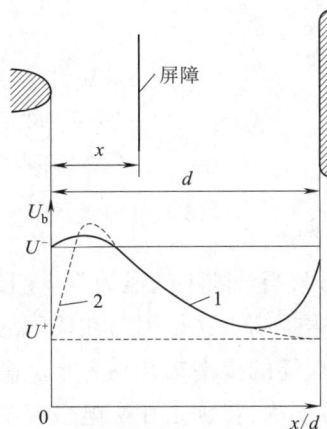

1—棒为负极性;2—棒为正极性。

图 1-31　屏障位置对"棒—板"气隙直流击穿电压的影响

屏障通常应用于"正棒—负板"之间，不过在工频电压下，由于击穿总是发生在棒极为正的半周期内，所以设置屏障后击穿电压的提高同直流下正棒极时一样。在雷电冲击电压下，由于屏障上来不及聚集起显著的空间电荷，因此屏障的作用小一些。

在"棒—棒"间隙中，因为两个电极都将发生电晕放电，所以应在两个电极附近设置屏障，这样也可以获得提高击穿电压的效果。显然，屏障在均匀或稍不均匀电场中难以发挥其作用。

(四)采用高气压

由巴申定律可知，提高气体的压力可以提高气隙的击穿电压。这是因为提高气压后气体的密度增大，减小了电子的自由行程长度，从而削弱和抑制了电离过程。比如，常压下空气的电气强度比一般液体和固体介质的电气强度低得多，约为 30 kV/cm。即使采取了各种措施尽可能改善电场分布，其平均击穿场强也不可能超越这一极限。但如果把空气压缩，气压大大超过 0.1 MPa，那么它的电气强度将得到显著的提高，如图 1-32 所示。早期的压缩空气断路器就是利用加压后的压缩空气作内部绝缘；在高压标准电容器中，也有采用加压后的空气或氮气作绝缘介质；在 SF_6 电气设备中则是用加压后的 SF_6 气体作绝缘介质。

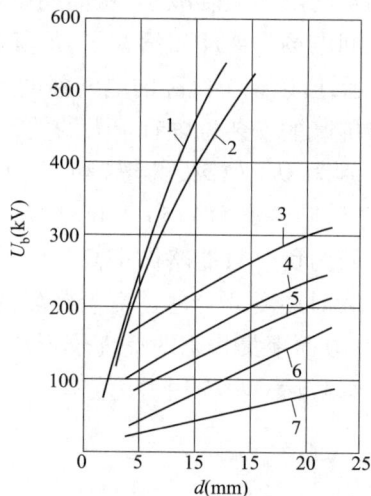

1—空气(2.8 MPa)；2—SF_6(0.7 MPa)；3—真空；4—变压器油；

5—电瓷；6—SF_6(0.1 MPa)；7—空气(0.1 MPa)。

图 1-32　不同气压下介质的电气强度比较

(五)采用高真空

由巴申定律，当气隙中的压力很低(接近真空)时，气隙中的碰撞电离过程也会减弱，击穿电压能得到显著提高。这是因为在稀薄的空气空间中，电子的自由行程长度虽然很大，但其与中性质点发生碰撞的概率却几乎为零。高真空介质在电力系统中得到了普遍的应用，如真空开关、真空电容器等，特别是在配电系统中其优越性尤其突出。

在实际采用高真空间隙作绝缘介质时，一定条件下仍会发生放电现象，但真空的放电机理不同于电子碰撞电离。实验证明，放电时真空中仍有一定的粒子流存在，这是因为：强电场下由阴极发射的电子自由飞过间隙，积累起足够的能量撞击阳极，使阳极物质质点受热蒸发或直接引起正离子发射;正离子运动至阴极,使阴极产生二次电子发射,如此循环进行,放电便得到维持。显然,真空间隙的击穿电压与电极材料、表面光洁度和洁净度(包括所吸附气体的数量和种类)等诸多因素有关,因而分散性很大。

（六）采用高电气强度气体

在气体电介质中,一些含卤族元素的强电负性气体,如六氟化硫(SF_6)、氟利昂等,因其具有强烈的吸附效应,所以在相同的压力下具有比空气高得多的电气强度(约为空气的 2.5 ~ 3 倍),这一类气体称为高电气强度气体。显然,采用高电气强度气体来替代空气可以大大提高间隙的击穿电压。

目前工程上唯一获得广泛使用的高电气强度气体只有 SF_6 及其混合气体。SF_6 气体电气性能高,标准大气压下的击穿场强约为空气的 2.5 倍,液化温度低、化学稳定性强,无毒、无味、不可燃,具有优异的灭弧能力,其灭弧性能为空气的 100 倍。纯 SF_6 气体的价格较高,且用于断路器时(气压为 0.7 MPa 左右)其液化温度(约为 − 25 ℃)不能满足高寒地区的要求,因此在工程应用中常采用 SF_6 与 N_2 的混合气体来降低液化温度,其混合比通常为 50% ∶ 50% 或 60% ∶ 40%。混合气体的电气强度约为纯 SF_6 气体的 85% 左右。

SF_6 气体不仅应用于某些单一的电力设备(如 SF_6 断路器、气体绝缘变压器等)中,还被广泛应用于封闭式组合电器 GIS 中。GIS 是由断路器、隔离开关、接地开关、互感器、母线、连线和出线终端等组合而成,全部封闭在充有一定压力的 SF_6 气体的金属外壳中,构成封闭式组合电器,组成一个气体绝缘变电站。GIS 与传统的敞开式变电站相比,大大节省了占地面积、运行安全可靠、噪声小、无电磁辐射、安装成套性好,维护工作量小。

任务实施

任务单

填写任务单,见表1-7。

表1-7 任务单

任务内容	调研现场作业案例,结合案例分析在现场如何提高气体电介质的电气强度,形成调研报告
小组成员	
成员分工	
调研方法	
完成时间	

任务流程

学生分组—小组分工—案例调研—小组讨论—分析问题—制订提纲—撰写报告。

任务评价

任务评价表,见表 1-8。

表 1-8 评价表

任务名称	作业现场提高气体电介质电气强度方法的调研报告					
班级		小组成员		完成日期		
序号		评价内容及评分标准	分值	学生自评	学生互评	教师评价
1	格式要求	1. 调研报告的标准字体:所有一级标题均采用三号黑体,居中,上下各空一行;所有二、三级标题均采用小四号黑体,靠左对齐,首行缩进 2 个字符;二级标题前空一行,二级标题后不空行;三级标题前后均不空行。 2. 所有正文均采用小四号宋体,靠左对齐,首行缩进 2 个字符,行距均为固定值 23 磅。所有空行均采用小四号,行距均为固定值 23 磅。 3. 参考文献格式:"参考文献"用三号黑体居中,上下各空 1 行;内文宋体小四号,行距为固定值 20 磅。序号加半角中括号。悬挂缩进 1.5 字符	10 分			
2	排版要求	纸型为 A4,上下页边距为 2.54 cm、左边距为 3.0 cm、右边距为 2.6 cm、正文行距为固定值 23 磅。双面打印	5 分			
3	内容要求	调研报告包括:封面、摘要、正文、结论、参考文献。调研报告总字数在 2 000 ～ 3 000 字范围内	5 分			
		论点正确,论据充分,结论严谨合理	10 分			
		结构合理,中心突出,内容充实,逻辑性强,层次清晰,数据可靠,详略得当	10 分			
		具有较强的文字表达能力,语言准确,文笔流畅,图表清楚	10 分			
		现场作业案例选取准确,符合调研内容	5 分			
		能结合案例,详细分析提高气体电介质电气强度方法,能运用所学的知识及获取新知识去完成调研报告	40 分			
4	提交要求	任务发布后,两周内完成调研报告	5 分			
综合评价						

课后练习

1. 带电粒子产生的方式有哪些?

2. 为什么碰撞电离主要由电子而不是离子引起?

3. 提高气体间隙击穿电压的方法有哪些?

任务三　液体电介质的击穿特性分析

任务描述

液体电介质主要有天然的矿物油和人工合成油两大类,此外还有蓖麻油等植物油。目前用得最多的是从石油中提炼出来的矿物绝缘油,通过不同程度的精炼,可得到分别用于变压器、断路器、电缆及电容器等高压电气设备中的变压器油、电缆油和电容器油等。与气体电介质相似,液体电介质在强电场作用下,也会出现由绝缘介质转变为导体的击穿过程,结合实例,分析影响液体电介质击穿特性的因素,学习提高液体电介质击穿电压的方法。

任务目标

1. 理解液体电介质的击穿特性;
2. 区分纯净液体电介质、含有杂质的液体电介质击穿过程的不同;
3. 分析影响液体电介质击穿电压的因素;
4. 阐述提高液体电介质击穿电压的方法。

知识准备

一、液体电介质的击穿特性

用于变压器中的绝缘油同时也起散热的作用,用于某些断路器中的绝缘油有时也兼作灭弧媒质,而用于电容器的绝缘油同时起储能媒质的作用。

与气体电介质相似,液体电介质在强电场(高电压)作用下,也会出现由绝缘介质转变为导体的击穿过程,但对其击穿机理的研究远不及对气体电介质的研究那么充分。这是因为工程中实际使用的液体介质并不是完全纯净的,往往含有水分、气体、固体微粒和纤维等杂质,它们对液体介质的击穿过程有很大影响。

二、液体电介质的击穿理论

(一)纯净液体电介质的击穿

1. 电击穿理论

纯净液体电介质的电气强度很高,其击穿理论与气体电介质的击穿理论相似,都是由电作用造成的,属于电击穿的性质。在液体介质中,由于外界的高能射线或局部强电场的作用或阴极上的强电场发射等原因,介质中总存在有一些初始电子在电场作用下向阳极作加速运动并积累能量,与液体分子发生碰撞产生碰撞游离,形成电子崩导致液体电介质失去绝缘能力而发生击穿。

由于液体电介质的密度远比气体电介质的密度大,所以电子在其中的自由行程很短,不容易积累起产生碰撞游离所需的动能。因此纯净液体电介质的耐电强度比常态下气体电介质的

液体电介质的击穿机理

耐电强度高得多,击穿场强可达 1 000 kV(幅值)/cm 以上。纯净液体的密度增加时,击穿场强会增大;温度升高时,液体膨胀,击穿场强会下降;由于电子崩的产生和空间电荷层的形成需要一定的时间,当电压作用时间很短时,击穿场强将提高,因此液体介质的冲击击穿场强高于工频击穿场强,即冲击系数 $\beta > 1$。

2. 气泡击穿理论

当纯净液体电介质承受较高的电场强度时,在其中会有气泡产生。产生气泡的原因主要是:电子在电场作用下运动所形成的电子电流会使液体发热而分解出气泡;电子在电场中运动会与液体电介质分子发生碰撞而导致液体分子解离产生气泡;由于电极表面粗糙等原因导致局部电场集中处发生电晕放电而使液体加热汽化产生气泡。

在交流电压下,气泡中的电场强度与油中的电场强度按各自的介电常数 ε_r 成反比分配,因而在气泡上分配到较大的场强,但气体的击穿场强又比液体介质的击穿场强低得多,所以气泡必先发生电离。气泡电离后温度升高、体积膨胀,电离进一步发展。与此同时,电离产生的带电粒子又不断撞击液体分子,使液体分解出气体,扩大了气体通道。如果许多电离的气泡在电场中排列成连通两电极的"小桥",击穿就可能在此通道中发生。

气泡击穿理论依赖于气泡的形成、发热膨胀、气体通道的扩大并排列成"小桥",有热的过程,属于热击穿的范畴。

(二)工程用液体电介质的击穿

气泡击穿理论可以推广到由其他悬浮杂质引起的击穿,从而较好地解释变压器油等工程用液体介质的击穿过程。

工程用液体电介质的提纯工艺相当复杂,且设备在制造和运行过程中总难免产生一些杂质,杂质的存在使液体的击穿场强大大降低,约为 120 ~ 200 kV(幅值)/cm。如工程用变压器油中所含杂质主要是油与大气接触时从大气中吸收的气体和水分、脱落的纸或布的纤维,以及油质劣化分解出的气体、水分和聚合物等,这些杂质的介电常数和电导率均与变压器油不同,因而会畸变油中电场的分布,影响油的击穿场强。杂质的存在使工程用液体电介质的击穿具有了新的特点,一般用"小桥"理论来说明其击穿过程。

"小桥"理论认为,由于液体电介质中水和纤维的 ε_r(分别为 81 和 6 ~ 7)比油的 ε_r(1.8 ~ 2.8)大得多,这些杂质很容易极化并沿电场方向定向排列成杂质小桥。这时会发生两种情况:

如果杂质小桥尚未接通电极,则纤维等杂质与油串联,由于纤维的 ε_r 大,以及含水分纤维的电导大,使其端部油中电场强度显著增高并引起电离,于是油分解出气体,气泡扩大,电离增强,这样下去必然会出现由气体小桥引起的击穿。

如果杂质小桥接通电极,因小桥的电导大而导致泄漏电流增大,发热严重,促使水分汽化,气泡扩大,发展下去也会出现气体小桥,使油隙发生击穿。

工程用变压器油的击穿也有自恢复的特性,这是因为由小桥引起的火花放电会使纤维烧毁、水滴汽化、油的扰动,以及油具有一定的灭弧能力等原因,使得介质的绝缘强度得以恢复。

三、影响液体电介质击穿电压的因素

液体电介质击穿电压的大小既决定于其自身品质的优劣,也与温度、电场均匀度、电压等外界因素有关。

(一)液体电介质本身品质的影响

液体电介质的品质取决于其所含杂质的多少。含杂质越多,液体的品质越差,击穿电压越低。对于液体电介质,通常用标准油杯按标准试验方法测得的工频击穿电压来衡量其品质的优劣。

我国采用的标准油杯如图 1-33 所示,极间距离为 2.5 mm,电极是直径为 25 mm 的一对圆盘形铜电极,为了减弱其边缘效应,电极的边缘被加工成半径为 2.5 mm 的半圆,使电极间的电场近乎均匀。

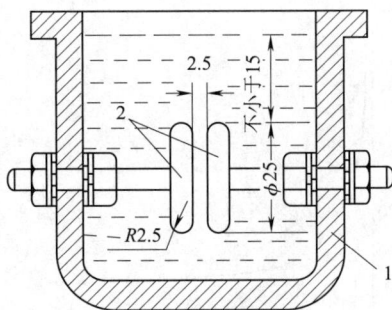

1—绝缘杯体;2—黄铜电极。

图 1-33　我国采用的标准油杯(单位:mm)

我国规定不同电压等级电气设备中所用变压器油的电气强度应符合表 1-9。

表 1-9　变压器油的电气强度要求

额定电压等级/kV	用标准油杯测得的工频击穿电压有效值/kV		额定电压等级/kV	用标准油杯测得的工频击穿电压有效值/kV	
	新油,不低于	运行中的油,不低于		新油,不低于	运行中的油,不低于
15 及以下	25	20	330	50	45
20 ~ 35	35	30	500	60	50
63 ~ 220	40	35			

可见,变压器油在标准油杯和标准试验条件下的击穿场强在 20 ~ 60 kV 之间,相应的击穿场强有效值为 80 ~ 240 kV/cm,约为空气击穿场强[30 kV(峰值)/cm = 21 kV(有效值)/cm]的 4 ~ 10 倍。

必须指出,在标准油杯中测得的油的耐电强度只能作为对油的品质的衡量标准,不能用此数据直接计算在不同条件下油间隙的耐受电压,因为同一种油在不同条件下的耐电强度有很大差别。

下面具体讨论变压器油本身的某些品质对耐电强度的影响。

1. 含水量

水分在油中有三种存在方式:当含水量极微小时,水分以分子状态溶解于油中,这种溶解态的水分高度分散、分布均匀,对油的耐电强度影响不大;当含水量超过其溶解度时,多余的水分便以乳化状态悬浮于油中,这种悬浮态的小水滴在电场的作用下将极化而沿电场方向伸长,会畸变油中的电场分布,并可能在电极间连成小桥,对油的耐电强度有很强烈的影响;当含水量继续增大时,只有一定数量的水分能悬浮于油中,多余的水分沉淀到油的底部,击穿电压不再下降,但这对于油的绝缘性能是非常有害的。

图 1-34 所示为在标准油杯中测出的变压器油的工频击穿电压与含水量的关系。可见,当油中含水量达十万分之几时,它对击穿电压就有明显的影响,这意味着油中已出现悬浮状水滴;当油中含水量达 0.02% 时,击穿电压已下降至 10 kV,比不含水分时的击穿电压低很多倍;含水量继续增大时,击穿电压下降已不多。

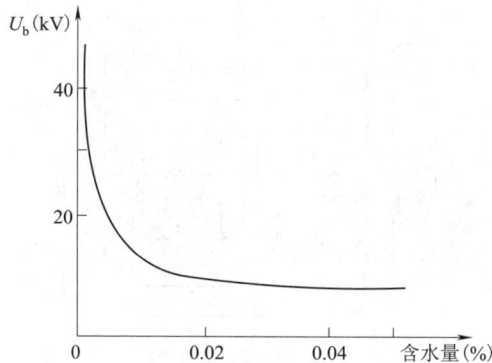

图 1-34　变压器油的工频击穿电压有效值(标准油杯中)与含水量的关系

2. 含纤维量

当油中有纤维存在时,在电场力的作用下,纤维将沿着电场方向极化排列成杂质小桥,使油的击穿电压大大下降。纤维具有很强的吸附水分的能力,吸湿的纤维对击穿电压的影响更大。

3. 含气量

绝缘油能够吸收和溶解相当数量的气体,其饱和溶解量主要由气体的化学成分、气压、油温等因素决定。温度对油中气体饱和溶解量的影响随气体种类而异,没有统一的规律。气压升高时,各种气体在油中的饱和溶解量都会增加,所以油的脱气处理通常都在高真空下进行。

溶解于油中的气体在短时间内对油的性能影响不大,主要是使油的黏度和耐电强度稍有降低。其主要危害为:当温度、压力等外界条件发生改变时,溶解在油中的气体可能析出,成为自由状态的小气泡,容易导致局部放电,加速油的老化,也会使油的耐电强度有较大的降低;溶解在油中的氧气经过一定时间会使油逐渐氧化,酸价增大,并加速油的老化。

4. 含碳量

某些电气设备中的绝缘油在运行中常受到电弧的作用。电弧的高温会使绝缘油分解出气体(主要为氢气和烃类气体)、液体(主要为低分子烃类)及固体(主要为碳粒)物质。碳粒对油的耐电强度有两方面的作用：一方面，碳粒本身为导体，它散布在油中，使碳粒附近局部电场增强，从而使油的耐电强度降低；另一方面，新生的活性炭粒有很强的吸附水分和气体的能力，从而使油的耐电强度提高。总的来说，细而分散的碳粒对油的耐电强度的影响并不显著，但碳粒(再加吸附了某些水分和杂质)逐渐沉淀到电气设备的固体介质表面形成油泥，易造成油中沿固体介质表面的放电，同时也影响散热。

（二）温度的影响

变压器油的击穿电压与油温的关系比较复杂，随电场的均匀程度、油的品质及电压类型的不同而异。

均匀电场油间隙的工频击穿电压与温度的关系如图 1-35 所示。曲线 1 为纯净油，油温升高，有利于碰撞电离，击穿电压稍有下降。曲线 2 为潮湿的油，油中水分的状态视温度的情况而异。当温度由 0 ℃ 开始上升时，一部分水分从悬浮态转化为溶解态，使击穿电压上升；但温度超过 80 ℃ 时，水开始汽化产生气泡，引起击穿电压下降，从而在 60 ~ 80 ℃ 范围内出现击穿电压的最大值；温度为 0 ~ 5 ℃ 范围内，全部水分转化为乳浊状态，导电小桥最易形成，出现击穿电压最小值；如果油温在 0 ℃ 以下，水滴冻结成冰粒，油也将逐渐凝固，使击穿电压升高。

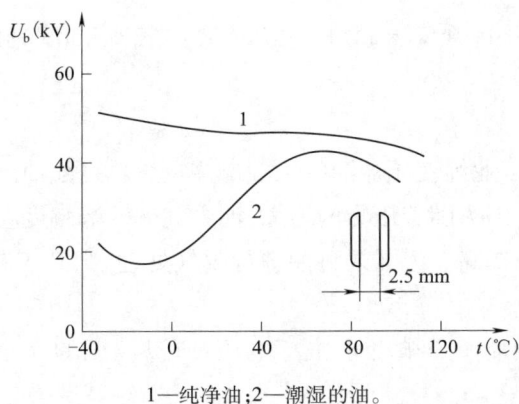

1—纯净油；2—潮湿的油。

图 1-35   标准油杯中变压器油工频击穿电压有效值与温度的关系

在极不均匀电场中，工频击穿电压随油温的上升稍有下降，水滴等杂质对工频击穿电压的影响较小。这是因为在高场强区的电晕放电现象会造成油的扰动，妨碍了贯通性小桥的形成。

无论在均匀电场还是不均匀电场中，随油温的上升，冲击击穿电压均单调地稍有下降，水滴等杂质的影响也很小。这是因为冲击电压作用时间太短，杂质来不及形成小桥。

（三）电场均匀度的影响

保持油温不变，改善电场的均匀度，能使优质油的工频击穿电压显著增大，也能大大提高其冲击击穿电压。品质差的油由于含杂质较多，改善电场对提高其工频击穿电压的效果较差；而在冲击电压下，因杂质来不及形成小桥，杂质对击穿电压的影响很小，所以改善电场总能显著提高其冲击击穿电压。

（四）电压作用时间的影响

油隙的击穿需要一定的时间，所以击穿电压会随电压作用时间的增加而下降，加电压时间还会影响油的击穿性质。

如图 1-36 所示,当电压作用时间极短,小于毫秒级(如雷电冲击电压)时,油的击穿属于电击穿性质,击穿电压比较高,且影响油隙击穿电压的主要因素是电场的均匀程度,杂质在其中的影响还不能显示出来;当电压作用时间更长时,油中的杂质开始聚集,且有足够的时间在间隙中形成小桥,油隙的击穿开始出现热过程,击穿电压随电压作用时间的增长而显著下降,属于热击穿的性质。

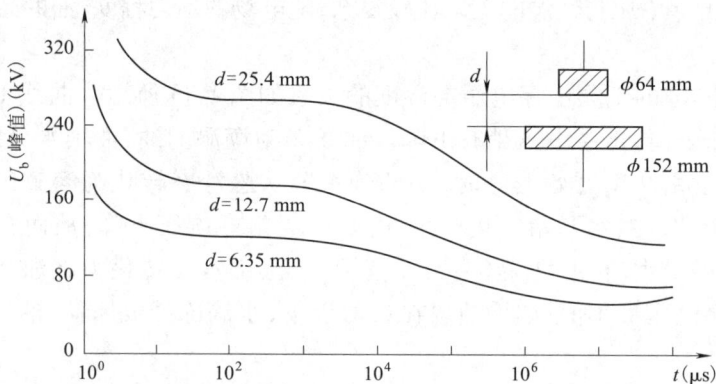

图 1-36 变压器油的击穿电压峰值与电压作用时间的关系

(五)油压的影响

不论电场是否均匀,工业纯变压器油的工频击穿电压总是随油压的增大而增大,尤其在均匀电场中更为明显。这是因为随着压力的增加,油中气体的溶解度会随之增大,且气泡发生局部放电的起始电压也相应提高。但如果将油进行脱气处理,则其工频击穿电压就几乎与油压无关。

由于油中的气泡等杂质不影响冲击击穿电压,所以油压的大小不影响油隙的冲击击穿电压。

四、提高液体电介质击穿电压的措施

(一)提高及保持油的品质

工程用油中的杂质对油隙的工频击穿电压有很大的影响。设法减少杂质的影响,提高油的品质是提高击穿电压的首要措施,常用方法有过滤、防潮和祛气,具体如下:

1. 过滤

用滤纸可以过滤油中的纤维等固体杂质,吸附大部分水分和有机酸。如果先在油中加吸附剂(白土、硅胶等),吸附油中的水分和有机酸,再进行过滤效果更佳。工程上常用压滤机进行过滤,恢复变压器油的绝缘性能。

2. 防潮

充油的电气设备在制造、检修及运行过程中都必须注意防止水分的侵入。绝缘部件在浸油前必须采用烘干、抽真空等方法进一步除去水分。在设备制造和检修过程中,应尽量减少内绝缘物质暴露在空气的时间,防止水分和杂质的侵入。有些电气设备(如变压器)的油绝缘不能完全与空气隔绝时,要在空气进口处装设带有干燥剂的呼吸器、充氮保护或在油枕中采用塑料气囊,防止潮气与油面直接接触。

3. 祛气

祛气常用的方法是将油加热后在真空中喷成雾状,油中所含的气体和水分挥发并被抽走,并在真空状态下将油注入电气设备中。

(二)采用"油—屏障"式绝缘

在绝缘设计中,采用"油—屏障"式绝缘能显著提高油隙的击穿电压。"油—屏障"式绝缘是以变压器油为主要电介质,在油隙中放置若干屏障以改善电场分布和阻止杂质小桥的形成。"油—屏障"式绝缘主要有覆盖层、绝缘层和屏障三种形式。

1. 覆盖层

覆盖层是紧紧包在小曲率半径电极上的薄固体绝缘层(如电缆纸、黄蜡布、漆膜等),其厚度一般只有零点几毫米,所以不会引起油中电场的改变。它的主要作用是阻止杂质小桥直接接触电极,减小了流经杂质小桥的泄漏电流,阻碍了杂质小桥中热击穿过程的发展。显然,覆盖层的作用与杂质小桥密切相关。油的品质越差、电场越均匀、电压作用时间越长,杂质小桥对油隙击穿电压的影响越大,采用覆盖层的效果也越显著。在均匀电场中,击穿电压可提高70%~100%;在极不均匀电场中,击穿电压可提高10%~15%。由于采用覆盖层花费不多而收效明显,所以在各种充油电气设备中很少采用裸导体。

2. 绝缘层

当覆盖层的厚度增大到能分担一定的电压时,即成为绝缘层。绝缘层的厚度为数毫米到数十毫米,不仅能像覆盖层那样阻断杂质小桥,而且能降低电极表面附近的最大电场强度,使整个油隙的击穿电压大大提高。绝缘层通常只用在不均匀电场中,包在曲率半径较小的电极上。变压器的高压引线、屏蔽环,以及充油套管的导电杆上都包有较厚的绝缘层。

3. 屏障

屏障是在油隙中放置的尺寸较大、形状与电极相适应、厚度为1~5 mm的层压纸板或层压布板。它既能阻碍杂质小桥的形成,又能像气体介质中的屏障那样拦住一部分带电粒子,使原有电场变得比较均匀,从而提高油隙的击穿电压。在稍不均匀电场中放置屏障,可将击穿电压提高25%以上;在极不均匀电场中放置屏障效果更为显著,可将击穿电压提高两倍甚至更高。

在较大的油隙中合理地布置多重屏障,将油隙分隔成多个较短的油隙,可以使击穿电压得到进一步提高。但屏障间的距离不宜太小,因为这不利于油的循环冷却,屏障的间距一般应大于6 mm;屏障的厚度也不宜过大,因为固体介质的介电常数比变压器油大,其总厚度的增加会引起油中电场强度的增大,通常屏障的厚度不大于整个油隙长度的1/3。

在电力变压器、油断路器、充油套管等设备中广泛采用"油—屏障"式绝缘。当屏障表面与电力线垂直时,效果最好。图1-37为变压器内部广泛采用的这种薄纸筒、小油道的绝缘结构,大大提高了油的耐电强度,缩小了变压器的尺寸。

图 1-37 变压器内部绝缘结构

任务实施

任 务 单

填写任务单,见表 1-10。

表 1-10 任务单

任务内容	调研现场作业案例,结合案例分析影响液体电介质击穿电压的因素,以及如何提高液体电介质的击穿电压,形成调研报告
小组成员	
成员分工	
调研方法	
完成时间	

任 务 流 程

学生分组—小组分工—案例调研—小组讨论—分析问题—制订提纲—撰写报告。

任务评价

任务评价表,见表1-11。

表1-11 评价表

任务名称		作业现场提高液体电介质击穿电压措施的调研报告				
班级		小组成员		试验日期		
序号		评价内容及评分标准	分值	学生自评	学生互评	教师评价
1	格式要求	1.调研报告的标准字体:所有一级标题均采用三号黑体,居中,上下各空一行;所有二、三级标题均采用小四号黑体,靠左对齐,首行缩进2个字符;二级标题前空一行,二级标题后不空行;三级标题前后均不空行。 2.所有正文均采用小四号宋体,靠左对齐,首行缩进2个字符,行距均为固定值23磅。所有空行均采用小四号,行距均为固定值23磅。 3.参考文献格式:"参考文献"用三号黑体居中,上下各空1行;内文宋体小四号,行距为固定值20磅;序号加半角中括号;悬挂缩进1.5字符	10分			
2	排版要求	纸型为A4,上下页边距为2.54 cm、左边距为3.0 cm、右边距为2.6 cm、正文行距为固定值23磅。双面打印	5分			
3	内容要求	调研报告包括:封面、摘要、正文、结论、参考文献。调研报告总字数在2 000～3 000字范围内	5分			
		论点正确,论据充分,结论严谨合理	10分			
		结构合理,中心突出,内容充实,逻辑性强,层次清晰,数据可靠,详略得当	10分			
		具有较强的文字表达能力,语言准确,文笔流畅,图表清楚	10分			
		现场作业案例选取准确,符合调研内容	5分			
		能结合案例,详细分析影响液体电介质击穿电压的因素,分析作业现场提高液体电介质电气强度措施,能运用所学的知识及获取新知识去完成调研报告	40分			
4	提交要求	任务发布后,两周内完成调研报告	5分			
综合评价						

课后练习

1.搜集资料,结合工程实例,分析影响液体电介质击穿电压的因素。

2.搜集资料,结合工程实例,举例说明提高液体电介质击穿电压的方法。

任务四　固体电介质的击穿特性分析

任务描述

绝缘介质除了气体外还有液体和固体。固体电介质除了可以用作绝缘材料外还可用作载流导体的支撑或作为极间屏障,以提高气体或液体介质的绝缘强度。因此,了解固体电介质的结构及在电场作用下发生的物理、化学现象,对研究其电、热、机械、化学、物理等方面的性能非常重要。本任务主要介绍固体电介质的击穿特性,以及影响固体电介质击穿电压的因素。

任务目标

1. 理解固体电介质的击穿理论;
2. 分析影响固体电介质击穿电压的因素;
3. 阐述提高固体电介质击穿电压的措施。

知识准备

高压电气设备中常用的固体电介质主要有陶瓷、云母、绝缘纸、环氧树脂、玻璃纤维板、硅橡胶、塑料等。固体电介质与气体、液体电介质的击穿特性有很大的不同:固体电介质的固有耐电强度极高,约为十几~几百 kV/mm(空气为 3~4 kV/mm,液体为 10~20 kV/mm);固体电介质的击穿过程极复杂,且击穿后会在其击穿路径上留下不可恢复的放电痕迹,如烧穿或熔化的通道、裂缝等,从而永远丧失其绝缘性能,固体电介质为非自恢复绝缘。

固体电介质的
击穿特性

一、固体电介质的击穿

在电场作用下,固体电介质的击穿主要有电击穿、热击穿和电化学击穿三种形式。

(一)电击穿

固体电介质的电击穿是指仅仅由于电场的作用而直接使介质破坏并丧失绝缘性能的现象。固体电介质内部存在少量的带电粒子,它们在强电场作用下加速,并与固体介质晶格结点上的原子(或离子)发生碰撞电离形成电子崩。当电子崩足够强时,固体电介质的晶格结构被破坏,电导增大而最终导致击穿。

在介质的电导(或介质损耗)很小,又有良好的散热条件,以及介质内部不存在局部放电的情况下,固体电介质的击穿一般为电击穿。

电击穿的主要特征:电压作用时间短;击穿电压高(击穿场强达 $10^5 \sim 10^6$ kV/m);击穿电压几乎与环境温度无关;介质发热不显著;电场的均匀度对击穿电压有显著影响。

（二）热击穿

热击穿是由于固体电介质内部热不稳定过程造成的。当固体电介质受到电压作用时,介质由于内部损耗而发热。如果在某一温度下,单位时间内的发热量等于散热量时,介质处于热稳定状态,温度不再上升,绝缘性能不致破坏。但如果散热条件不利或电压达到某一临界值,使介质单位时间内的发热量大于散热量时,介质的热稳定状态就遭到破坏,其温度不断升高;而介质的电导又具有正温度系数,即温度越高,电导越大,这就使泄漏电流进一步增大,损耗发热也随之增大,最终温升过高,电介质发生分解、熔化、碳化或烧焦,绝缘性能完全丧失,电介质即被击穿。这种与热过程相关的击穿称为热击穿。

当绝缘本身存在局部缺陷时,缺陷处损耗增大,温升增高,热击穿就容易发生在这种绝缘有局部缺陷处。

热击穿的主要特征:击穿电压与电压作用时间有关,因为热击穿是一个热量积累的过程,电压作用时间越长,击穿电压越低(击穿场强约为 $10^3 \sim 10^4$ kV/m);介质温度特别是局部温度有明显的升高;击穿电压随环境温度的升高而下降;击穿电压与电场的均匀程度关系不大,而与介质的散热条件密切相关。

（三）电化学击穿

固体电介质在长期工作电压的作用下,由于介质内部发生局部放电等原因,使绝缘劣化、电气强度逐步下降并引起击穿的现象为电化学击穿。电化学击穿是一个复杂的缓慢过程,电介质的内部或边缘处存在的气泡、气隙等长期在工作电压作用下会发生电晕或局部放电现象。局部放电产生的臭氧、二氧化氮等气体会对介质起到氧化和腐蚀作用;局部放电过程中带电粒子撞击介质引起局部温升,加速介质氧化并增大电导和介质损耗,甚至局部烧焦绝缘;带电粒子的撞击还可能切断电介质的分子结构,导致介质破坏。在临近热击穿的最终阶段,可能因劣化处温度过高而以热击穿形式完成,也可能因介质劣化后电气强度下降而以电击穿的形式完成。

电化学击穿是固体电介质在电压长期作用下劣化、老化而引起的,它与固体电介质本身的制造工艺、工作条件等有密切关系。电化学击穿的击穿电压比电击穿和热击穿的击穿电压更低,甚至可能在工作电压下发生,对此应引起足够的重视。

二、影响固体电介质击穿电压的因素

（一）电压作用时间

如果电压作用时间很短(0.1 s 以下),固体介质的击穿往往是电击穿,其击穿电压较高。随着电压作用时间的增长,击穿电压将下降,如果在加压后数分钟到数小时才引起击穿,则热击穿往往起主要作用。不过二者有时很难分清,例如在工频交流 1 min 耐压试验中的试品击穿,往往是电和热双重作用的结果。

图 1-38 为是常用的油浸电工纸板的击穿电压与电压作用时间的关系,其中的纵坐标是标幺值,它以 1 min 工频击穿电压(峰值)为基准。

固体电介质击穿电压的影响因素及提高措施

图 1-38　油浸电工纸板的击穿电压与加压时间的关系

电击穿与热击穿的分界时间为 $10^5 \sim 10^6 \mu s$ 之间。电压作用时间小于此值的击穿属于电击穿,此时热与化学的影响还来不及起作用;电压作用时间大于此值后,热过程和电化学作用使得击穿电压明显下降,属于热击穿;当电压作用时间更长时,击穿电压仅为 1 min 工频击穿电压的几分之一时,由于绝缘老化,绝缘性能下降,发生的是电化学击穿。不过 1 min 击穿电压与更长时间的击穿电压相差不多,所以通常可将 1 min 工频试验电压作为基础来估计固体介质在工频电压作用下长期工作时的热击穿电压。

（二）电场均匀程度

均匀电场中,固体介质的击穿电压比较高,且随介质厚度增加近似呈线性增加;不均匀电场中,固体介质的击穿电压有所降低,并且介质厚度的增加将使电场更不均匀,击穿电压也不再随厚度呈线性增加。当介质的厚度增加到影响介质散热时,介质可能发生热击穿,此时继续靠增加电介质的厚度来提高击穿电压就没有意义了。

（三）温度

如图 1-39 所示,温度较低时固体电介质的击穿属于电击穿,电击穿的击穿电压较高,且与温度几乎无关;温度高到一定程度时电击穿转为热击穿,温度越高热击穿电压越低。不同固体介质的耐热性能和耐热等级不同,它们由电击穿转为热击穿的临界温度一般也不同。

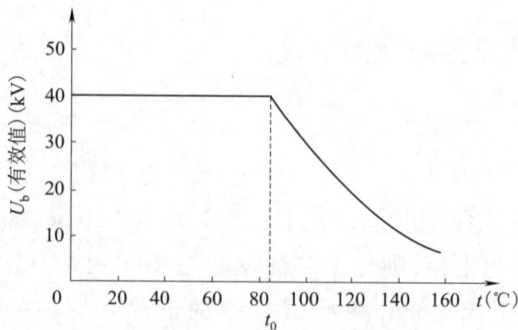

图 1-39　工频电压下电瓷的击穿电压与温度的关系

如果介质周围媒质的温度高并且散热条件不利,热击穿电压将会更低。因此,以固体绝缘作绝缘材料的电气设备,如果某处局部温度过高,在工作电压下就可能会发生热击穿。

(四)电压种类

相同条件下,固体电介质在直流、交流和冲击电压下击穿电压往往不同。在直流电压下,固体电介质的损耗(电导损耗)比工频交流电压下的损耗(电导损耗、极化损耗)小,介质发热少,因此直流击穿电压比工频击穿电压(幅值)高;在冲击电压下,由于电压作用时间极短,热的效应和电化学的影响来不及起作用,因此击穿电压比工频和直流下都高。所以,在工频交流电压下,介质的击穿电压最低,对介质耐电强度的考验最严格。

(五)受潮

固体电介质受潮后击穿电压的下降程度与材料的性质有关。不易吸潮的材料,如聚乙烯、聚四氟乙烯等中性介质受潮后,其击穿电压仅下降一半左右;易吸潮的极性介质,如棉纱、纸等纤维材料受潮后,其击穿电压仅为干燥时的几百分之一,这是因为电导率和介质损耗大大增加的缘故。所以,高压绝缘结构在制造时应注意除去水分,在运行中应注意防潮,并定期检查受潮情况。

(六)累积效应

固体电介质在幅值不很高的过电压,特别是冲击电压作用下,有时虽未形成贯穿性的击穿通道,但在介质内部已出现局部损伤,发生局部放电留下的碳化、烧焦或裂缝等痕迹是不可恢复的。在多次冲击或工频试验电压下,介质内部的局部损伤会逐步发展,最终导致击穿电压下降。这种现象称为固体电介质的累积效应。

以固体电介质作主要绝缘材料的电气设备,随着施加冲击或工频试验电压次数的增多,很可能因雷击效应而使其击穿电压下降。因此,在确定这类电气设备耐压试验时加电压的次数和试验电压值时,应考虑这种累积效应,在设计固体绝缘结构时,应保证一定的绝缘裕度。

(七)机械负荷

固体电介质在使用时可能受到机械负荷的作用,使电介质发生裂缝,造成击穿电压显著下降。

三、提高固体电介质击穿电压的措施

(一)改进制造工艺

应尽可能地清除固体电介质中残留的杂质、气泡、水分等,使介质尽可能均匀致密,这可以通过精选材料、改善工艺、真空干燥、浸绝缘油或漆等方法实现。

(二)改进绝缘设计

应采用合理的绝缘结构,使各部分的绝缘强度与其所承担的电场强度有适当的配合;改善电极形状及表面光洁度,尽可能使电场分布均匀;改善电极与电介质的接触状态,消除接触处的气隙或使该气隙不承受电位差,如图1-40所示为变压器的绝缘结构示意。

(三)改进绝缘的运行条件

在电气设备的运行中,应防止潮气侵入,防止尘污和各种有害气体的侵蚀,加强散热冷却,防止臭氧及有害气体与绝缘材料的接触。

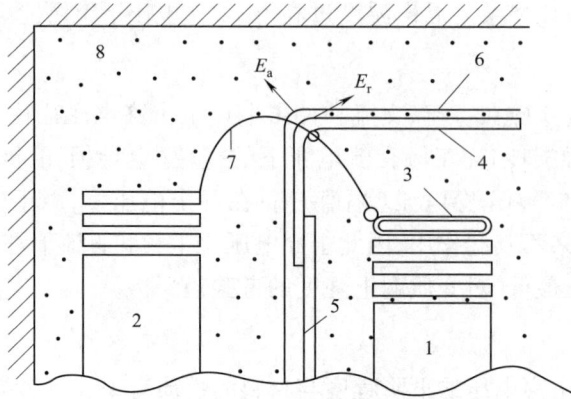

1—高压线圈;2—低压线圈;3—静电环;4—角环;
5—隔板;6—等电位线;7—电力线;8—变压器油。

图 1-40　变压器的绝缘结构

任务实施

填写任务单,见表 1-12。

表 1-12　任务单

任务内容	调研现场作业案例,结合案例分析影响固体电介质击穿电压的因素,以及如何提高固体电介质的击穿电压,形成调研报告
小组成员	
成员分工	
调研方法	
完成时间	

任务流程

学生分组—小组分工—案例调研—小组讨论—分析问题—制订提纲—撰写报告。

任务评价

任务评价表,见表1-13。

表 1-13 评价表

任务名称		作业现场提高固体电介质击穿电压措施的调研报告				
班级		小组成员		完成日期		
序号		评价内容及评分标准	分值	学生自评	学生互评	教师评价
1	格式要求	1. 调研报告的标准字体:所有一级标题均采用三号黑体,居中,上下各空一行;所有二、三级标题均采用小四号黑体,靠左对齐,首行缩进2个字符;二级标题前空一行,二级标题后不空行;三级标题前后均不空行。 2. 所有正文均采用小四号宋体,靠左对齐,首行缩进2个字符,行距均为固定值23磅。所有空行均采用小四号,行距均为固定值23磅。 3. 参考文献格式:"参考文献"用三号黑体居中,上下各空1行;内文宋体小四号,行距为固定值20磅;序号加半角中括号;悬挂缩进1.5字符	10分			
2	排版要求	纸型为A4,上下页边距为2.54 cm、左边距为3.0 cm、右边距为2.6 cm、正文行距为固定值23磅。双面打印	5分			
3	内容要求	调研报告包括:封面、摘要、正文、结论、参考文献。调研报告总字数在2 000~3 000字范围内	5分			
		论点正确,论据充分,结论严谨合理	10分			
		结构合理,中心突出,内容充实,逻辑性强,层次清晰,数据可靠,详略得当	10分			
		具有较强的文字表达能力,语言准确,文笔流畅,图表清楚	10分			
		现场作业案例选取准确,符合调研内容	5分			
		能结合案例,详细分析影响固体电介质击穿电压的因素,分析作业现场提高固体电介质电气强度措施,能运用所学的知识及获取新知识去完成调研报告	40分			
4	提交要求	任务发布后,两周内完成调研报告	5分			
综合评价						

课后练习

1. 影响固体电介质击穿电压的因素有哪些?
2. 试述提高固体电介质击穿电压的措施。

项目二

高压设备试验安全防护

项目描述

　　高压试验是电力设备运行和维护工作中的一个重要环节,是保证电力系统一次设备安全运行的有效手段之一。在高压试验的工作现场,尤其是对于现场大型的电力变压器、GIS 设备、母线等设备,在进行交流耐压、局放等试验过程中会产生数千伏,甚至几十、上百千伏的高压,这对试验人员的人身安全是一种较大的威胁。因此高压试验人员需要在试验现场,一方面要满足《电力安全工作规程》(以下简称《安全规程》)的规定进行作业;另一方面要严格采取一定的安全防护措施,最大程度上保护个人的人身安全。

学习目标

1. 知识目标

(1)掌握高压电气设备的试验分类;

(2)了解不同类型高压电气设备的试验项目、周期和要求;

(3)明确高压试验安全规则;

(4)掌握电气绝缘安全用具的试验方案。

2. 能力目标

(1)能够按照规定对高压电气设备的试验进行分类;

(2)描述不同类型高压电气设备的试验项目、周期和要求;

(3)制订高压试验安全措施;

(4)完成高压绝缘安全用具的试验。

3. 素质目标

(1)增强遵章守规、高压试验安全防护意识;

(2)培养细致认真、精益求精的工匠精神;

(3)培养团结协作、友好真诚的团队精神。

学习引导

　　高压试验是电力系统运行、维护的必要环节之一,具有较高的特殊性和危险性。高压试验的试验电压也逐步升高,这就对进行试验的工作人员人身安全产生更大的威胁。因此,采取有效的安全防护措施来保护试验人员人身安全显得尤为重要。

●●●● 任务一 高压设备试验综述 ●●●●

📋 任务描述

电气设备的绝缘在制造、运输和运行等过程中都可能形成各种各样的缺陷,这些缺陷会导致绝缘的电气强度降低,从而使电气设备在投运或运行过程中发生绝缘击穿事故。为了检验电气设备绝缘的耐电强度,了解绝缘缺陷的性质和发展程度,需要在各环节上对电气设备的绝缘进行试验,例如出厂时要进行出厂试验,安装后投运前要进行交接试验,运行过程中还要进行预防性试验。本书所述电气设备主要指高压电气设备,简称高压设备。

📋 任务目标

1. 了解高压设备试验的目的和要求;
2. 掌握高压设备的试验的分类;
3. 了解高压设备试验的设备状态评价;
4. 了解不同类型高压设备的试验项目、周期和要求。

📋 知识准备

一、试验目的和要求

电力变电所或轨道交通牵引变电所的首要任务是安全可靠地供电。任何故障停电都会影响工农业生产及轨道交通的正常运输秩序,给国民经济造成巨大的损失。所以各种类型的变电所建成后能否投入运行,以及运行后能否保证各种一次设备(即高压电气设备)运行可靠、性能良好,进行一系列的检测试验是非常必要的。

牵引变电所的一次设备是指承担高压供电任务的变配电设备,如牵引变压器、互感器、断路器、隔离开关、避雷器、接地装置、高压电缆等。检测试验是确保牵引变电所高压设备正常运行的最有效手段。通过对设备进行检测试验、分析诊断、状态评价,并依据状态评价结果实施检修,恢复设备正常运行状态。修试工作应坚持"预防为主、重检慎修"的方针,遵循"精准检测、状态检修、寿命管理"的原则,确保牵引变电所设备运行品质和供电安全可靠性。

对于新建的变电所或新安装和大修后的电气设备都要按规定进行交接试验。其目的是检验新安装或大修后的电气设备性能是否符合有关技术标准的规定,判定新安装的电气设备在运输,以及设备大修后其修理部位的质量。

对于运行中的电气设备则按规定周期进行例行试验,一般将这种例行试验称作预防性试验。通过预防性试验可以及时发现电气设备内部隐藏的缺陷,配合检修加以消除,以避免设备绝缘在运行中由于工作电压尤其是系统过电压的作用被击穿,造成停电甚至严重烧坏设备的事故。这样就能做到预防为主,使设备长期、安全、经济地运行。

鉴于上述试验目的,不仅要求实验人员熟练掌握试验操作技术,而且还要坚持科学态度。一方面,要准确无误地反映出电气设备绝缘材料的实际性能指标和设备的工作状况;另一方面,能对试验结果进行全面地、综合地分析,掌握设备性能变化的规律和趋势。

二、试验的分类

对于高压设备的试验,根据其作用和要求,大致分为绝缘试验和特性试验两大类。

(一)绝缘试验

变电所高压设备在运行中的可靠性在相当大的程度上取决于其绝缘的可靠性,而对绝缘状况的判断和监督,最重要的手段就是依靠绝缘试验。通过试验,及早发现绝缘缺陷,掌握电气设备的绝缘情况,从而进行相应的维护与检修,以保证设备正常运行。

绝缘试验的基本概念

1. 绝缘的缺陷

绝缘的缺陷通常可以分为两大类:

(1)第一类是集中性的缺陷,例如悬式绝缘子的瓷质开裂,发电机绝缘局部磨损,电容器、电缆由于局部有气隙在工作电压作用下发生局部放电而损坏,以及其他的机械损伤、开裂,等等。

(2)第二类是分布性的缺陷,指电气设备整体绝缘性能下降,例如电机、变压器、套管等绝缘中的有机材料的受潮、老化、变质,等等。

绝缘内部有了上述这两类缺陷后,其特性就往往要发生一定的变化。这样,就可以通过一些试验把隐蔽的缺陷及早检测出来。

2. 绝缘试验分类

绝缘试验又可分为非破坏性试验和破坏性试验两大类。

(1)非破坏性试验就是指在较低的电压下或者用其他不会损伤绝缘的办法来测量绝缘的各种特性,从而判断绝缘内部的缺陷。例如绝缘电阻和吸收比测量试验、泄漏电流测量试验、介质损耗因数测量试验、绝缘油试验等。这类方法的缺点是目前一般还不能只靠它来可靠地判断绝缘的耐压水平。

(2)破坏性试验又称耐压试验,能直接反应绝缘的耐压水平,能揭露那些危险性较大的集中性缺陷。例如交流耐压试验、直流耐压试验、冲击电压试验等均属破坏性试验。其缺点是可能会在耐压试验时给绝缘带来一定的损伤。耐压试验要具备一定的试验条件,往往由于现场条件的限制,耐压试验不能进行,即使能做耐压试验,一般也是在非破坏性试验后才进行,以避免不应有的击穿破坏。

> **注意事项**
>
> 套管大修时,非破坏性试验判断绝缘受潮,首先是进行干燥,待受潮现象消除后才能进行耐压试验。

(二)特性试验

通常把绝缘特性以外的试验统称为特性试验。这类试验主要是表征设备的电气或机械的某些特性,例如变压器的变比试验、极性试验,线圈的直流电阻,断路器的导电回路电阻分合闸时间和速度试验等。

三、设备状态信息和评价

（一）设备状态信息

状态信息管理是设备状态评价工作的基础，包括设备信息收集、分析处理等全过程。设备状态信息应包括设备服役年限内表征设备健康状况的资料、数据、记录等内容，按照生产过程可分为投运前信息、运维信息和修试信息。

1. 投运前信息

投运前信息指设备、材料的原始信息记录，主要包括生产厂家、技术规格、合格证、生产日期、投运日期、设备型号、安装方式、设备进场验收记录、隐蔽工程记录、设备安装记录、施工质量验收记录，出厂试验报告、抽样检验报告、安装维护说明，主要元件服役期等。

2. 运维信息

运维信息主要包括巡视检查、维护保养、故障跳闸、缺陷记录及不良运行工况等。

3. 修试信息

修试信息主要包括预防性试验报告、诊断性试验报告、缺陷消除记录和检修报告等。

设备状态分为正常状态、注意状态、异常状态和严重状态。

（1）正常状态：各设备状态量稳定且在规定的标准限值以内，设备可以正常运行。

（2）注意状态：单项（或多项）状态量变化趋势朝接近标准限值方向发展，但未超过标准限值，设备仍可以继续运行，但应加强运行监测和巡视检查。

（3）异常状态：单项重要状态量变化较大，已接近或略微超过标准限值，设备应重点监视运行，并适时安排停电维修。

（4）严重状态：单项重要状态量严重超过标准限值，设备应尽快安排停电检修。

（二）设备状态评价

设备状态评价是通过对设备状态信息收集和分析，确定设备状态和发展趋势。设备状态评价分为定期评价和动态评价。

（1）定期评价由技术部门集中组织开展，定期评价时未更新的状态量，仍沿用该状态量的前次信息。定期评价为制订下一年度状态检修计划提供支撑。

（2）动态评价由运维车间、修试车间根据运维、修试信息适时开展，为动态调整检修计划提供支撑。

绝缘试验和特性试验的共同目的是通过试验分别发现设备的某些缺陷，但又各具有一定的局限性，试验人员则需要根据试验结果，结合出厂数据及历年测试数据进行"纵"向比较，以及与同类型设备的试验数据及标准进行"横"向比较，根据变化规律和趋势，进行全面分析，做出综合判断，来发现电气设备绝缘缺陷或薄弱环节，为检修提供依据。

330 kV 及以上新设备投运 1 年内或 220 kV 及以下新设备投运 2 年内应进行首次预防性试验。首次预防性试验日期是计算试验周期的基准日期（计算周期的起始点），宜将首次试验结果确定为试验项目的初值，作为以后设备纵向综合分析的基础。新设备经过交接试验后，330 kV 及以上超过 1 年投运的或 220 kV 及以下超过 2 年投运的，投运前宜重新进行交接试验;停运6个月以上重新投运的设备,应进行例行试验;设备投运1个月内宜进行一次全面的带电检测。

四、高压设备试验要求

常见高压设备变压器、电流互感器、隔离开关、电力电缆线路、金属氧化物、避雷器、接地装置的试验项目、周期和要求参见《铁路牵引变电所电气设备试验规则》。

任务实施

任务单

填写任务单,见表2-1。

表2-1 任务单

任务内容	选取一种高压设备,调研现场作业案例,结合案例分析总结高压设备的试验项目、试验周期及作业要求
小组成员	
成员分工	
调研方法	
完成时间	

任务流程

学生分组—小组分工—案例调研—小组讨论—分析问题—制订提纲—撰写报告。

任务评价

任务评价表,见表 2-2。

表 2-2 评价表

任务名称		高压设备试验现场作业的试验要求调研报告				
班级		小组成员		完成日期		
序号		评价内容及评分标准	分值	学生自评	学生互评	教师评价
1	格式要求	1. 调研报告的标准字体:所有一级标题均采用三号黑体,居中,上下各空一行;所有二、三级标题均采用小四号黑体,靠左对齐,首行缩进 2 个字符;二级标题前空一行,二级标题后不空行;三级标题前后均不空行。 2. 所有正文均采用小四号宋体,靠左对齐,首行缩进 2 个字符,行距均为固定值 23 磅。所有空行均采用小四号,行距均为固定值 23 磅。 3. 参考文献格式:"参考文献"用三号黑体居中,上下各空 1 行;内文宋体小四号,行距为固定值 20 磅;序号加半角中括号。悬挂缩进 1.5 字符	10 分			
2	排版要求	纸型为 A4,上下页边距为 2.54 cm、左边距为 3.0 cm、右边距为 2.6 cm、正文行距为固定值 23 磅。双面打印	5 分			
3	内容要求	调研报告包括:封面、摘要、正文、结论、参考文献。调研报告总字数在 2 000～3 000 字范围内	5 分			
		论点正确,论据充分,结论严谨合理	10 分			
		结构合理,中心突出,内容充实,逻辑性强,层次清晰,数据可靠,详略得当	10 分			
		具有较强的文字表达能力,语言准确,文笔流畅,图表清楚	10 分			
		现场作业案例选取准确,符合调研内容	5 分			
		能结合案例,详细分析选取高压设备的试验项目、试验周期及作业要求,能运用所学的知识及获取新知识去完成调研报告	40 分			
4	提交要求	任务发布后,两周内完成调研报告	5 分			
综合评价						

课后练习

1. 高压设备的试验类型有哪些?

2. 什么是高压设备状态评价?

•••• 任务二 电气绝缘安全用具试验 ••••

任务描述

电气绝缘安全用具指在带电设备上或邻近地点工作时,用来防护人身安全所使用的工器具,其作用是保证工作人员的人身安全,防止工作人员触电伤亡。如绝缘手套、绝缘靴、验电器、绝缘杆等。

任务目标

1. 掌握高压设备试验安全规则;
2. 制订高压试验安全措施;
3. 完成电气绝缘安全用具试验的流程。

知识准备

一、试验安全规则

进行绝缘试验时,都会遇到向被试的电气设备(称作"试品")施加直流的或交流的高电压问题。同时,若运行中的变电所在现场进行试验时,周围电气设备也带有高电压,因此,为了确保人身安全和设备正常运行,应有严密的安全措施。以下各项安全技术措施,试验人员必须牢记并应严格遵守。

(1)工作领导人的安全等级不得低于三级,加压作业,操作人不低于二级,监护人不低于三级。

(2)在作业地点的周围要设围栅或警示带,围栅或警示带上悬挂"止步,高压危险!"的标识牌(标识牌要面向作业场地外方),并派人看守。若被试设备较长时(如电缆),在距离操作人较远的另一端还应派专人看守。

(3)因试验需要临时拆除设备引线时,在拆线前应做好标记,试验完毕恢复后要仔细检查,确认连接正确、牢固,方可投入运行。

(4)在一个电气连接部分内,同时只允许一个作业组且在一项设备上进行高压试验。

(5)如果在同一个连接部分内同时开展检修和试验,作业时必须遵守下列规定:

①在高压试验与检修作业之间要有明显的断开点,且要根据试验电压的大小和被检修设备的电压等级保持足够的安全距离。

②在断开点的检修作业侧装设接地线,高压试验侧悬挂"止步,高压危险!"的标识牌,标识牌要面向检修作业地点。

(6)试验装置的金属外壳要装设接地线,高压引线应尽量缩短,必要时用绝缘物支持牢固。

(7)试验装置的电源开关应使用有明显断开点的双极开关。

（8）试验装置的操作回路中，除电源开关外还应串联零位开关，并应有过负荷自动跳闸装置。

（9）在施加试验电压（以下简称加压）前，操作人、监护人要共同仔细检查试验装置的接线、调压器零位、仪表的起始状态和表计的倍率等，确认无误后且被试设备周围的人员均在安全地带，经工作领导人许可方准加压。

（10）加压作业。

①加压作业要专人操作、专人监护，其安全等级：操作人不低于二级，监护人不低三级。

②加压过程中，操作人要穿绝缘靴或站在绝缘垫上，操作人和监护人要呼唤应答。

③在整个加压过程中，全体作业人员均要精神集中，随时注意有无异常现象。

（11）未装地线的具有较大电容量的设备，应进行放电后再加压。

（12）当进行直流高压试验时，每告一段落或结束时应将设备对地放电数次并进行短接地。放电时操作人要使用放电棒并戴绝缘手套。

（13）被试设备上装设的接地线，只允许在加压过程中短时拆除，试验结束要立即恢复原状。

（14）当进行停电作业时，设备的带电部分距作业人员小于表2-3中规定者均必须停电。当进行带电作业时，距离设备的带电部分满足表2-4中要求。

表2-3　停电作业安全距离

电压等级/kV		330	220	55～110	27.5 和 35	10 及以下
安全距离/mm	无防护栅	4 000	3 000	1 500	1 000	700
	有防护栅	—	2 000	1 000	600	350

表2-4　带电作业安全距离

电压等级/kV	330	220	110	55	27.5 和 35	6～10
安全距离/mm	2 200	1 800	1 000	700	600	400

电力试验所或供电段的高压试验室应设置金属屏蔽网围栏，围栏不仅有机械联锁，还应有电气联锁，并有红色信号灯和挂有"高压危险"的标示牌。试验人员均应在金属屏蔽网围栏外面进行观察及操作。

人体电阻随电压变化情况见表2-5。

表2-5　随电压变化的人体电阻

电压/V	12.5	31.3	125	220	380	1 000
人体电阻/Ω	16 500	11 000	3 530	2 222	1 417	640
通过人体的电流/mA	0.8	2.84	35.2	99	268	1 560

人体对电流的反应一般分为3个等级，见表2-6。

表2-6　人体的感知电流、摆脱电流、致命电流　　　　单位:mA

名　称		对于成年男性	对于成年女性
感知电流	工频交流	1.1	0.7
	直流	5.2	3.5
摆脱电流	工频交流	16	10.5
	直流	76	51
致命电流	工频交流	30~50	
	直流	1 300(0.3 s)、50(3 s)	

运行中的变电所进行试验时,作业人员活动范围与其他带电体之间距离(安全距离)不得小于表2-7中的规定数值。

表2-7　不同电压等级下的安全距离　　　　单位:m

电压等级/kV	6~10	25~35	110	220
不设防护栅时	0.7	1.0	1.5	3.0
设有防护栅时	0.35	0.6	1.0	2.0

二、安全防护用具

高压设备检测和试验安全防护用具包括劳动安全用具和绝缘安全用具。

(一)劳动安全用具

劳动安全用具是指工作人员在生产过程中为免遭或减轻事故伤害或职业危害的所配备的一种防护性装备,包括安全帽、安全带、手套(线手套、布手套)、作业服等。作业前必须检查劳动防护用具穿戴情况,安全防护用具在使用前要进行检查,确保其性能完好。

(1)作业中必须戴好安全帽,安全帽外帽壳必须完好,与内衬有良好的连接。帽系带必须牢固有效,与帽衬联系牢靠,使用安全帽时帽系带必须系牢,防止安全帽脱落。

(2)牵引变电所内距离地面2.0 m及以上的高处作业,必须穿戴安全带系好安全绳。安全带使用要高挂低用或平行拴挂,严禁低挂高用。

(3)牵引变电所内作业均应按规定戴手套,防止手部损伤。

(4)试验人员统一穿着带反光标志的背心或作业服。

(二)绝缘安全用具

绝缘安全用具包含绝缘手套、绝缘靴、验电器、绝缘杆等。

(1)绝缘工具应专人保管,登记造册,建立对应的试验记录,具有合格证,机械强度、电气强度均满足作业要求,在使用前,必须检查是否在有效合格期内。

(2)带电作业用的绝缘工具材质的电气强度不得小于3 kV/cm,其有效绝缘长度见表2-8。

表 2-8 绝缘工具有效绝缘长度

电压等级/kV	有效绝缘长度/mm	电压等级/kV	有效绝缘长度/mm
330	3 100	55	1 000
220	2 100	27.5 和 35	900
110	1 300	6~10	700

（3）使用前应检查是否有损坏、变形、失灵，然后再用绝缘检测仪表进行检测；操作绝缘工具时应戴清洁、干燥的手套，并防止绝缘工具在使用中脏污、受潮；使用后应放置在通风良好、干燥的房间。使用管材制作的绝缘工具，管口要密封。绝缘工具保管如图 2-1 所示。

图 2-1 绝缘工具摆放

任务实施

任 务 单

填写任务单，见表 2-9。

表 2-9 任务单

作业内容		按照要求完成绝缘手套、绝缘靴、绝缘杆、验电器绝缘安全用具试验
作业组人员		
测试时间		
当天环境		
测试地点		
现场基本信息	试品类型	
	型号	
测试项目		
使用仪器		

作 业 流 程

作业前准备—检查核实安全措施—完成绝缘手套、绝缘靴、绝缘杆、验电器绝缘安全用具试验—根据测量结果分析判断绝缘状况—作业结束,恢复安全措施。

工器具及试验设备准备

试验仪器:工频交流耐压测试仪。

被试用具:绝缘手套、绝缘靴、绝缘杆、验电器。

准备工作:检查被试绝缘安全用具表面无明显裂纹、划痕等损伤痕迹;用干燥、清洁、柔软的布擦去表面的脏污,必要时用适当的清洁剂洗净;记录试验人员、工具编号、试验日期。

试验设备见表2-10。

表2-10　工具、仪器、材料清单

序号	名称	技术规格	单位	数量	备注
1	工频试验变压器	—	台	1	
2	工频交流耐压测试仪	输出电流大于 1 mA/220 kV 及以上变压器试验时输出电流宜大于 5 mA	台	1	
3	试验金属器皿	—	套	1	
4	试验连接线	各类型号	条	若干	
5	金属电极				
6	熔断器		台	1	
7	试验用水	电阻率为 100 Ω·m			
8	接地线		根	1	
9	工具箱	扳手等常用工具	套	1	
10	记录本	—	本	1	
11	放电棒	—	根	1	
12	试验警示围栏	—		若干	
13	标识牌	—		若干	
14	待测绝缘手套、绝缘靴、高压验电器、绝缘杆	各一件	组	1	

试验安全防护

(1)试验人员要穿好工作服、绝缘靴,戴好安全帽、绝缘手套。

(2)试验场地设置好防护围栏,围栏上悬挂"止步,高压危险!"的标示牌(标示牌要面向作业场地外方),做好安全防护。

(3)试验设备要有良好的接地点。

(4)施加电压作业要专人操作、专人监护。加压时,操作人要穿绝缘靴或站在绝缘垫上,操作人和监护人要呼唤应答。整个加压过程,全体作业人员均要精神集中,随时注意有无异常现象。

试验方法和要求

一、绝缘手套工频交流耐压试验

(一)试验目的

判断绝缘手套是否合格,防止使用中的绝缘手套性能改变或存在隐患而导致事故发生,保证工作人员人身安全。

(二)试验方法

试验时,被试手套内部放入自来水,后浸入盛有相同水的金属盆中,使手套内外水平面呈相同高度,手套应有 90 mm 露出水面部分(这一部分应该保持干燥);手套内放置一个金属电极,金属电极用熔断器接至试验变压器高压输出端,金属盆接地,试验接线如图 2-2 所示。

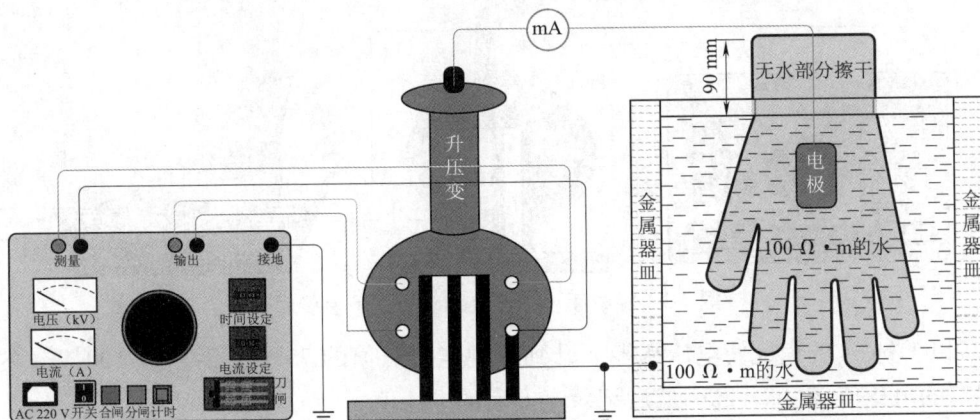

图 2-2 绝缘手套工频交流耐压试验接线图

(三)试验要求

(1)绝缘手套的试验项目、周期和要求见表 2-11。

表 2-11 绝缘手套的试验项目、周期和要求

项目	周期	电压等级	试验电压/kV	泄漏电流/mA	工频耐压时间/min
工频耐压试验	6 个月	高压	8	≤9	1
		低压	2.5	≤2.5	1

(2)试验中无过热、击穿和变形。

(3)试验完毕后,试验人员应该及时出具试验报告,贴上"安全工器具试验合格证"。

(四)注意事项

(1)试验场地应设置好防护围栏,做好安全防护措施。

(2)试验设备要有良好的接地点。

(3)泄漏电流的测量应在高压端进行,毫安表的位置应距离操作人员有足够的安全距离。

(4)对于试验不合格的试品,应当场做出不合格标记,防止误用。

二、绝缘靴工频交流耐压试验

(一)试验目的

判断绝缘靴是否合格,防止使用中的绝缘靴性能改变或存在隐患而导致事故发生,以防止接触电压、跨步电压、泄漏电流电弧对操作人员的伤害。

(二)试验方法

(1)试验时,在绝缘靴内装入金属电极和直径不大于 4 mm 的金属球,其高度不小于

15 mm;然后将绝缘靴放入装有浸水海绵(或金属球)的金属盘中,用熔断器将金属电极接入试验变压器高压输出端,金属盘接地。试验接线如图2-3所示。

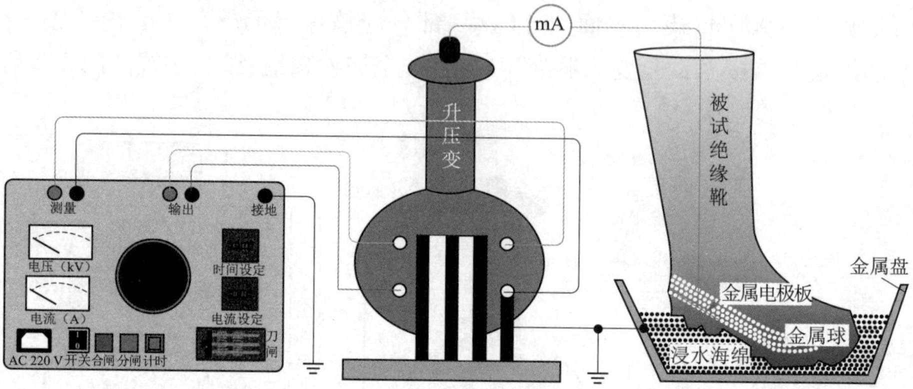

图2-3　绝缘手套工频交流耐压试验接线图

(2)以1 kV/s的速度使电压从零上升到所规定电压值的75%,然后再以100 V/s的速度升到规定的电压值,保持1 min,然后记录毫安表的电流值。

(三)试验要求

(1)绝缘靴的试验项目、周期和要求见表2-12。

表2-12　绝缘靴的试验项目、周期和要求

项目	周期	电压等级	试验电压/kV	泄漏电流/mA	工频耐压时间/min
工频耐压试验	6个月	高压	15	≤7.5	1

(2)试验中无过热、击穿和变形。

(3)试验完毕后,试验人员应该及时出具试验报告,贴上"安全工器具试验合格证"。

(四)注意事项

(1)试验场地应设置好防护围栏,做好安全防护措施。

(2)试验设备要有良好的接地点。

(3)泄漏电流的测量应在高压端进行,毫安表的位置应距离操作人员有足够的安全距离。

(4)对于试验不合格的试品,应当场做出不合格标记,防止误用。

(5)绝缘靴的试验应使用铁砂或小钢珠,不宜灌水。

三、绝缘杆工频交流耐压试验

(一)试验目的

判断绝缘杆是否符合使用要求,保证作业人员的人身安全。

(二)试验方法

(1)试验电压应加在工作部分与握手部分之间。

(2)试验时先确定正负电极位置,正电极位于绝缘杆工作部分,负电极靠近握手部分,且两电极之间距离符合试验要求;然后用宽50 mm的金属箔或裸导线在两个电极上缠绕一圈;

正电极接至试验变压器的高压输出端,负电极接地。试验接线如图2-4所示。

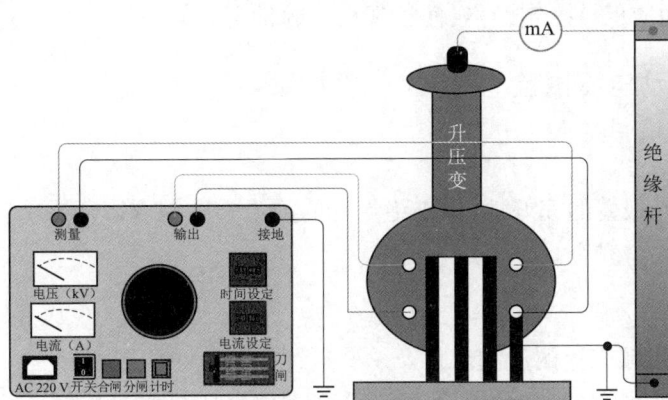

图 2-4　绝缘杆工频交流耐压试验接线图

(3)试验长度的选择,正电极和负电极间的长度即为试验长度,根据表2-13中"试验长度"规定确定两电极间距离。

(4)缓慢升高电压,以便能在仪表上准确读数,达到0.75倍试验电压值时,以每秒2%试验电压的升压速率增至规定值,保持相应的时间,然后迅速降压,但不能突然切断。

(三)试验要求

(1)绝缘杆的试验项目、周期和要求见表2-13。

表 2-13　绝缘杆的试验项目、周期和要求

项目	周期	要求			说明
		电压等级/kV	试验长度/m	工频耐压/kV	工频耐压时间/min
工频耐压试验	6个月	6~10	0.7	44	5
		27.5	0.9	120	5
		110	1.3	220	1
		220	2.1	440	1
		330	3.2	380	5

(2)试验中无过热、击穿和变形。

(3)若试验变压器电压等级达不到试验的要求时,可分段进行试验,最多可分4段,分段试验电压为整体试验电压除以分段数再乘以1.2倍系数例如,110 kV绝缘杆试验电压220 kV,当试验变压器最高试验电压为150 kV时,可分两段进行,每段试验电压为132 kV。

(4)试验完毕后,试验人员应该及时出具试验报告,对试验合格试品贴上"安全工器具试验合格证"。

(四)注意事项

(1)确认绝缘杆表面光滑平整,无裂纹、划痕或烧灼痕迹,绝缘漆层完好后,方可进行耐压试验。

(2)应保证试验长度,如绝缘杆间有金属连接头,两试验电极间的距离还应在此值上再加上金属部件的长度。

(3)相同额定电压可以同时多根进行试验。若其中一根发生闪络或放电等,应立即停止

试验,别出异常的绝缘杆,对其他的重新试验。

（4）绝缘杆之间应保持一定距离,便于观察试验情况。

四、验电器启动电压试验

（一）试验目的

检查验电器声光报警的完好性,检查绝缘杆的绝缘强度是否符合要求,保证验电结果的正确性和作业人员的人身安全。

（二）试验方法

（1）试验仪器:工频交流耐压测试仪。

（2）试验时,将验电器的接触电极与试验变压器的高压电极相接触,逐渐升高试验变压器的电压,当验电器发出有电的信号时,如"声光"指示等,记录此时的启动电压值。试验接线如图 2-5 所示。

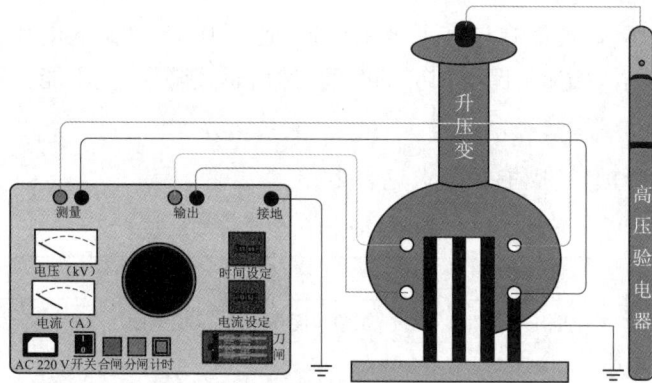

图 2-5　验电器启动电压试验接线图

（3）验电器绝缘杆工频耐压试验与绝缘杆相同。

（三）试验要求

验电器的试验项目、周期和要求见表 2-14。

表 2-14　验电器的试验项目、周期和要求

项目	周期	要求	说明
验电器启动电压试验	6 个月	启动电压值不高于额定电压的 40%,不低于额定电压的 15%	电极应与试验电极接触

（四）注意事项

首先对验电器进行自检,自检完好后再进行启动电压的测试,若验电器不能通过自检,应检查验电器的电池是否有电等。

任务评价

任务评价表,见表 2-15。

表 2-15 评价表

任务名称		绝缘安全用具试验					
班级		小组成员		试验日期			
序号		评价内容及评分标准	分值	学生自评	学生互评	教师评价	
1	安全防护	1.高压试验作业地点周围要设围栅,围栅上悬挂"止步,高压危险!"的标示牌。 2.设置封闭式高压试验围栅,并呼唤应答"高压试验围栅已设置,止步,高压危险标示牌已悬挂,开始作业"	10 分				
		作业中需要着装整齐,穿绝缘靴、工作服,戴绝缘手套、安全帽,做好个人安全防护	5 分				
2	试验准备	1.两人一组,与他人进行良好的沟通合作。 2.检查安全防护用具状态	5 分				
		1.将工频交流耐压测试仪、工频试验变压器,以及金属器皿接线,确认接线正确。 2.绝缘靴、安全帽的试验需要放入装有浸水海绵的金属盘中,用熔断器将金属电极接入试验变压器高压输出端,金属盘接地	10 分				
3	试验操作	绝缘手套工频交流耐压试验 1.试验中无过热、击穿和变形。 2.试验完毕后,试验人员应该及时出具试验报告,对试验合格试品上"安全工器具试验合格证"。 3.试验不合格的试品,应当场做出不合格标记,防止误用	10 分				
		绝缘靴工频交流耐压试验 1.以 1 kV/s 的速度使电压从零上升到所规定电压值的75%,然后再以 100 V/s 的速度升到规定的电压值,保持 1 min,然后记录毫安表的电流值。 2.试验中无过热、击穿和变形。 3.试验完毕后,试验人员应该及时出具试验报告,对试验合格试品上"安全工器具试验合格证"。 4.试验不合格的试品,应当场做出不合格标记,防止误用	20 分				
		绝缘杆工频交流耐压试验 1.试验电压应加在工作部分与握手部分之间。 2.绝缘杆与正负极正确连接。 3.缓慢升高电压。 4.试验中无过热、击穿和变形。 5.试验完毕后,试验人员应该及时出具试验报告,对试验合格试品上"安全工器具试验合格证"。 6.试验不合格的试品,应当场做出不合格标记,防止误用	10 分				
		验电器启动电压试验 1.验电器进行自检,自检完好后再进行测试。 2.将验电器的接触电极与试验变压器的高压电极相接触,逐渐升高试验变压器的电压,当验电器发出有电的信号时,如"声光"指示等,记录此时的启动电压值。 3.验电器与正负极正确连接。 4.缓慢升高电压。 5.试验中无过热、击穿和变形。 6.试验完毕后,试验人员应该及时出具试验报告,对试验合格试品上"安全工器具试验合格证"。 7.试验不合格的试品,应当场做出不合格标记,防止误用	10 分				
		1.正确填写试验报告。 2.试验数据与规定值比较,结论判断正确	10 分				
4	文明作业	1.作业完毕,设备恢复原样。 2.设备、仪器及工器具收好,摆放整齐	5 分				
		每次加压操作及验电、放电应进行呼唤应答	5 分				
综合评价							

课后练习

1. 制订高压设备试验安全防护措施。
2. 制订绝缘手套、绝缘靴、绝缘杆、验电器绝缘安全用具试验方案。

项目三

轨道交通变电所变压器试验

项目描述

本项目主要介绍了变压器试验,进行变压器试验的目的是取得其性能数据,用来判定变压器合格与否。由于设计变压器时,必须遵循有关标准和技术要求,因此,试验结果应与之相关。变压器试验主要包括变压器结构分析、绝缘电阻和吸收比测量、直流电阻测量、介质损耗因数测量、泄漏电流测量和直流耐压试验、交流耐压试验、变压器油色谱分析。

学习目标

1. 知识目标

(1)掌握变压器的基本结构及工作原理;

(2)掌握变压器试验装置的使用方法;

(3)掌握变压器绝缘电阻和吸收比测量、直流电阻测量、介质损耗因数测量、泄漏电流测量和直流耐压试验、交流耐压试验、变压器油色谱分析的方法和步骤。

2. 能力目标

(1)制订变压器的试验方案;

(2)完成变压器相关试验;

(3)分析测试数据,判断设备是否存在缺陷隐患,撰写试验报告。

3. 素质目标

(1)增强遵章守纪意识,安全责任意识;

(2)培养一丝不苟精神、认真细致的职业精神。

学习引导

变压器是牵引供电系统中的重要设备,一旦发生故障直接影响系统的安全、可靠、经济运行。变压器大多工作在室外,承受着多种恶劣条件和复杂气候的考验,因此必须定期对它的导电、导磁和绝缘部件进行试验,以及时发现威胁安全运行的缺陷,配合检修,确保牵引供电系统安全可靠运行。

•••• 任务一　变压器检查 ••••

📋 任务描述

变压器的主要功能是电压变换和电能传输,牵引变电所通常采用 110 kV(220 kV 或 330 kV)/27.5 kV(55 kV)的油浸自冷式变压器。本任务主要介绍变压器的工作原理、基本结构,以及检查流程和要求。

📋 任务目标

1. 掌握变压器的工作原理;
2. 掌握变压器的基本结构组成;
3. 会制订检查方案,检查牵引变电所变压器。

📖 知识准备

一、变压器工作原理

变压器根据电磁感应原理工作,当一次绕组加上交流电压时,铁芯中产生交变磁通,在二次绕组上产生感应电压,由于一次、二次绕组上的线圈匝数不同,二次绕组上产生的感应电动势和一次绕组上施加的电压大小不同,一次、二次绕组电压之比等于一次、二次绕组线圈的匝数之比,实现了电压变换的目的。

二、变压器基本结构

三相油浸式变压器主要由铁芯、线圈、油箱、套管、防爆管(压力释放阀)、油枕、油位计、呼吸器、散热器、温度计、气体继电器(也称瓦斯继电器)、分接开关等部件组成。其外观结构如图 3-1 所示。

1. 型号说明

变压器型号标识如图 3-2 所示。

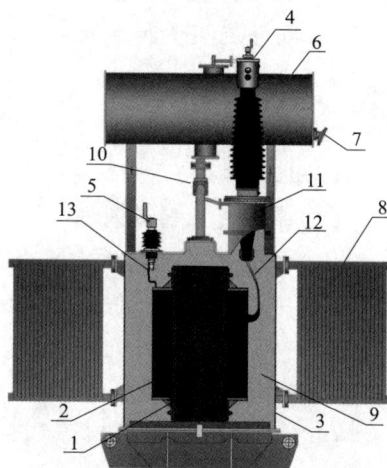

1—铁芯;2—线圈;3—油箱;4—高压套管;
5—低压套管;6—油枕;7—油位计;
8—散热器;9—变压器油;10—气体继电器;
11—升高座;12—高压引线;13—低压引线。

图 3-1　变压器外观结构

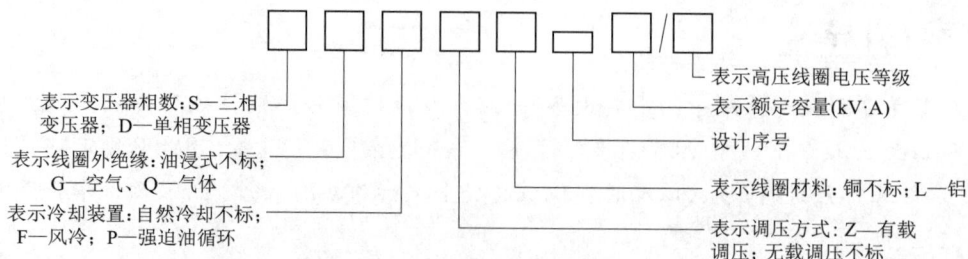

表示变压器相数:S—三相变压器;D—单相变压器
表示线圈外绝缘:油浸式不标;G—空气、Q—气体
表示冷却装置:自然冷却不标;F—风冷、P—强迫油循环

表示高压线圈电压等级
表示额定容量(kV·A)
设计序号
表示线圈材料:铜不标;L—铝
表示调压方式:Z—有载调压;无载调压不标

图 3-2　变压器型号标识

2. 铁芯

铁芯由优质冷轧硅钢片叠成,是变压器的主磁路,完成高、低电压的变换。铁芯必须单点接地,其接地引出线通过瓷套管从变压器上部引出在油箱外接地。

3. 线圈

高、低压线圈采用机械强度较高的铜导线绕至于铁芯上,高压线圈外加撑条,压紧线圈,增强在短路时的稳定性。通过改变高低压线圈的匝数达到变换电压的目的。

4. 油箱

为便于安装时进行变压器芯部检查,油箱用两节钟罩式,上节油箱和下节油箱的箱体沿凸缘之间夹密封条,再通过连接螺栓连成一体,安装于基础之上。下节油箱底部安装有放油阀。

5. 套管

套管用于固定高、低压线圈引出线,保持引出线对地绝缘,套管顶部接线端子与外线相连。

6. 防爆管(压力释放阀)

防爆管是油箱内部过压力保护器件,与储油柜配合使用,发生内部故障产生较高压力时,变压器油冲破防爆膜到指定范围并释放。

7. 油枕

油枕一方面起调节变压器油位的作用,保证油箱内充满变压器油,同时减少变压器油与空气的接触面积,减缓油的劣化速度。

8. 油位计

可通过油位计油面上升或下降,指示油位变化。

9. 呼吸器

油枕内空气随变压器油的体积膨胀或缩小,排出或吸入的空气都经过呼吸器,呼吸器内装有干燥剂(硅胶)来吸收空气中的水分,以保持油的清洁。

10. 散热器

散热器一般采用可拆卸的双面扁管式,安装于油箱壁上,以配合冷却装置对运行中的绝缘油进行循环冷却散热,延缓绝缘油及部件老化。

11. 温度计

温度计测量指示油箱上层油温,包含温度传感器、控制器,当油温升高至预定值时,启动冷却装置,给出油温过高的异常信号或跳闸信号。

12. 气体继电器

在油枕和油箱的连管中间装设有气体继电器(又称瓦斯继电器)。当变压器内部有轻微故障,产生少量气体,给出轻瓦斯预警信号;变压器内部严重故障,产生大量气体加速绝缘油流动速度,向保护装置发出信号,重瓦斯保护动作引起跳闸。

13. 分接开关

为方便调节二次侧供电电压,变压器各相高压侧线圈中部引出分接头,与装设在中部的分接开关相连接,通过调节分接开关挡位改变高压侧线圈匝数,调节电压比。

三、变压器的绝缘

变压器的绝缘可分为内绝缘和外绝缘,是以变压器器身为界分类,外面是外绝缘,里面是内绝缘。变压器内绝缘是油箱内的各部分绝缘,外绝缘是套管上部分对地和彼此之间的绝缘。内绝缘还可分为主绝缘和从绝缘。变压器的绝缘分类见表3-1。

表 3-1　变压器绝缘分类

绝缘类型	部件	绝缘性质	描　　述
内绝缘	线圈	主绝缘	同相绕组之间
			异相绕组之间
			绕组对油箱
			绕组对铁芯柱、绕组对旁柱之间
			绕组局部对铁轭
		纵绝缘	绕组线匝之间
			绕组饼间
			绕组层间
	引线	主绝缘	引线对地
			引线对异相线圈
		纵绝缘	一个绕组的不同引线之间
	开关	主绝缘	开关对地
			开关上不同绕组引线触头之间
		纵绝缘	同相绕组不同引线触头之间
外绝缘	套管		套管对各部分接地之间
			异相套管之间

四、变压器的故障原因、类型和试验项目

(一)变压器故障原因

变压器试验主要目的是发现变压器安装和运行过程中可能会出现的故障。其故障的主要原因主要包括选用材料或安装不当、制造工艺质量不好等,具体如下:

1. 选用材料或安装不当

选用材料或安装不当包括绝缘等级选择错误,电压分接头选择不当,以及保护继电器、断路器不完善等。

2. 制造工艺质量不好

由于选取的制造材料(导电材料、磁性材料、绝缘材料等)不好,或设计的结构不合理,装配工艺水平不高,造成变压器发生故障。

3. 运行、维护不当

由于操作不当或其他故障造成变压器过负荷或者检修维护时造成连接松动,甚至使异物进入变压器,都会使变压器发生故障。

4. 异常电压

异常电压主要是雷电过电压和内部过电压。过电压的作用时间虽然很短,但是过电压的数值却大大超过了变压器的正常工作电压,因而导致变压器绝缘损坏,使得变压器不能正常工作。

5. 绝缘材料老化

一方面,由于绝缘材料的自然老化造成的;另外一方面,当变压器过负荷运行或内部出现某些异常(如局部放电、局部过热等)时,将加速变压器绝缘材料的老化,从而引发故障。

(二)变压器故障类型

变压器的故障的种类可以分为内部故障和外部故障。

1. 内部故障

内部故障主要有过热性、放电性及绝缘受潮等类型,主要发生在油箱、附件和其他外部装置故障等。包括绕组故障(绝缘击穿、断线、变形)、铁芯故障(铁芯叠片绝缘损坏、接地、铁芯的穿芯螺栓绝缘击穿等)、装配金具故障(焊接不良、部件脱落等)、电压分接开关故障(接触不良或电弧)、引线接地故障(对地闪络、断裂)、绝缘油老化等。

2. 外部故障

变压器外部故障主要是变压器油箱外部绝缘套管及其引出线上发生的各种故障,其主要类型包括绝缘套管闪络或破碎而发生的单相接地(通过外壳)短路,引出线之间发生的相间故障等。

运行的变压器发生不同程度的故障时,会产生异常现象或信息。根据这些现象或信息进行分析,从而判断故障的性质、严重程度和部位,能及时发现局部故障和轻微故障,以便采取措施消除故障,防止变压器损坏而停运,提高电力系统运行可靠性,减少损失。

(三)变压器的绝缘试验项目

为了使变压器绝缘能在额定工作电压下长期运行,并能耐受可能出现的各种过电压的作用,需要对变压器进行耐压试验项目,变压器绝缘应能承受规定电压下的各种耐压试验的考验。变压器的绝缘试验项目主要有:

(1)测量绕组连同套管绝缘电阻和吸收比、极化指数。

(2)测量绕组连同套管直流电阻。

(3)测量绕组连同套管直流泄漏电流。

(4)测量介质损耗角正切值 $\tan\delta$。

(5)油中溶解气体色谱分析试验。

(6)绕组的电压比、极性与接线组别。

(7)工频交流耐压试验。

(8)感应耐压试验。

任务实施

任 务 单

填写任务单,见表3-2。

表 3-2　任务单

作业内容		按照要求完成变压器的检查
作业组人员		
测试时间		
当天环境		
测试地点		
现场 基本 信息	试品 类型	
	型号	
测试项目		
使用仪器		

作 业 流 程

作业前准备—检查核实安全措施—变压器的检查—作业结束,恢复安全措施。

变压器的检查

1. 油浸式变压器

(1)根据在线监测数据,对特性气体超标的变压器,现场取油送修试校验。

(2)检查清扫外壳,必要时局部涂漆;检查紧固法兰,受力均匀适当。

(3)检查呼吸器,更换失效的干燥剂及油封内的油。

(4)检查冷却装置,风扇电机完好,自启动信号装置切换正常,工作正常。

(5)检查非电量保护,各接点正常、动作正确,连接电缆无锈蚀,绝缘良好。

(6)检查基础、架构,无下沉、断裂或变形。

(7)检查电气连接,无发热,无断股、松股或散股。

(8)检查中间端子箱密闭良好,端子紧固、无松动。各种线缆安装整齐无破损。

(9)检查变压器外壳接地良好,接地电阻合格;铁芯接地、中性点接地、高压套管接地端良好,轨地回流分配比例符合规定。

2. 气体式变压器

(1)检查清扫外壳,必要时局部涂漆;检查紧固法兰,受力均匀适当。

(2)检查冷却装置,风扇电机完好,自启动信号装置切换正常,工作正常。

(3)检查非电量保护,各接点正常、动作正确,连接电缆无锈蚀,绝缘良好。

(4)检查基础、架构,无下沉、断裂或变形。

(5)检查电气连接,无发热,无断股、松股或散股。

(6)检查中间端子箱密闭良好,端子紧固、无松动。各种线缆安装整齐无破损。

(7)检查变压器外壳接地良好,接地电阻合格;铁芯接地、中性点接地、高压套管接地端良好,轨地回流分配比例符合规定。

3. 干式变压器

(1)检查清扫外壳,必要时局部涂漆。

(2)检查基础、架构,无下沉、断裂或变形。

(3)检查变压器铁芯接地、中性点接地良好。

(4)检查电气连接,无发热。

任务评价

任务评价表,见表3-3。

表3-3 评价表

任务名称		变压器检查				
班级		小组成员		试验日期		
序号		评价内容及评分标准	分值	学生自评	学生互评	教师评价
1	安全防护	检查、维护前,穿好工作服、绝缘鞋、戴好安全帽,带上检查、维护作业卡	10分			
		1. 检查、维护过程中需要着装整齐,穿绝缘靴、工作服、戴安全帽、绝缘手套,做好个人安全防护。 2. 检查、维护期间与运行设备保持相应安全距离	10分			
2	检查准备	1. 两人一组,一人为值班员,一人为助理值班员,与他人进行良好的沟通。 2. 记录环境温度、湿度、气象情况、检查、维护日期及使用仪表	5分			
3	检查	油浸式变压器 1. 根据在线监测数据,对特性气体超标的变压器,现场取油送修试校验。 2. 检查清扫外壳,必要时局部涂漆;检查紧固法兰,受力均匀适当。 3. 检查呼吸器,更换失效的干燥剂及油封内的油。检查冷却装置,风扇电机完好,自启动信号装置切换正常,工作正常。 4. 检查非电量保护,各接点正常、动作正确,连接电缆无锈蚀,绝缘良好。 5. 检查基础、架构,无下沉、断裂或变形。 6. 检查电气连接,无发热,无断股、松股或散股。 7. 检查中间端子箱密闭良好,端子紧固、无松动。 8. 各种线缆安装整齐无破损。 9. 检查变压器接地良好,接地电阻合格	35分			
		气体式变压器 1. 检查清扫外壳,必要时局部涂漆;检查紧固法兰,受力均匀适当。 2. 检查冷却装置,风扇电机完好,自启动信号装置切换正常,工作正常。 3. 检查非电量保护,各接点正常、动作正确,连接电缆无锈蚀,绝缘良好。 4. 检查基础、架构,无下沉、断裂或变形。 5. 检查电气连接,无发热,无断股、松股或散股。 6. 检查中间端子箱密闭良好,端子紧固、无松动。 7. 各种线缆安装整齐无破损。 8. 检查变压器接地良好,接地电阻合格	35分			
4	文明作业	1. 检查维护完毕。 2. 设备、仪器及工具具收好,摆放整齐	5分			
综合评价						

课后练习

1. 变压器的结构都包含哪些?
2. 变压器的工作原理是什么?
3. 变压器的绝缘试验项目有哪些?

技术前沿

中国的变压器技术已经取得显著进步,部分产品性能指标甚至优于国外产品。中国的变压器制造商,已经能够生产出性能优异的变压器,并参与"一带一路"建设,产品远销多个国家。

中国变压器技术的当前状态和未来趋势:

1. 技术创新与结构优化

中国的变压器技术已经发展出多种新型结构,例如心式铁芯加混合线圈结构综合了层式线圈和饼式线圈的优点,解决了空间漏磁屏蔽问题和绝缘强度问题。

通过合理的内部结构布置,新型变压器具有重量轻、尺寸小的特点,这有助于减轻机车的负担并提高能效。

2. 轻量化、节能化、一体化

中国变压器技术正朝着轻量化、节能化和一体化方向发展,这有助于提高变压器的性能和效率,同时减少能源消耗和运营成本。

轻量化设计有助于减少材料使用,降低制造和运输成本,同时也有助于减少机车车辆的总体重量。

3. 环保化

在环保方面,中国正在研究和采用植物油作为变压器绝缘油的替代品。与矿物绝缘油相比,植物绝缘油具有更高的燃点,更好的生物降解性,以及更长的绝缘纸板寿命,从而提高了变压器的消防安全和可靠性。

4. 高可靠性

中国的变压器制造商正在加大研发投入,以提高产品的可靠性。这对于保证电气化铁路系统的稳定运行至关重要,尤其是在面对极端气候和复杂运行条件时。

5. 市场发展

随着中国铁路网络的不断扩大,特别是在东部沿海地区的城际轨道交通和高速铁路建设,对变压器的需求持续增长。

中国的变压器技术不仅满足国内市场的需求,还积极参与国际市场的竞争,产品出口至多个国家和地区。

6. 区域发展

中国电气化铁路的建设正逐步向中西部地区扩展,这将带动变压器技术的进一步发展和应用。

中国的变压器技术正朝着更加高效、环保和可靠的方向发展,同时也在不断拓展国内外市场,展现出中国在电气化铁路设备制造领域的强大实力和创新能力。

任务二　变压器绝缘电阻和吸收比测量

任务描述

测量绝缘电阻和吸收比,是变压器绝缘试验中常用的方法之一,可以灵敏地发现变压器绝缘的整体或局部贯通性受潮;检查有无放电或击穿痕迹形成的贯通性局部缺陷,如瓷器破裂、引线碰壳、器内金属接地等缺陷。

任务目标

1. 明确变压器绝缘电阻和吸收比测量的目的及意义;
2. 制订变压器绝缘电阻和吸收比测量的试验方案;
3. 完成变压器绝缘电阻和吸收比测量试验;
4. 分析试验数据,判断设备是否存在缺陷;
5. 撰写变压器绝缘电阻测量试验报告。

知识准备

一、绝缘电阻

绝缘电阻是指在绝缘结构的两个电极之间施加的直流电压值 U 与流经该对点击的泄漏电流 I 之比,如式(3-1)。常用绝缘电阻表直接测得绝缘电阻值,由于受电介质吸收电流的影响,绝缘电阻表指示值随时间逐渐增大,通常读取施加电压后的 60 s 的数值,作为工程上的绝缘电阻值。

$$R_\infty = \frac{U}{I} \tag{3-1}$$

测量电气设备的绝缘电阻是检查设备绝缘状态最简单和最基本的方法。在现场普遍采用绝缘电阻表测量绝缘电阻。绝缘电阻值的大小常能灵敏地反映绝缘情况,能有效地发现设备局部或整体受潮和脏污,以及绝缘击穿和过热老化等缺陷。

对于变压器,当绝缘贯穿性短路、瓷瓶破损、引接线连接外壳、器身铜线搭桥等半贯穿性或金属短路性的故障,测量其绝缘电阻时才会有明显的变化。

二、吸收现象和吸收比

在一定的外加直流电压 U 的作用下,绝缘中的电流存在随时间的延长而逐渐减小并趋于稳定值(泄漏电流 I)的现象。当试品容量较大时,这种电流逐渐减小的过程会变得非常缓慢,可达数分钟甚至更长。这是由于绝缘在充电过程中逐渐"吸收"电荷,称为吸收现象,对应的电流称为吸收电流。

如图 3-3 所示,对于状况良好的绝缘,由于其泄漏电流 I_1 较小,在电压作用下电流趋于稳定值的吸收过程较长,吸收现象明显;而对于状况不良的绝缘,由于其泄漏电流 I_2 较大,在电压作用下电流趋于稳定值的吸收过程较短,吸收现象不明显,如图3-3(a)所示。由于绝缘的电阻与电流成反比,因此绝缘的电阻也存在类似的吸收现象。不同的是,绝缘的电阻是随时间的延长而逐渐增大并趋于稳定值——绝缘电阻 R_∞,如图3-3(b)所示。

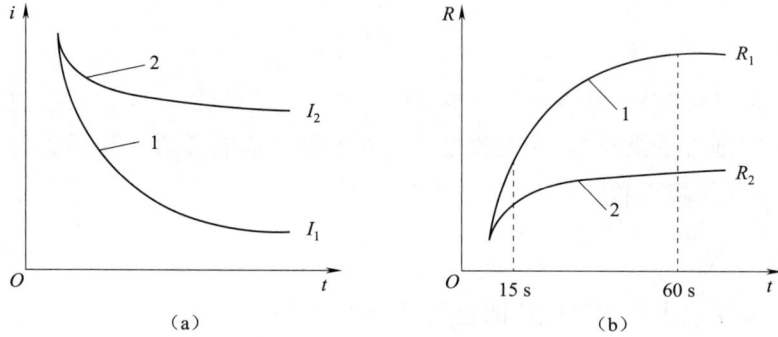

1—状况良好的绝缘;2—状况不良的绝缘。

图3-3 绝缘在直流电压作用下的吸收现象

吸收比 K 是指加压60 s时绝缘的电阻值 R_{60s} 与加压15 s时绝缘的电阻 R_{15s} 之比,即

$$K = \frac{R_{60s}}{R_{15s}} \tag{3-2}$$

显然,K 值越大,吸收现象越明显,绝缘状况越好。《试验规程》中规定:$K \geq 1.3$ 为绝缘干燥;$K < 1.3$ 为绝缘受潮。K 值接近于1时认为绝缘严重受潮或有其他缺陷。

吸收比是同一被试品的两个绝缘电阻之比,它与被试品绝缘的尺寸无关,同类设备的吸收比可使用同样的判断标准;而绝缘电阻与被试品绝缘的尺寸有关,即便是同类设备,其他条件都相同但型号不同时,绝缘电阻值也不相同,所以只有同型号设备间的绝缘电阻相比较才有意义。

对于大容量和吸收过程较长的变压器、电缆、电容器等电气设备,有时吸收比值尚不足以反映吸收的全过程,若仍按照传统的吸收比来判断大型变压器的绝缘情况,已不能有效地加以判断,为更好地发挥绝缘电阻项目的作用,可采用较长时间的绝缘电阻比值,即用10 min时的绝缘电阻 $R_{10\,min}$ 与1 min时的绝缘电阻 $R_{1\,min}$ 的比值 PI 来描述绝缘吸收的全过程,PI 称作绝缘的极化系数,即

$$PI = \frac{R_{10min}}{R_{1min}} \tag{3-3}$$

三、兆欧表的工作原理和使用

绝缘电阻和吸收比的测量通常采用兆欧表(手摇式兆欧表、数字式兆欧表)。手摇式兆欧表原理接线如图3-4所示。手摇直流发电机(常用交流电机通过半导体整流代替)为电源,额定电压一般有500 V、1 000 V、2 500 V和5 000 V等。测量机构由两个互相垂直、绕向相反的线圈和指针组成。电压线圈 LV、电流线圈 LA 和指针均固定在同一轴上,并处于同一永久磁场中。由于没有弹簧和游丝的反作用力矩,当线圈中没有电流通过时,指针可指任一位置。兆欧表有3个出线端,即线路端"L"、接地端"E"、屏蔽端"G",被测绝缘接在"L""E"之间。

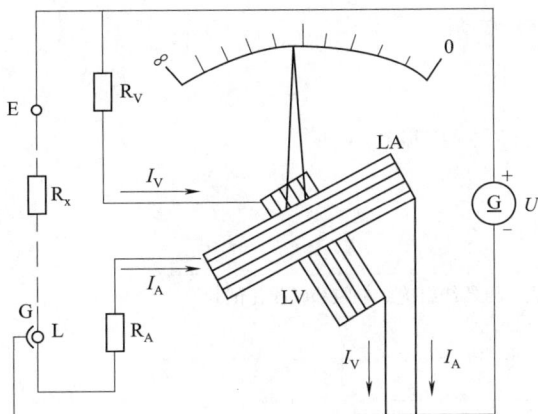

图 3-4　手摇式兆欧表原理图

当"L""E"间接入被测绝缘时,两个线圈就并联在直流发电机上。摇动发电机手柄(匀速约 120 r/min),在额定电压 U 的作用下,两个线圈中分别流过电流 I_V、I_A,于是在线圈磁场和永久磁场的相互作用下产生两个方向相反的力矩作用在线圈上:I_V 产生力矩 M_1 作用于线圈 LV上;I_A 产生力矩 M_2 作用于线圈 LA 上。其中,I_V 正比于电压 U;I_A 流经被测绝缘,反映了绝缘中的泄漏电流。两个力矩 M_1 和 M_2 之差构成可动部分的转动力矩,驱动指针及线圈旋转,直至两个力矩平衡、力矩差为零时为止,此时指针稳定在某一位置。可见,指针的偏转角度 α 只与两个并联支路中的电流的比值有关。

指针偏转角度 α 的大小就反映出被测绝缘的绝缘电阻 R_x 的大小。

当"L""E"间开路时,线圈 LA 中的电流 $I_A=0$,仅有线圈 LV 中有电流 I_V,这时指针沿逆时针方向转到最大位置"∞",表示绝缘电阻为无穷大;当"L""E"间短接时,两个线圈中都有电流,但 I_A 达到最大值,指针沿顺时针方向转到最小位置"0",表示绝缘电阻为零。

由于兆欧表的永久磁场是不均匀的,电压线圈和电流线圈处于磁场中的不同位置,它们所产生的力矩也不均匀,所以兆欧表的表盘刻度是不均匀的,绝缘电阻值越大,表盘刻度越密。

屏蔽端"G"与线路端"L"外部的一个铜环(屏蔽环)相连,并直接接至兆欧表发电机的负极,其作用是旁路表端"L""E"之间和被测绝缘的表面泄漏电流。如果这些表面泄漏电流也流过电流线圈 LA,则 I_A 就是被测绝缘的内部泄漏电流与表面泄漏电流之和,指针所指示的数值也就是绝缘电阻和表面电阻的并联值,这就造成了测量误差。为此,在测量时将屏蔽端"G"直接接在被测绝缘的表面上,例如用裸铜线在绝缘表面缠绕几圈后接在"G"端。这样,表面泄漏电流将经"G"端直接流回发电机负极,而不流经电流线圈。电流线圈中流通的只是绝缘的内部泄漏电流,这样测得的绝缘电阻值才反映了绝缘的真实状况。

数字兆欧由中大规模集成电路组成,该表输出功率大,短路电流值高,输出电压等级多(有四个电压等级)。工作原理为由机内电池作为电源经 AC/DC 变换产生的直流高压由"E"极流出经被测试品到达"L"极,从而产生一个从"E"到"L"极的电流,经过 I/V 变换经除法器完成运算直接将被测的绝缘电阻值由 LCD 显示出来。

牵引变压器
绝缘电阻测量

任务实施

任务单

填写任务单,见表3-4。

表3-4 任务单

作业内容		按照要求完成变压器绕组绝缘电阻和吸收比试验
作业组人员		
测试时间		
当天环境		
测试地点		
现场基本信息	试品类型	
	型号	
测试项目		
使用仪器		

作业流程

作业前准备—检查核实安全措施—用绝缘电阻测试仪完成变压器绕组绝缘电阻和吸收比的测量—根据测量结果分析判断绝缘状况—作业结束,恢复安全措施。

工器具及试验设备准备(表3-5)

表3-5 工具、仪器、材料清单

序号	名称	技术规格	单位	数量	备注
1	温湿度计	误差 ±1 ℃	个	1	
2	兆欧表	5 000 V 或 2 500 V	台	1	
3	试验连接线	各类型号	条	若干	
4	万用表	—	台	1	
5	接地线	—	根	1	
6	工具箱	扳手等常用工具	套	1	
7	记录本	—	本	1	
8	放电棒	—	根	1	
9	围栏	—	个	1	
10	标识牌	—	个	1	
11	对讲机	—	个	2	通信

准备工作:确认变压器电源断开,测量前被测试绕组应充分放电;拆开高压绕组连线,拆开低压绕组连线;用干燥、清洁、柔软的布擦去变压器外绝缘表面的脏污,必要时用适当的清洁剂

洗净;试验前应将高低压侧绕组各相短路,有中性点引出的应与各相短接,否则会影响测量的准确度;记录变压器的温度、环境温度、湿度、气象情况、试验日期及使用仪表。

试验安全防护

(1)在作业地点的周围要设围栅。围栅上悬挂"止步,高压危险!"的标示牌(标示牌要面向作业场地外方),并派专人看守。

(2)在一个电气连接部分内,同时只允许一个作业组且在一项设备上进行高压试验。

(3)试验装置的金属外壳要装设接地线,其电源开关要使用有明显断开点的双极开关。

(4)施加电压作业要专人操作、专人监护。加压时,操作人要穿绝缘靴或站在绝缘垫上,操作人和监护人要呼唤应答。整个加压过程,全体作业人员均要精神集中,随时注意有无异常现象。

(5)断开绝缘电阻测试仪后要对变压器绕组短接放电并接地。

试 验 接 线

测量变压器绕组的绝缘电阻时,应依次测量各绕组对地及对其他绕组间的绝缘电阻值。测量时所有引线用导线短接后接入绝缘电阻测试仪,非被测试绕组所有引线端亦用导线短路并接地。绝缘电阻测试仪上的接线端子"E"接非被测试绕组,为正极性;"L"接被测试绕组,"G"接屏蔽端,"L""E"端子的接线不能对调。

变压器绝缘电阻和吸收比试验测量的顺序及部位见表3-6。

表 3-6 绝缘电阻和吸收比测量顺序及部位

顺序	双绕组变压器	
1	低压	外壳及高压
2	高压	外壳及低压
3	高压及低压	外壳

接线如图3-5~图3-7所示。

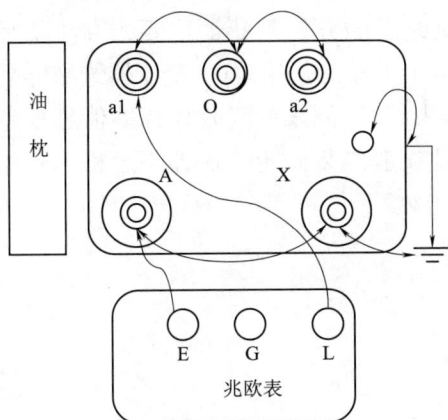

图 3-5 低压侧对高压侧及外壳绝缘
电阻测试接线

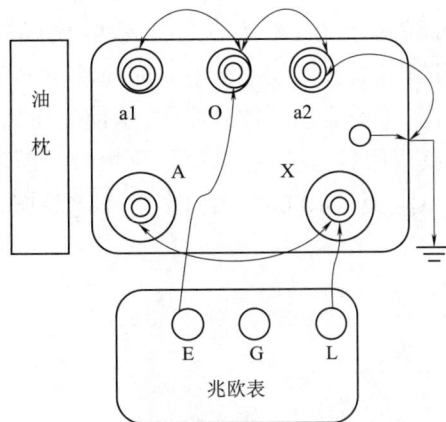

图 3-6 高压侧对低压侧及外壳绝缘
电阻测试接线

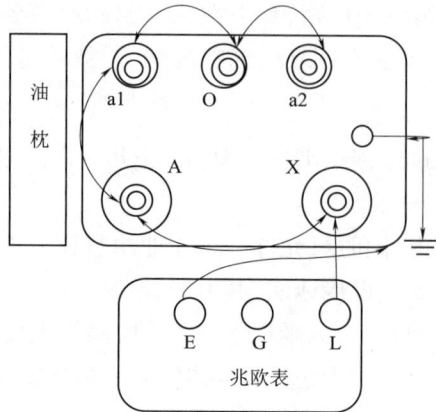

图 3-7　低压侧和高压侧对外壳绝缘电阻测试接线

试 验 操 作

（1）按要求接好试验线，启动兆欧表后，分别读取 15 s、1 min 的数据，以便计算吸收比。当需要测量极化指数时，应读取 1 min 和 10 min 的数据。

（2）准确记录顶层油温，尽量使每次测量温度相近，因为变压器的绝缘电阻随温度变化而有明显的变化。

（3）当周围空气湿度较大或对套管绝缘有怀疑时，可使用导线在套管上 1/3 处缠绕几圈，绕后接入兆欧表的屏蔽端子"G"，以消除套管表面泄漏电流的影响。

（4）测量结束后要对被测试的绕组充分放电。

试验数据分析

（1）可用公式 $R_2 = R_1 \times 1.5(t_1 - t_2)/10$，将不同温度下的绝缘值换算到同一温度下，与上一次试验结果相比应无明显变化，一般不低于上次值的 70%。（式中 R_1、R_2 分别为在温度 t_1、t_2 下的绝缘电阻值）

（2）在 10～30 ℃范围内，吸收比不小于 1.3；极化指数不小于 1.5。

（3）对于变压器绝缘电阻、吸收比或极化指数测试结果的分析判断最重要的方法就是与出厂试验比较，比较绝缘电阻时应注意温度的影响。由于干燥工艺的改进，变压器绝缘电阻越来越高，一般能达到数万兆欧，这使变压器极化过程越来越长，原来的吸收比标准值越来越显示出其局限性，这时应测量极化指数。而不应以吸收比试验结果判定变压器不合格。变压器绝缘电阻大于 10 000 MΩ 时，可不考核吸收比或极化指数。

任务评价

任务评价表,见表3-7。

表3-7　评价表

任务名称		变压器绕组绝缘电阻和吸收比试验				
班级		小组成员		试验日期		
序号		评价内容及评分标准	分值	学生自评	学生互评	教师评价
1	安全防护	1.测试前,"确认设备已停电;停电作业命令已批准;安全措施和作业手续已办理,具备作业条件"。 2.测试后,"测试项目已完成,作业命令已消除"	10分			
		1.高压试验作业地点周围要设围栏,围栏上悬挂"止步,高压危险!"的标示牌。 2.设置封闭式高压试验围栏,并呼唤应答"高压试验围栏已设置,止步,高压危险标示牌已悬挂,开始作业"	5分			
		1.初次试验前要用高压验电器对主导体进行验电,用放电棒进行放电。 2.放电2 s,再后端对地放电1 s	5分			
		作业中需要着装整齐,穿绝缘靴、工作服、绝缘手套、安全帽,做好个人安全防护	10分			
2	试验准备	1.两人一组,与他人进行良好的沟通合作。 2.检查仪器状态;检查被试设备接地;检查测试线、仪器、装置外观、静态整定参数正确	10分			
		1.确认变压器电源断开、拆开高压绕组连线和低压绕组连线,并将绕组各相短接。 2.确认外观状态正常。 3.记录变压器的温度、环境温度、湿度等	10分			
3	试验操作	1.非被测试绕组所有引线用导线短路并接地后接测试仪"E"端。 2.被测试绕组用导线短接后接至兆欧表的"L"端。 3."L""E"端子的接线不能对调	10分			
		1.按照变压器绝缘电阻和吸收比试验测量的顺序及部位进行测量。 2.启动兆欧表,测试数据稳定,停止测量,读取并记录15 s和60 s时测得的绝缘电阻值,绝缘测试后放电	20分			
		1.正确填写试验报告。 2.试验数据与出厂值比较,结论判断正确	10分			
4	文明作业	1.作业完毕,设备恢复原样。 2.设备、仪器及工器具收好,摆放整齐	5分			
		每次加压操作及验电、放电应进行呼唤应答	5分			
综合评价						

课后练习

1. 什么是绝缘电阻?
2. 如何测量变压器的吸收比?

技术前沿

当前在绝缘测试领域,新技术和研究进展主要集中在提高测试的准确性、效率和安全性,以及开发新的测试方法和设备。以下是一些关键的新技术和研究进展:

1. 在线监测技术

在线监测技术允许实时监控电气设备的绝缘状态,通过连续收集数据来预测和防止潜在的故障。例如,变压器在线监测系统可以分析绝缘油中的气体含量和局部放电情况,从而及时发现运行故障。

2. 高频局部放电检测

高频局部放电检测技术利用高频信号检测绝缘缺陷,这种方法对于检测微小缺陷非常有效。局部放电是绝缘故障的早期迹象,通过检测和分析局部放电信号,可以提前发现并处理潜在问题。

3. 红外热成像技术

红外热成像技术可以用来检测设备外部的热场分布,从而发现内部发热现象。这种技术对于发现由绝缘老化、潮湿、介质损耗等原因引起的过热问题特别有用。

4. 超声波检测技术

超声波检测技术可以用来检测绝缘材料中的微小裂纹和空洞。通过分析超声波在材料中的传播特性,可以评估绝缘材料的完整性。

5. 介电谱分析

介电谱分析是一种评估绝缘材料性能的非破坏性测试方法,通过测量材料在不同频率下的介电响应来评估其绝缘性能。

这些新技术和研究进展正在不断推动绝缘测试领域的发展,提高电力系统的可靠性和安全性。随着技术的不断进步,未来可能会有更多创新的方法和设备出现,以满足日益增长的电力系统需求。

●●●● 任务三　变压器直流电阻测量 ●●●●

任务描述

变压器直流电阻测量是一项既简单又重要的试验项目。其目的是检查变压器绕组焊接头的质量、电压分接头的各个位置,引线与套管的接触是否良好,并联支路的连接是否正确,有无层间短路或内部断线的现象等。同时,它也是变压器短路特性试验的重要数据。因此,在交接、大修后,以及运行中更换分接头位置后,都必须进行该项试验。

任务目标

1. 理解直流电阻的含义,掌握直流电阻测试仪的工作原理;

2. 明确变压器直流电阻测量的目的及意义；

3. 制订变压器直流电阻测量的试验方案；

4. 完成变压器直流电阻测量试验；

5. 分析试验数据，判断设备是否存在缺陷；

6. 撰写变压器直流电阻测量试验报告。

知识准备

变压器直流电阻测量既是简单常规的试验项目，但又是耗时、准确度要求高的项目，它是确保变压器生产质量、检修质量和安全运行的一个重要手段。

变压器直流电阻测量是变压器制造中半成品、成品出厂试验、安装、交接试验及电力部门预防性试验的重要项目。能有效发现变压器线圈的选材、焊接、连接部位松动、缺股、断线等制造缺陷和运行后存在的隐患。

(1) 在《试验规程》中，其次序排在变压器试验项目的第二位，《试验规程》规定在变压器交接、大修、小修、变更分接头位置、故障检查及预试等，必须测量变压器绕组的直流电阻，其目的是：

① 检查绕组内部导线和引线的焊接质量；

② 检查分接开关各个位置接触是否良好；

③ 检查绕组或引出线有无折断处；

④ 检查并联支路的正确性，是否存在由几条并联导线绕成的绕组发生一处或几处断线的情况；

⑤ 检查层、匝间有无短路的现象。

(2) 变压器直流电阻测量方法一般有 3 种：

① 电压电流法：电压电流法也称为电压降法。其主要的测试原理就是用直流电流通过将被检测的电阻，然后对其进行测量，可以得出通过绕组的电流；再应用欧姆定律，即可得出被测绕组的直流电阻值。此种方法往往存在很大误差，所以并不推荐使用此种方法测量绕组的直流电阻值。

② 平衡电桥法：平衡电桥法也称为电桥法。单臂电桥和双臂电桥是最常用的两种电桥方法。其主要工作方式是要将变压器断电并且要将高压引线拆去之后才能对变压器的直流电阻进行测量。在测量电阻的过程中，要对绕组的电感进行充电，在测量精度上虽然能够达到要求，但是由此所造成的人员浪费也是很大的。

(3) 直流电阻测试法：直流电阻测试仪主要应用于大型变压器的电阻测量，因为直流电阻测试仪可以在短时间内测量出绕组的直流电阻。现在经常用的直流电阻测试仪一般是由电子集成电路所制成的测试仪。该类型测试仪不仅测量直流电阻时间很短，它的测量速度还很快。与电桥法测量直流电阻的电阻值相比，能够节省数倍甚至数十倍的时间，这样也大大提高了工作人员的工作效率。

任务实施

任 务 单

填写任务单，见表3-8。

表3-8　任务单

作业内容	按照要求完成变压器直流电阻测量	
作业组人员		
测试时间		
当天环境		
测试地点		
现场基本信息	试品类型	
	型号	
测试项目		
使用仪器		

任 务 流 程

作业前准备—检查核实安全措施—用直流电阻测试仪完成变压器直流电阻的测量—根据测量结果分析判断—作业结束,恢复安全措施。

工器具及试验设备准备（表3-9）

表3-9　工具、仪器、材料清单

序号	名称	技术规格	单位	数量	备注
1	温湿度计	误差 ±1 ℃	个	1	
2	直流电阻测试仪	—	台	1	
3	试验连接线	各类型号	条	若干	
4	万用表	—	台	1	
5	接地线	—	根	1	
6	工具箱	扳手等常用工具	套	1	
7	记录本	—	本	1	
8	放电棒	—	根	1	
9	围栏	—	个	1	
10	标识牌	—	个	1	
11	对讲机	—	个	2	通信

准备工作:确认变压器电源断开,测量前被测试绕组应充分放电;拆开高压绕组连线,拆开低压绕组连线;用干燥、清洁、柔软的布擦去变压器外绝缘表面的脏污,必要时用适当的清洁剂洗净;记录变压器的温度、环境温度、湿度、气象情况、试验日期及使用仪表。

试验安全防护

（1）在作业地点的周围要设围栅。围栅上悬挂"止步,高压危险!"的标示牌(标示牌要面向作业场地外方),并派专人看守。

（2）在一个电气连接部分内,同时只允许一个作业组且在一项设备上进行高压试验。

（3）试验装置的金属外壳要装设接地线,其电源开关要使用有明显断开点的双极开关。

（4）施加电压作业要专人操作、专人监护。加压时,操作人要穿绝缘靴或站在绝缘垫上,操作人和监护人要呼唤应答。整个加压过程,全体作业人员均要精神集中,随时注意有无异常现象。

(5)断开直流电阻测试仪后要对变压器绕组短接放电并接地。

试 验 接 线

测量变压器绕组的直流电阻时,应依次测量各绕组不同分接位置的直流电阻值。测量时,被测绕组首端、尾端引线接入直流电阻测试仪。

接线如图 3-8 和图 3-9 所示,电压线夹应接至电流线夹内侧。

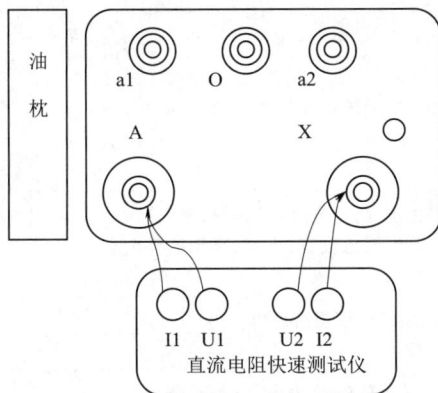

图 3-8　高压侧直流电阻测试接线　　　　图 3-9　低压侧直流电阻测试接线

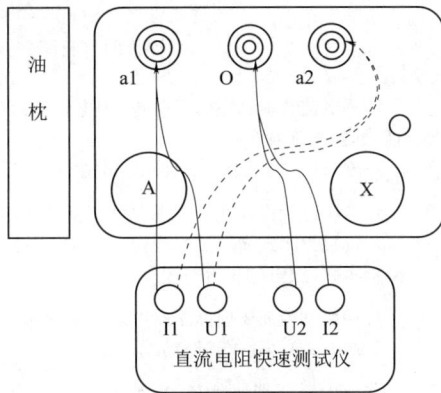

试 验 操 作

(1)根据相应的试验按图接好试验线路。接好线路后,打开直流电阻测试仪电源开关,按照直流电阻测试仪使用要求进行操作,开始测量。测量仪表的准确度应不低于 0.5 级。

(2)测量时,要求绕组温度与周围环境温度相差不超过 3 ℃,并且以顶层油温作为绕组温度。由于变压器绕组的电感较大,电流稳定所需的时间较长,为了测量准确,必须等待稳定后再读数。

(3)连接导线应有足够的截面积,且接触良好

(4)测量结束后关闭仪器电源开关,拆除接线,要对被测试的绕组充分放电。

试 验 数 据 分 析

(1)按公式 $R_2 = R_1(T + t_2)/(T + t_1)$ 将测量值换算到同一温度(式中 R_1、R_2 分别为在温度 t_1、t_2 下的电阻值,t_1 可取为交接试验时的变压器绕组温度;T 为电阻温度常数,铜导线取 235,铝导线取 225)。

(2)1.6 MV·A 以上的变压器,各相绕组电阻相互间的差别不应大于三相平均值的 2%;无中性点引出的绕组,线间差别不应大于三项平均值的 1%。

(3)1.6 MV·A 及以上变压器,相间差别一般不应大于三相平均值的 4%;线间差别一般不应大于三相平均值的 2%。

(4)各相绕组电阻与以前相同部位、相同温度下的历次结果相比,不应有明显差别。

(5)三相不平衡率是判断的重要标准,各种标准、规程都作了详细明确的规定。交接时与出厂时比较三相不平衡率应无明显变化,否则即使小于规定值也不能简单判断为合格。

(6)对于有载调压变压器分接开关的情况,对于直流电阻测试结果影响较大的情况下,主要存在的问题有:引线连接处接触不良或者连接错误;切换开关触头接触不良;极性开关接触不良等视具体情况进行分析。

任务评价

任务评价表,见表3-10。

表3-10　评价表

任务名称		变压器直流电阻测量				
班级		小组成员		试验日期		
序号		评价内容及评分标准	分值	学生自评	学生互评	教师评价
1	安全防护	1.测试前,"确认设备已停电;停电作业命令已批准;安全措施和作业手续已办理,具备作业条件"。 2.测试后,"测试项目已完成,作业命令已消除"	10分			
		1.高压试验作业地点周围要设围栅,围栅上悬挂"止步,高压危险!"的标示牌。 2.设置封闭式高压试验围栅,并呼唤应答"高压试验围栅已设置,止步,高压危险标示牌已悬挂,开始作业"	5分			
		1.初次试验前要用高压验电器对主导体进行验电,用放电棒进行放电。 2.放电2 s,再后端对地放电1 s	5分			
		作业中需要着装整齐,穿绝缘靴、工作服、绝缘手套、安全帽,做好个人安全防护	10分			
2	试验准备	1.两人一组,与他人进行良好的沟通合作。 2.检查仪器状态;检查被试设备接地;检查测试线、仪器、装置外观、静态整定参数正确	10分			
		1.确认变压器电源断开、拆开高压绕组连线和低压绕组连线。 2.确认外观状态正常。 3.记录变压器的温度、环境温度、湿度等	10分			
3	试验操作	1.测量时,依次测量各绕组不同分接位置的直流电阻值。 2.被测绕组首端、尾端引线接入直流电阻测试仪	10分			
		1.测量时,要求绕组温度与周围环境温度相差不超过3 ℃,并且以顶层油温作为绕组温度。 2.测量结束后关闭仪器电源开关,拆除接线,要对被测试的绕组充分放电	20分			
		1.正确填写试验报告。 2.试验数据与出厂值比较,结论判断正确	10分			
4	文明作业	1.作业完毕,设备恢复原样。 2.设备、仪器及工器具收好,摆放整齐	5分			
		每次加压操作及验电、放电应进行呼唤应答	5分			
综合评价						

课后练习

1.测量变压器直流电阻的目的是什么?

2.变压器直流电阻测量的方法有哪几种?

案例分析

一台运行中的 220 kV 变压器,设备型号为 SFPSZ9-120000/220,因电网运行方式变化需要从甲站移位到乙站投入运行,投运前按照《试验标准》和《试验规程》进行了试验,各项试验数据均合格,符合投运要求。设备运行后,变电运行人员在进行红外测温时发现该变压器110 kV 侧 A 相导电杆和线夹连接处(即套管顶部)温度为 81 ℃,而 110 kV 侧 B、C 相该处的温度均为 27 ℃,与环境温度一致。当时三相负荷运行平衡,输出功率约为变压器额定的一半,110 kV 侧 A 相套管顶部温度偏高属于不正常运行情况。

1. 原因分析

发热部位在套管顶端,绝缘油色谱试验中各项数据正常,排除了变压器内部有缺陷的可能。发热部位主要部件有导线下引线的线夹、导电杆、将军帽,以及与导电杆连接的接线板,根据测温图显示的情况,初步分析认为发热的原因可能是接线板与导电杆连接不良。用接触电阻测量仪器进行测量后,发现两者之间的接触电阻只有 20 μΩ,因此线夹与导电杆接触不良的可能被排除。同样,又测试了接线板与下引线线夹、导电杆与绕组接线间的接触电阻,数值别为 10 μΩ、3 μΩ,这样的接触电阻在当时的负荷情况下不会造成这种发热。拆除外部接线后,进行了变压器 110 kV 绕组的直流电阻测量,测量结果为 A 相直流电阻 130.4 mΩ、B 相直流电阻 130.0 mΩ、C 相直流电阻 130.0 mΩ,计算得三相直流电阻不平衡率为 0.31%,显然这一数据远小于《试验规程》对星形绕组不平衡率 2% 的上限要求,应判定其电流回路无异常。为了更好地分析问题,选取了该变压器几次典型的试验数据(表 3-11)。

表 3-11 变压器历次试验典型数据汇总表

报告类型	油温 /℃	A 相直流电阻 /mΩ	B 相直流电阻 /mΩ	C 相直流电阻 /mΩ	不平衡率/%
甲站原始交接报告	8	106.3	106.5	106.5	0.190
甲站预试报告	25	115.2	115.5	115.5	0.260
乙站交接报告	28	116.3	116.2	116.2	0.086
发热检查时报告	64	130.4	130.0	130.0	0.310

分析这些数据可以看到,变压器在甲站最初交接时的直流电阻不平衡率为 0.19%,运行中为 0.26%,而移位到乙站安装后的交接报告中为 0.086%。粗略地看,推测是变压器在乙站重新安装后,直流电阻的不平衡率这一指标不仅完全符合《试验规程》的要求,而且不平衡率的偏差反而更小了。

为进一步查找原因,将时间上最接近的甲站预试报告和乙站交接报告试验数据换算到 75 ℃ 进行比较并计算误差,测试结果见表 3-12。从其中数据可以看到,相同温度下相同部位两次测量结果间最大的差别为 0.51%,而发热相 A 相仅有 0.15% 的差别,数据远远小于《试验规程》规定的 1% 注意值。

表 3-12　相同温度(75 ℃)下相同部位两次测量结果的差别

报告类型	A 相直流电阻/mΩ	B 相直流电阻/mΩ	C 相直流电阻/mΩ
甲站预试报告	137.3	137.7	137.7
乙站交接报告	137.1	137.0	137.0

既然测量数据在几个方面都满足《试验规程》规定,变压器的电流回路是否就是正常的呢? 经过仔细分析了表 3-11 中的 4 组数据,发现了一个小的细节,当变压器在甲站运行时,不管是交接报告还是预试报告都显示 A 相绕组的直流电阻值在三相数据中是最小的,而当变压器在乙站重新安装后,交接报告和发热检查时的报告中 A 相的直流电阻值却变成了最大的,而温度、测试仪器等因素对三相测量数据的影响应该是一致的,并不会造成测量数据大小关系的变化,因此认为尽管直流电阻三相不平衡率变小了,但这种三相直流电阻大小关系的变化却提示这台变压器的电流回路存在着问题。由于 B、C 两相直流电阻在 4 组数据中均相等,可以认定 B、C 相电流回路无异常,而问题是出在 A 相回路中,这一判断也与 A 相套管顶端发热异常的现象相吻合。

2. 处理情况

经检修人员打开发热套管将军帽进行检查,发现固定导电杆的圆形锁母和与其接触的将军帽顶部内表面均有明显的放电痕迹。进一步检查确认,锁母与将军帽接触的上平面明显凹凸不平,导致锁母与将军帽接触不良运行中在两者接触面持续发生驱流放电,最终造成发热。更换锁母,投入运行后对该主变压器 110 kV 侧 A 进行红外测温,发热现象消失。

3. 测试结果的分析判断

对测量的直流电阻数据认真分析,不仅要与《试验规程》对比,而且要与历次测量数据进行纵向对比,观察变化趋势,得出正确结论。发现直流电阻有异常或超标时,应重视综合方法的分析判断和验证,测量直流电阻综合分析判断,是验证运行变压器绕组直流电阻不平衡率超标的有效方法。

●●●●● 任务四　变压器介质损耗因数 tan δ 测量　●●●●

任务描述

测量介质损耗因数 tan δ 是绝缘预防性试验的重要项目之一,其目的是检查变压器绝缘是否受潮、油质劣化,以及绕组上是否存在油泥等严重的整体缺陷。

任务目标

1. 明确变压器介质损耗因数测量的目的及意义;

2. 理解全自动介损测试仪的结构及工作原理;

3. 制订变压器介质损耗因数测量的试验方案;

4. 完成变压器介质损耗因数测量试验;

5. 分析试验数据,判断设备是否存在缺陷;

6. 撰写变压器介质损耗因数测量试验报告。

知识准备

介质损耗为绝缘材料在电场作用下,由于介质电导和介质极化的滞后效应,在内部引起的能量损耗。

介质损耗因数 $\tan\delta$ 是反映绝缘介质损耗大小的特性参数,与绝缘的体积大小无关。但如果绝缘内的缺陷不是分布性而是集中性的,则 $\tan\delta$ 有时反映就不够灵敏。被试品绝缘的体积越大,或集中性缺陷所占的体积越小,集中性缺陷处的介质损耗占被试绝缘全部介质损耗的比重就越小,总体的 $\tan\delta$ 就增加得也越少,如此一来 $\tan\delta$ 测试就不够灵敏。因此,测量各类电力设备 $\tan\delta$ 时,能够分解试验的就尽量分解试验,以便能够及时、灵敏地发现被试品的集中性缺陷。

绝大多数电力设备的绝缘为组合绝缘,是由不同的电介质组合而成,且具有不均匀结构,例如油浸纸绝缘,含空气和水分的电介质等。在对这类绝缘进行分析时,可把设备绝缘看成多个电介质串、并联等值电路所组成的电路,而所测的 $\tan\delta$ 值,实际上是由多个电介质串并联后组成电路的总 $\tan\delta$ 值。由此可见,多个电介质绝缘的总 $\tan\delta$ 值总是小于等值电路中的 $\tan\delta_{\max}$,而大于 $\tan\delta_{\min}$。这一结论表明,在测量复合绝缘、多层电介质组合绝缘时,当其中一种或一层介质的 $\tan\delta$ 偏大时,并不能有效地在总 $\tan\delta$ 值中反映出来,或者说 $\tan\delta$ 值具有"趋中"性,对局部缺陷的反映不够灵敏。因此对于通过 $\tan\delta$ 值来判断设备绝缘状态时,必须着重与该设备历年测试值相比较,并和处于相同运行条件下的同类设备相比较,注意 $\tan\delta$ 值的横向与纵向变化。

测量仪器有西林电桥和高压全自动介质损耗测试仪。

西林电桥的四个桥臂由四组阻抗元件组成,其原理如图 3-10 所示。

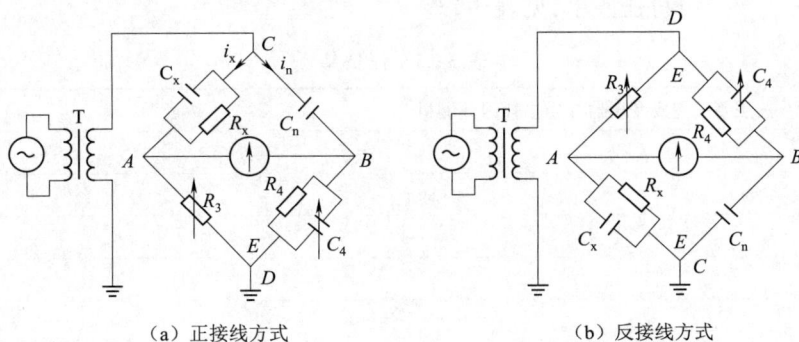

| (a) 正接线方式 | (b) 反接线方式 |

图 3-10 西林电桥原理接线图

当电桥平衡时:

$$\tan\delta = \frac{1}{\omega C_x R_x} = \omega C_4 R_4 \tag{3-4}$$

在工频试验电压下,$\omega = 2\pi f = 100\pi$,为便于读数,在电桥制造时常取 $R_4 = \dfrac{10^4}{\pi} \approx 3\,184(\Omega)$,因此:

$$\tan \delta = \omega C_4 R_4 = 100\pi \times \frac{10^4}{\pi} C_4 = C_4 (\mu F) \qquad (3-5)$$

这样,当调节电桥平衡时,在电桥面板上 C_4 的数值就直接以 $\tan \delta(\%)$ 来表示,读取数值极为方便。

1. 正接线

电桥的 C 点接到电源的高压端,D 点接地,这种接线方式称为正接线。

2. 反接线

现场电气设备的外壳大都是接地的,当测量一极接地被试品的 $\tan \delta$ 时,可采用反接线方式,即把电桥的 D 点接到电源的高压端,而将 C 点接地。

高压介质损耗测试仪是指应通过数字测量技术并通过计算机控制和处理,从而实现介质损耗和电容量的自动测量。其主要测量方法有零值比较法(用变压器比例臂代普通阻抗比例臂)、实部和虚部分离法、快速傅里叶变换分析法(FFT)相位差法等。

新型高压介质损耗测试仪一般具有全自动抗干扰功能,抗干扰主要采用异频法,启动测量后高压设定值送到变频电源,变频电源用 PID 算法将输出缓速调整到设定值,测量电路将实测高压送到变频电源,微调低压,实现准确高压输出。根据正/反接线和内/外标准电容的设置,测量电路根据试验电流自动选择输入并切换量程,测量电路采用傅里叶变换滤掉干扰,分离出信号基波,对标准电流和试品电流进行矢量运算,幅值计算电容量,角差计算 $\tan \delta$。反复进行多次测量,根据算法得到最终测量结果。测量结束,测量电路发出降压指令,变频电源缓速降压到零。

牵引变压器介质损耗因数测量

任务实施

任 务 单

填写任务单,见表 3-13。

表 3-13　任务单

作业内容		按照要求完成变压器介质损耗因数测量
作业组人员		
测试时间		
当天环境		
测试地点		
现场基本信息	试品类型	
	型号	
测试项目		
使用仪器		

任 务 流 程

作业前准备—检查核实安全措施—用介质损耗测试仪完成变压器介质损耗因数的测量—根据测量结果分析判断绝缘状况—作业结束,恢复安全措施。

工器具及试验设备准备（表3-14）

表3-14 工具、仪器、材料清单

序号	名称	技术规格	单位	数量	备注
1	温湿度计	误差±1 ℃	个	1	
2	全自动介损测试仪	—	台	1	
3	试验连接线	各类型号	条	若干	
4	万用表	—	台	1	
5	接地线	—	根	1	
6	工具箱	扳手等常用工具	套	1	
7	记录本	—	本	1	
8	放电棒	—	根	1	
9	围栏	—	个	1	
10	标识牌	—	个	1	
11	对讲机	—	个	2	通信

准备工作：确认变压器电源断开，测量前被测试绕组应充分放电，先测量试品各电极间的绝缘电阻；拆开高压绕组连线，拆开低压绕组连线；用干燥、清洁、柔软的布擦去变压器外绝缘表面的脏污，必要时用适当的清洁剂洗净；试验前应将高低压侧绕组各相短路，有中性点引出的应与各相短接，否则会影响测量的准确度；记录变压器的温度、环境温度、湿度、气象情况、试验日期及使用仪表。

试验安全防护

（1）在作业地点的周围要设围栅。围栅上悬挂"止步，高压危险！"的标示牌（标示牌要面向作业场地外方），并派专人看守。

（2）在一个电气连接部分内，同时只允许一个作业组且在一项设备上进行高压试验。

（3）试验装置的金属外壳要装设接地线，其电源开关要使用有明显断开点的双极开关。

（4）施加电压作业要专人操作、专人监护。加压时，操作人要穿绝缘靴或站在绝缘垫上，操作人和监护人要呼唤应答。整个加压过程，全体作业人员均要精神集中，随时注意有无异常现象。

（5）试验换接线时，先充分放电并戴绝缘手套；试验前、先对被试品放电，防止残余电荷伤人；截取电源要两人进行并验电，防止低压触电；加压前，认真检查试验接线，调压器零位，表计倍率、量程及仪表的开始状态均正确后才能加压。

试验接线

目前现场应用最广泛的是全自动介损测试仪，有正反两种接线方法，如图3-11和图3-12所示。

测量变压器绕组介质损耗因数时采用反接线，被测试的绕组所有引出线用导线短接后接入介损测试仪高压输出"HV"端，非被测试绕组所有引线端短接并接地。

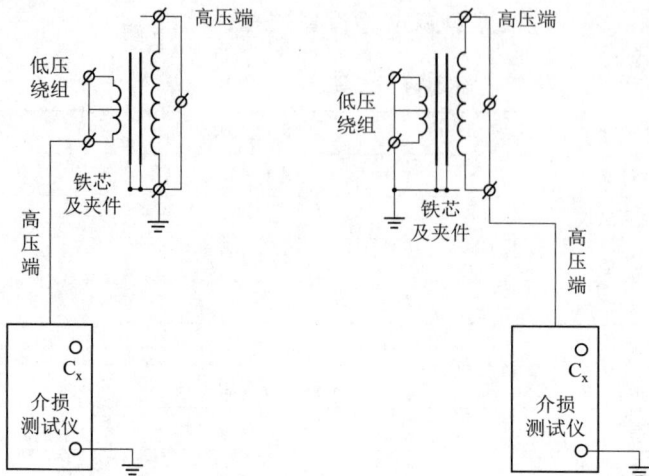

（a）测量低压绕组介质损耗因数　　　　　（b）测量高压绕组介质损耗因数

图 3-11　变压器绕组介损因数测量接线

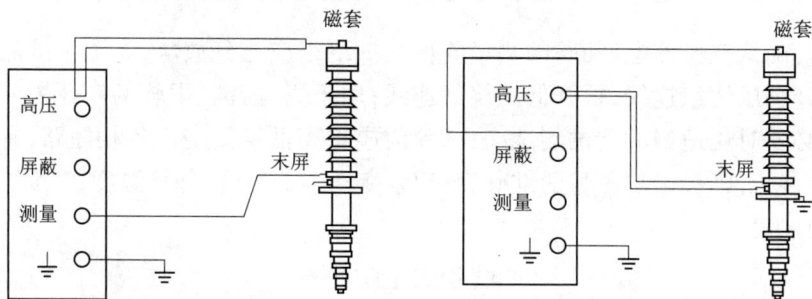

（a）测量主绝缘对末屏的介质损耗因数　　　（b）测量末屏对地的介质损耗因数

图 3-12　变压器主绝缘介质损耗因数测量接线图

测量变压器套管主绝缘介质损耗因数时采用正接线,高压套管引线端接入介损测试仪高压输出"HV"端,末屏小瓷套脱离接地后接入介损测试仪"C_x"端。

当电容型套管末屏对地绝缘电阻小于 1 000 MΩ 时,应测量末屏对地介质损耗因数,采用反接线,加压在末屏与油箱座之间,另外将一次端子(连同短接绕组)接到电桥的"E"端屏蔽,将非测量的其他绕组三相短路接地,试验时施加电压根据末屏绝缘水平和测量灵敏度选用,一般可取 2 kV。

试 验 操 作

1. 测量变压器绕组介质损耗因数

（1）按要求接好试验线,检查并确认接线无误,查看并确认变压器上无人工作后方可开始试验,试验过程中应注意大声呼唱。

（2）操作介质损耗测试仪,选择反接法,试验电压选择 10 kV,启动开始试验,试验过程中操作人员应把手放在"高压允许"开关上,随时警戒异常情况发生。

（3）试验结束后,先关闭"高压允许"开关,然后再记录介损和电容量数值,并对试验数据进行分析判断,得出结论。

（4）关闭电源，使用放电棒对被试绕组进行放电并接地。更改试验接线，进行下一项试验。

2. 测量变压器套管介质损耗因数

（1）试验接线完成后，试验负责人检查试验接线并确认无误后操作人方可进行试验；操作人员应站在绝缘垫上，查看并确认变压器上无人工作后即可开始进行试验，试验过程应注意大声呼唱。

（2）操作介质损耗测试仪，选择正接法，试验电压选择 10 kV，启动开始试验，试验过程中操作人员应把手放在"高压允许"开关上，随时警戒异常情况发生。

（3）试验结束后，先关闭"高压允许"开关，然后再记录介质损耗因数和电容量数值，并对试验数据进行分析判断，得出结论。

（4）关闭电源，使用放电棒对套管进行放电并接地。恢复所测套管的末屏接地。更改试验接线，重复上述步骤将所有套管的介质损耗因数试验完毕。

试验数据分析

（1）不同温度下的 $\tan\delta$ 应换算至同一温度下比较（一般换算到 20 ℃）。

（2）20 ℃时，变压器绕组介质的损耗因数不大于表 3-15 所列数值。

表 3-15 变压器绕组介质损耗因数限值

电压等级/kV	介质损耗因数限值
750	0.005
330 ~ 500	0.006
110 – 220	0.008
35	0.015

（3）介质损耗因数值与出厂试验值或历年的数值比较不应有明显变化（增量不大于 30%）。

（4）电容量与出厂试验值或历年的数值比较不应有明显变化，变化量不大于 3%。

（5）变压器高压套管主绝缘介质损耗因数不大于表 3-16 所列数值。

表 3-16 变压器高压套管介质损耗因数限值

	电压等级/kV	20 ~ 35	66 ~ 110	220 ~ 500	750		电压等级/kV	20 ~ 35	66 ~ 110	220 ~ 500	750
检修后	充油型	0.03	0.015	—	—	运行中	充油型	0.035	0.015	—	—
	油纸电容型	0.01	0.01	0.008	0.008		油纸电容型	0.01	0.01	0.008	0.008
	充胶型	0.03	0.02	—	—		充胶型	0.035	0.02	—	—
	胶纸电容型	0.02	0.015	0.01	0.001		胶纸电容型	0.03	0.02	0.01	0.001
	胶纸型	0.025	0.02	—	—		胶纸型	0.035	0.02	—	—
	气体绝缘电容型	—	—	—	0.01		气体绝缘电容型	—	—	—	0.01

（6）当电容型套管末屏对地电阻小于 1 000 MΩ 时，应测量末屏对地介质损耗因数，其值不大于 0.02。

（7）电容型套管的电容与出厂值或上一次试验值的差别超出 ±5% 时，应查明原因。

任务评价

任务评价表,见表 3-17。

表 3-17 评价表

任务名称		变压器介质损耗因数测量					
班级			小组成员		试验日期		
序号		评价内容及评分标准			分值	学生自评	学生互评	教师评价
1	安全防护	1. 测试前,"确认设备已停电;停电作业命令已批准;安全措施和作业手续已办理,具备作业条件"。 2. 测试后,"测试项目已完成,作业命令已消除"			10 分			
		1. 高压试验作业地点周围要设围栅,围栅上悬挂"止步,高压危险!"的标示牌。 2. 设置封闭式高压试验围栅,并呼唤应答"高压试验围栅已设置,止步,高压危险标示牌已悬挂,开始作业"			5 分			
		1. 初次试前要用高压验电器对主导体进行验电,用放电棒进行放电。 2. 放电 2 s,再后端对地放电 1 s			5 分			
		作业中需要着装整齐,穿绝缘靴、工作服、绝缘手套、安全帽,做好个人安全防护			10 分			
2	试验准备	1. 两人一组,与他人进行良好的沟通合作。 2. 检查仪器状态;检查被试设备接地;检查测试线、仪器、装置外观、整定参数正确			10 分			
		1. 确认变压器电源断开、拆开高压绕组连线和低压绕组连线。 2. 确认外观状态正常。 3. 记录变压器的温度、环境温度、湿度等			10 分			
3	试验操作	1. 测量变压器绕组介质损耗因数时采用反接线。 2. 测量变压器套管主绝缘介质损耗因数时采用正接线			10 分			
		1. 测量时,试验电压选择 10 kV,试验过程中操作人员应把手放在"高压允许"开关上。 2. 测量结束后先关闭"高压允许"开关,关闭电源后要对被测试的部位充分放电			20 分			
		1. 正确填写试验报告。 2. 试验数据与出厂值比较,结论判断正确			10 分			
4	文明作业	1. 作业完毕,设备恢复原样。 2. 设备、仪器及工器具收好,摆放整齐			5 分			
		每次加压操作及验电、放电应进行呼唤应答			5 分			
综合评价								

课后练习

1. 介质损耗因数的定义是什么?

2. 测量介质损耗因数的目的是什么?

•••● 任务五　变压器泄漏电流测量和直流耐压试验 ●•••

任务描述

　　在直流电压作用下测量泄漏电流,实际上也就是测量绝缘电阻。如果施加的直流电压不高时,由泄漏电流换算为绝缘电阻时,与兆欧表所测值极为接近,泄漏电流并不比用兆欧表测绝缘电阻获得更多的信息,但当用较高的电压来测泄漏电流时,就有可能发现兆欧表所不能发现的绝缘损坏或弱点。

任务目标

　　1.理解泄漏电流的含义,掌握直流高压发生器的结构及工作原理;
　　2.明确变压器泄漏电流测量和直流耐压试验的目的及意义;
　　3.制订变压器泄漏电流测量和直流耐压试验的试验方案;
　　4.完成变压器泄漏电流测量和直流耐压试验;
　　5.分析试验数据,判断设备是否存在缺陷;
　　6.撰写变压器泄漏电流测量和直流耐压试验报告。

知识准备

　　在直流电压下测量绝缘的泄漏电流与绝缘电阻的测量在原理上是一致的。但在泄漏电流的测量试验中,针对不同电压等级的设备绝缘施加相应的试验电压,该试验电压(一般高于10 kV)比兆欧表测量绝缘电阻的额定输出电压高,并且可以任意调节,这使得绝缘本身的弱点更容易显示出来;在测量直流泄漏电流中所采用的微安表的准确度比兆欧表高,使得测量数据更加准确;并且可以在加压过程中随时监视泄漏电流值的变化。所以,测量直流泄漏电流对于发现绝缘的缺陷比测量绝缘电阻更为灵敏有效。

　　经验表明,测量泄漏电流更能有效地发现设备绝缘贯通的集中性缺陷、整体受潮、贯通的部分受潮,以及一些未贯通的集中性缺陷如开裂、破损等。

　　通过泄漏电流的测量,可以将泄漏电流与试验电压的关系绘制成曲线进行全面的分析,如图3-13所示。

　　直流耐压试验是对电气设备的绝缘施加比额定电压高出一定值的直流试验电压,并持续一定的时间,观察绝缘是否发生击穿或其他异常情况。

　　直流耐压试验与泄漏电流的测量在试验方法上是一致的,但作用不同。直流耐压试验是考验绝缘的耐电强度,其试验电压更高,属破坏性试验;而泄漏电流的测量是在较低的电压下检查绝缘的状况,属非破坏性试验。因此,直流耐压试验对于发现绝缘内部的集中性缺陷更有特殊意义,目前在发电机、电动机、电缆、电容器等设备的绝缘预防性试验中广泛应用这一试验。

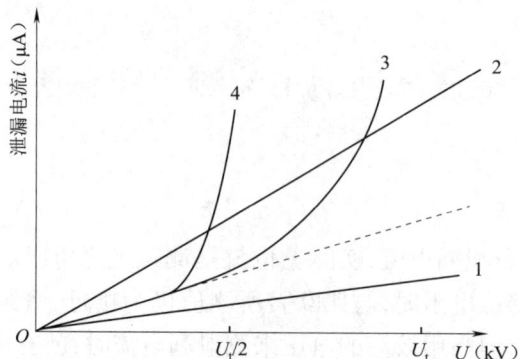

1—绝缘良好；2—绝缘受潮；3—绝缘中有集中性缺陷；4—绝缘中有危险的集中性缺陷；
i—泄漏电流；U—直流电压；U_t—直流耐压试验电压。

图 3-13　发电机绝缘的泄漏电流与试验电压关系曲线

直流耐压试验与工频交流耐压试验相比，主要有以下特点：

（1）与交流耐压试验相比，直流耐压试验设备轻小。这是因为在直流高电压作用下，绝缘介质中只有很小的泄漏电流流通。对于一些电容量较大的试品（例如电缆、电容器等），进行直流耐压试验所需试验设备的容量较小，试验设备体积小、重量轻，便于在现场进行试验；而进行工频高电压试验时，由于在交流高电压下流过绝缘的是电容电流，数值较大，需要较大容量的试验变压器，这在现场试验很不方便。

（2）直流耐压试验对绝缘的损伤程度比交流耐压试验小。在绝缘上施加直流高电压时，绝缘内部的介质损耗较小，即使长时间加直流高压也不会使绝缘强度显著降低。例如，内部含有气泡的被试绝缘介质在直流高压作用下，气泡中发生局部放电。在外电场的作用下，局部放电产生的正、负电荷分别向两极移动，停留在气泡壁上。这使得气泡内的电场减弱，从而抑制了气泡中局部放电过程的继续进行。但在交流电压作用下，每当电压改变一次方向，气泡内的局部放电不但不会减弱，反而会因气泡内的电场加强而加剧局部放电的发展。因此，做交流耐压试验时，每个半周里都要发生局部放电，这扩大绝缘介质的局部缺陷，导致绝缘性能进一步下降。所以，直流耐压试验的试验电压更高，加压的时间也可以较长，一般为 5 ~ 10 min。

（3）在进行直流耐压试验时，可以同时测量泄漏电流，并根据泄漏电流所加电压的变化特性来判断绝缘的状况，以便及早发现绝缘中的集中性缺陷或受潮。

（4）在直流试验电压下，绝缘内的电压分布由电导决定，因而与交流运行电压下的电压分布不同，所以它对交流电气设备绝缘的考验不如交流耐压试验那样接近实际。

需要指出，一般直流耐压试验同雷电冲击耐压一样，通常都采用负极性试验电压。

任务实施

任务单

填写任务单，见表 3-18。

表3-18 任务单

作业内容	按照要求完成变压器泄漏电流测量和直流耐压试验	
作业组人员		
测试时间		
当天环境		
测试地点		
现场基本信息	试品类型	
	型号	
测试项目		
使用仪器		

任 务 流 程

作业前准备—检查核实安全措施—用直流高压发生器完成变压器泄漏电流的测量和直流耐压试验—根据测量结果分析判断绝缘状况—作业结束,恢复安全措施。

工器具及试验设备准备（表3-19）

表3-19 工具、仪器、材料清单

序号	名称	技术规格	单位	数量	备注
1	高压直流装置	—	台	1	
2	微安表	2 000 μA	个	1	
3	屏蔽线	—	m	若干	
4	高压电缆	复合绝缘硅橡胶软高压电缆	m	若干	
5	温湿度计	误差±1 ℃	个	1	
6	放电棒	—	个	1	
7	对讲机	—	个	2	通信
8	围栏	—	个	1	
9	标识牌	—	个	1	
10	试验连接线	各类型号	m	若干	
11	记录本	—	本	1	

准备工作:确认变压器电源断开,测量前被测试绕组应充分放电;拆开高压绕组连线,拆开低压绕组连线;用干燥、清洁、柔软的布擦去变压器外绝缘表面的脏污,必要时用适当的清洁剂洗净;试验前应将高低压侧绕组各相短路,有中性点引出的应与各相短接,否则会影响测量的准确度;记录变压器的温度、环境温度、湿度、气象情况、试验日期及使用仪表。

试验安全防护

测量前应断开变压器与引线的连接,并应有明显断开点。

(1)在作业地点的周围要设围栅。围栅上悬挂"止步,高压危险!"的标示牌(标示牌要面向作业场地外方),并派专人看守。

（2）在一个电气连接部分内,同时只允许一个作业组且在一项设备上进行高压试验。

（3）试验装置的金属外壳要装设接地线,其电源开关要使用有明显断开点的双极开关。

（4）施加电压作业要专人操作、专人监护。加压时,操作人要穿绝缘靴或站在绝缘垫上,操作人和监护人要呼唤应答。整个加压过程,全体作业人员均要精神集中,随时注意有无异常现象。

（5）试验完毕后要对加压的变压器绕组充分放电。

（6）进行直流泄漏电流试验过程中,对于大电容设备应缓慢升压,防止被试品的充电电流烧坏微安表,必要时应分级升压,分别读取各级电压下微安表的稳定读数。如发现泄漏电流随时间急剧增长或有异常放电现象时,应立即停止试验,并断开电源,将被测变压器绕组接地,充分放电后,再进行检查。

试 验 接 线

直流泄漏电流接线方法有低压接线法和高压接线法。低压接线法是将微安表接在试验变压器高压绕组的尾部接线端。由于微安表处于低压侧,读数比较安全方便,但无法消除绝缘表面的泄漏电流和高压引线的电晕电流所产生的测量误差。高压接线法是将微安表接在被测试品前。这种接线法,由于微安表处于高压侧,放在屏蔽架上,并通过屏蔽线与试品的屏蔽环相连,这样就避免了接线的测量误差。因此现场试验多采用高压法进行。

双绕组变压器测量泄漏电流的部位与顺序见表 3-20。

表 3-20　双绕组变压器测量泄漏电流的部位与顺序

顺序	加压绕组	接地部分
1	高压	低压、外壳
2	低压	高压、外壳

接线图如图 3-14 所示。

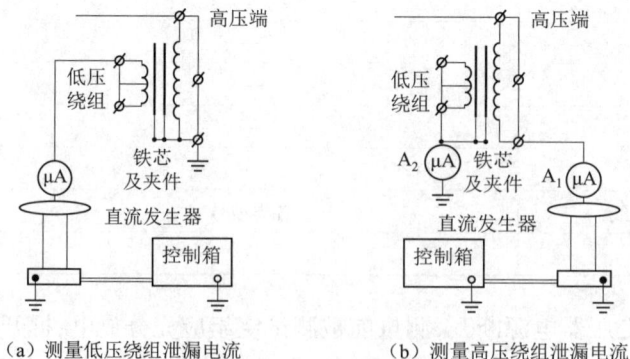

（a）测量低压绕组泄漏电流　　　（b）测量高压绕组泄漏电流

图 3-14　变压器绕组泄漏电流测量接线图

牵引变压器
泄漏电流测量

试 验 操 作

（1）将变压器各绕组引线断开,将试验高压引线接至被测绕组,其他非被测的绕组短路接地。

（2）按接线图（图 3-14）准备试验,保证所有试验设备、仪表仪器接线正确、指示正确。

（3）记录顶层油温及环境温度和湿度。

（4）直流耐压试验和泄漏电流试验一般结合起来进行，即在进行直流耐压的过程中，随着电压的升高，分段读取泄漏电流值，而在最后进行直流耐压试验。将直流电源输出加在被试变压器绕组上，对试品施加电压时应从足够低的数值开始，以防瞬变过程引起的过电压影响；然后缓慢地升高电压，以便能在仪表上准确读数，但也不应太慢以免试品在接近试验电压时耐压的时间过长。从试验电压值地 75% 开始，以每秒 2% 的速度上升。待电压稳定 1 min 后读取的电流值即为泄漏电流值。

（5）被测绕组试验完毕，将电压降为零，切断电源，必须充分放电后再进行拆线操作。

试验数据分析

（1）试验电压见表 3-21。

表 3-21　试验电压

绕组额定电压/kV	2 ~ 3	6 ~ 15	20 ~ 35	63 ~ 330
直流试验电压/kV	5	10	20	40

（2）对泄漏电流测量结果的分析和判断，与绝缘电阻和吸收比的测量类似。所测得的泄漏电流值不应超出《试验规程》的规定值，若明显超出，应查明原因。所测得的泄漏电流值与历次测量结果比较、与同类设备比较、与三相同一设备的其他相比较，均不应有明显差异，否则应查明原因，并设法消除。

（3）通过泄漏电流与试验电压的关系曲线，可进一步分析绝缘的状况。如果泄漏电流随电压增长较快或急剧上升，则表明绝缘状况不良或内部有缺陷。

（4）对于直流耐压试验，应从以下几方面来进行分析判断：被试品是否发生击穿；微安表指示有无周期摆动；泄漏电流随高电压时间延长的变化情况；高电压前后绝缘电阻值的变化；被试品是否发热等。

任务评价

任务评价表,见表3-22。

表 3-22 评价表

任务名称		变压器泄漏电流测量和直流耐压试验				
班级		小组成员		试验日期		
序号		评价内容及评分标准	分值	学生自评	学生互评	教师评价
1	安全防护	1.测试前,"确认设备已停电;停电作业命令已批准;安全措施和作业手续已办理,具备作业条件"。 2.测试后,"测试项目已完成,作业命令已消除"	10分			
		1.高压试验作业地点周围要设围栅,围栅上悬挂"止步,高压危险!"的标示牌。 2.设置封闭式高压试验围栅,并呼唤应答"高压试验围栅已设置,止步,高压危险标示牌已悬挂,开始作业"	5分			
		1.初次试验前要用高压验电器对主导体进行验电,用放电棒进行放电。 2.放电2 s,再后端对地放电1 s	5分			
		作业中需要着装整齐,穿绝缘靴、工作服,戴绝缘手套、安全帽,做好个人安全防护	10分			
2	试验准备	1.两人一组,与他人进行良好的沟通合作。 2.检查仪器状态;检查被试设备接地;检查测试线、仪器、装置外观、整定参数正确	10分			
		1.确认变压器电源断开、拆开高压绕组连线和低压绕组连线。 2.确认外观状态正常。 3.记录变压器的温度、环境温度、湿度等	10分			
3	试验操作	1.将试验高压引线接至被测绕组,其他非被测的绕组短路接地。 2.记录顶层油温及环境温度和湿度	10分			
		1.从试验电压值的75%开始,以每秒2%的速度上升。待电压稳定1 min后读取的电流值即为泄漏电流值。 2.被测绕组试验完毕,将电压降为零,切断电源,必须充分放电后再进行拆线操作	20分			
		1.正确填写试验报告。 2.试验数据与出厂值比较,结论判断正确	10分			
4	文明作业	1.作业完毕,设备恢复原样。 2.设备、仪器及工器具收好,摆放整齐	5分			
		每次加压操作及验电、放电应进行呼唤应答	5分			
综合评价						

课后练习

1.交流耐压试验和直流耐压试验的区别是什么?

2.测量泄漏电流和直流耐压试验的目的是什么?

任务六 变压器交流耐压试验

任务描述

交流耐压试验是鉴定电力设备绝缘强度最有效和最直接的方法,电力设备在运行过程中,绝缘长期受电磁场、温度和机械振动的作用会逐渐发生劣化,其中包括整体劣化和部分劣化,形成缺陷,交流耐压试验一般比运行电压高,因此通过该试验已成为确保变压器安全运行的一个重要手段。

任务目标

1. 掌握工频耐压试验装置的结构及工作原理;
2. 明确变压器交流耐压试验的目的及意义;
3. 制订变压器交流耐压试验的试验方案;
4. 完成变压器交流耐压试验;
5. 分析试验数据,判断设备是否存在缺陷;
6. 撰写变压器交流耐压试验报告。

知识准备

由于交流耐压试验所采用的试验电压比运行电压高得多,过高的电压会使绝缘介质损耗增大、发热、放电,会加速绝缘缺陷的发展,因此,从某种意义上讲,交流耐压试验是一种破坏性试验,在进行交流耐压试验前,必须预先进行各项非破坏性试验。

如测量绝缘电阻、吸收比、介质损耗因数 $\tan\delta$、直流泄漏电流等,对各项试验结果进行综合分析,以决定该设备是否受潮或含有缺陷。若发现已存在问题,须预先进行处理,待缺陷消除后,方可进行交流耐压试验,以免在交流耐压试验过程中,发生绝缘击穿,扩大绝缘缺陷,延长检修时间,增加检修工作量。

按国家标准规定,在进行工频交流耐压试验时,在绝缘上施加的工频试验电压要持续1 min,这个时间的长短既保证了全面观察被试品的情况,又能使设备隐藏的绝缘缺陷来得及暴露出来。试验的加压时间不宜太长,以免引起不应有的绝缘损伤,使本来合格的绝缘发生热击穿。运行经验表明,凡经受得住 1 min 工频交流耐压试验的电气设备,一般都能保证安全运行。

工频耐压试验用的设备通常有试验变压器、调压设备、过流保护装置、电压测量装置、保护球间隙、保护电阻器及控制装置等,其中关键设备为试验变压器,保护电阻器及电压测量装置。

工频高电压通常采用高压试验变压器来产生,产生工频高电压的试验变压器特点:

(1)额定输出电压高,绝缘裕度小,工作电压一般不允许超过其额定电压。

(2)通常为间歇工作方式,一般不允许在额定电压下长时间地连续使用,只有在电压和电流远低于额定值时才允许长期连续使用。

(3)容量一般不大,其高压侧额定电流通常在 0.1 ~ 1 A 范围内就可满足试验要求。

当需要更高的输出电压时,可将 2 ~ 3 台试验变压器串接起来使用。

交流耐压试验的测量装置(系统)一般可采用电容(或电阻)分压器与低压电压表、高压电压互感器、高压静电电压表等测量系统。

牵引变压器
交流耐压试验

任务实施

任 务 单

填写任务单,见表3-23。

表3-23 任务单

作业内容	按照要求完成变压器交流耐压试验		
作业组人员			
测试时间			
当天环境			
测试地点			
现场基本信息	试品类型		
	型号		
测试项目			
使用仪器			

任 务 流 程

作业前准备—检查核实安全措施—用工频耐压试验装置完成交流耐压试验—根据测量结果分析判断绝缘状况—作业结束,恢复安全措施。

工器具及试验设备准备(表3-24)

表3-24 工具、仪器、材料清单

序号	名称	技术规格	单位	数量	备注
1	高压试验变压器	—	台	1	
2	交流耐压试验调压器	—	台	1	
3	电容分压器	—	台	1	
4	兆欧表	5 000 V 或 2 500 V	台	1	
5	电压表	—	台	1	
6	球隙	—	套	1	
7	温湿度计	误差 ±1 ℃	个	1	
8	放电棒	—	个	1	

序号	名称	技术规格	单位	数量	备注
9	接地线	—	根	1	
10	对讲机	—	个	2	通信
11	围栏	—	个	1	
12	标识牌	—	个	1	
13	试验连接线	各类型号	m	若干	
14	记录本	—	本	1	

准备工作：确认变压器电源断开，测量前被测试绕组应充分放电；拆开高压绕组连线，拆开低压绕组连线；用干燥、清洁、柔软的布擦去变压器外绝缘表面的脏污，必要时用适当的清洁剂洗净；试验前应将高低压侧绕组各相短路，有中性点引出的应与各相短接，否则会影响测量的准确度；记录变压器的温度、环境温度、湿度、气象情况、试验日期及使用仪表。

试验安全防护

（1）在作业地点的周围要设围栅。围栅上悬挂"止步，高压危险！"的标示牌（标示牌要面向作业场地外方），并派专人看守。

（2）在一个电气连接部分内，同时只允许一个作业组且在一项设备上进行高压试验。

（3）试验装置的金属外壳要装设接地线，其电源开关要使用有明显断开点的双极开关。

（4）施加电压作业要专人操作、专人监护。加压时，操作人要穿绝缘靴或站在绝缘垫上，操作人和监护人要呼唤应答。整个加压过程，全体作业人员均要精神集中，随时注意有无异常现象。

（5）试验前被试品应与相邻设备断开并保持足够安全距离。

试 验 接 线

交流耐压试验时，应依次检测各绕组对地及对其他绕组间的抗电强度。测量时，被测绕组所有引线端用导线短接后，接试验变压器高压输出端，非被测绕组所有引线端应短接并接地。其接线示意如图 3-15 所示。

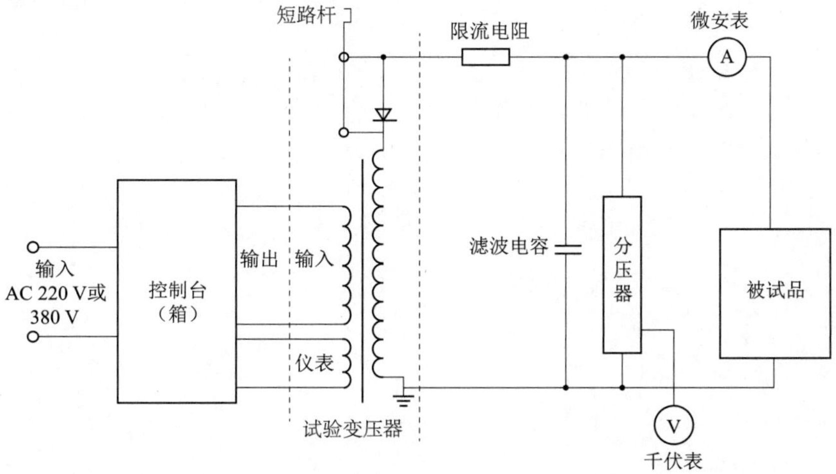

图 3-15　交流耐压试验接线示意

试 验 操 作

（1）油浸式电力变压器的套管、入孔等所有能放气的部位都应打开充分放气，以避免由于残存空气而降低绝缘强度，导致击穿或放电。

（2）按要求接好试验线，接通电源，开始升压进行试验，升压必须从零（或接近于零）开始，升压速度在75% 试验电压之前，可以是任意的，自75% 电压开始应均匀升压，约每秒2% 试验电压的速率升压。升压过程中应密切监视高压回路，监听被试品有何异响。升至试验电压，开始计时并读取试验电压。1 min 后，降低然后断开电源。

（3）有时耐压试验进行了数十秒，中途因故失去电源，使试验中断，在查明原因，恢复供电后应重新进行全时间的持续耐压试验，不可仅进行"补足时间"的试验。

试验数据分析

（1）在试验过程中如无破坏性放电发生，则认为通过耐压试验。

（2）在升压和耐压过程中，如发现电压表示值波动较大，电流表急剧增加，调压器往上升方向调节，电流上升、电压基本不变甚至有下降趋势，被试品冒烟、出气、焦臭、闪络、燃烧或发出击穿响声（或断续放电声），应立即停止升压，降压停电后查明原因。这些现象如查明是绝缘部分出现的，则认为被试品交流耐压试验不合格。如确定被试品的表面闪络是由于空气湿度或表面脏污等导致，应将被试品清洁干燥处理后，再进行试验。

任务评价

任务评价表,见表 3-25。

表 3-25 评价表

任务名称		变压器交流耐压试验					
班级		小组成员			试验日期		
序号		评价内容及评分标准		分值	学生自评	学生互评	教师评价
1	安全防护	1.测试前,"确认设备已停电;停电作业命令已批准;安全措施和作业手续已办理,具备作业条件"。 2.测试后,"测试项目已完成,作业命令已消除"		10 分			
		1.高压试验作业地点周围要设围栅,围栅上悬挂"止步,高压危险!"的标示牌。 2.设置封闭式高压试验围栅,并呼唤应答"高压试验围栅已设置,止步,高压危险标示牌已悬挂,开始作业"		5 分			
		1.初次试验前要用高压验电器对主导体进行验电,用放电棒进行放电。 2.放电 2 s,再后端对地放电 1 s		5 分			
		作业中需要着装整齐,穿绝缘靴、工作服、戴绝缘手套、安全帽,做好个人安全防护		10 分			
2	试验准备	1.两人一组,与他人进行良好的沟通合作。 2.检查仪器状态;检查被试设备接地;检查测试线、仪器、装置外观、整定参数正确		10 分			
		1.确认变压器电源断开、拆开高压绕组连线和低压绕组连线。 2.确认外观状态正常		10 分			
3	试验操作	测量时,被测绕组所有引线端用导线短接后,接试验变压器高压输出端,非被测绕组所有引线端应短接并接地		10 分			
		1.油浸式电力变压器的套管、入孔等所有能放气的部位都应打开充分放气。 2.升压必须从零开始,升压速度在 75% 试验电压之前,可以是任意的,自 75% 电压开始应均匀升压,约每秒 2% 试验电压的速率升压。升至试验电压,开始计时并读取试验电压。1 min 后,降低然后断开电源		20 分			
		1.正确填写试验报告。 2.试验数据与出厂值比较,结论判断正确		10 分			
4	文明作业	1.作业完毕,设备恢复原样。 2.设备、仪器及工器具收好,摆放整齐		5 分			
		每次加压操作及验电、放电应进行呼唤应答		5 分			
综合评价							

课后练习

1.变压器交流耐压试验的目的是什么?

2.怎样根据试验结果,判断变压器耐压水平?

技术前沿

变压器在线监测技术的发展趋势

变压器在线监测技术是一种实时监测变压器运行状况的技术,通过使用传感器和数据分析工具来监测关键参数,帮助及早发现潜在缺陷并防止重大故障。其发展趋势如下:

(1)无线传感器网络(WSN)的应用:传统的变压器在线监测系统通常需要大量有线传感器进行数据采集,而无线传感器网络的发展将为变压器监测带来更大的灵活性和便利性。WSN可以减少布线成本,使得传感器的安装更加方便,并实现对变压器更全面的监测。

(2)物联网(IOT)集成:随着物联网的快速发展,变压器在线监测技术将与其他设备和系统进行更紧密的集成。通过将变压器监测数据与其他设备和系统的数据进行连接和分析,可以实现更全面的运维管理和智能化的决策支持。

(3)大数据和人工智能(AI)的应用:随着大数据和人工智能技术的进一步发展,变压器在线监测系统将能够处理更大规模的数据,并利用机器学习和数据挖掘算法来提取更深入的信息。这将使得故障预测和故障诊断更加精确和准确。

(4)云平台和边缘计算的应用:云平台和边缘计算技术的兴起将为变压器在线监测技术提供更强大的计算和存储能力。监测数据可以通过云平台进行集中管理和分析,同时边缘计算可以实现实时的数据处理和快速决策,提高监测系统的响应速度。

(5)预测性维护和远程监控:未来的变压器在线监测技术将更加注重预测性维护,即基于监测数据和分析结果,提前计划和执行维护措施,以减少故障和停机时间。同时,远程监控功能将得到加强,运营人员可以通过远程访问监测系统,实时了解变压器的运行状态和数据,进行远程操作和决策。

任务七 变压器油色谱分析

任务描述

变压器油中可燃气体一般都是由于设备的局部过热或放电分解而产生的。产生可燃气体的原因如不及时查明和消除,对设备的安全运行是十分危险的。因此采用气相色谱法测定油中气体成分,对消除变压器的潜伏性故障是十分有效的。该项目是变压器油运行监测中一项必不可少的检测内容。

任务目标

1. 理解变压器油色谱分析的作用;
2. 掌握变压器油气相色谱分析仪的结构及工作原理;
3. 制订变压器油色谱分析的试验方案;
4. 完成变压器油色谱分析试验;
5. 分析试验数据,判断设备是否存在缺陷;
6. 撰写变压器油色谱分析试验报告。

知识准备

在充油的高压电气设备中,如变压器、互感器、断路器等,绝缘油起着绝缘、冷却和灭弧的作用。用油浸渍的纤维性固体绝缘,能有效地防止潮气的直接进入并填充了固体绝缘中的空隙,显著地加强了绝缘强度。在采用油纸绝缘结构的设备中,通过对绝缘油的各种分析试验,除了可以监测绝缘油的性能指标外,还可以有效地了解设备内部的状态及其发展趋势。

目前,我国使用较多的绝缘油就是变压器油。变压器油是从石油中分馏后经精制而成的碳氢化合物,不易与氧或其他化合物起化学作用,性能很稳定。此外,还有电容器油、硅油、十二烷基苯、电缆油、蓖麻油等多种绝缘油。虽然各种绝缘油各有特点,但它们的试验方法大都是相同的。

变压器油中气体的色谱分析属于化学检测方法,主要是通过变压器油中特征气体含量、产气速率和三比值法进行分析判断,在不停电的情况下,对发现变压器内部的某些潜在性故障及其发展程度的早期诊断非常灵敏而有效。经验证明,油中气体的各种成分含量的多少和故障的性质及程度直接有关。在实际应用过程中,为了更准确地诊断变压器的内部故障,色谱分析应根据设备历史运行状况、特征气体的含量等采取不同的分析模型,确定设备运行是否属于正常或潜在性故障,以及故障类别。

一、变压器中故障气体的来源

(一)变压器油的分解

变压器油是由许多不同分子量的碳氢化合物分子组成的混合物,电或热故障可以使某些C-H键和C-C键断裂,伴随生成少量活泼的氢原子和不稳定的碳氢化合物的自由基,这些氢原子或自由基通过复杂的化学反应迅速重新化合,形成 H_2 和低分子烃类气体,如 CH_4、C_2H_6、C_2H_4、C_2H_2 等,也可能生成碳的固体颗粒及碳氢聚合物(X-蜡)。油氧化后还会生成少量的 CO 和 CO_2,长时间的累积可达显著数量。

(二)固体绝缘材料的分解

固体绝缘材料指的是纸、层压纸板和木块等,属于纤维素绝缘材料。纤维素是由很多葡萄糖单体组成的长链状高聚合碳氢化合物$(C_6H_{10}O_5)_n$,其中的 C-O 键及葡萄糖甙键的热稳定性比油中的 C-H 键还要弱,高于 105 ℃时聚合物就会裂解,高于 300 ℃时就会完全裂解和碳化。聚合物裂解在生成水的同时,生成大量的 CO 和 CO_2、少量低分子烃类气体,以及糠醛及其系列化合物。

(三)气体的其他来源

油中含有的水可以与铁作用生成 H_2。在温度较高、油中有溶解的 O_2 时,设备中某些油漆(醇酸树脂)在某些不锈钢的催化下,可能生成大量的 H_2,或者不锈钢与油的催化反应也可生成大量的 H_2;新的不锈钢中也可能在加工过程中吸附 H_2 或焊接时产生 H_2;有些改性的聚酰亚胺型绝缘材料与油接触也可生成某些特征气体;油在阳光照射下也可以生成某些特征气体。

气体的来源还包括注入的油本身含有某些气体;设备故障排除后,器身中吸附的气体未经彻底脱除,又慢慢释放到油中;有载调压变压器切换开关油室的油向变压器主油箱渗漏,选择开关在某个位置动作时(如极性转换时)形成电火花,会造成变压器本体油中出现 C_2H_2;冷却系统附属设备(如潜油泵)故障产生的气体也会进入到变压器本体油中;设备油箱带油补焊会导致油分解产气等。

二、气相色谱分析方法

气相色谱分析的方法是先按一定的技术要求,取得运行中电气设备的油样,然后将油样经喷嘴喷入真空罐内,使油中溶解的气体释放出来,再将脱出的气体压缩至常压,用注射器抽取被试气样,使用专用的色谱仪进行分析。

图 3-16 所示为 102-GD 型色谱仪的工作原理及流程图。图 3-16 中 N_2、H_2 为载气,在色谱仪管中带动被试气样一起流动。气样进口为进样口 I、II 两处,柱 I 和柱 II 为色谱柱,是一根填满各种吸附剂的细长不锈钢管或玻璃管。气样以混合气体的形式从管子的一端进入色谱柱,由载气带动向前流动。在此过程中,由于吸附剂对混合气体中各种气体的吸附作用大小不一,吸附作用小的气体以较大的速度向前移动,而吸附作用大的气体则移动较慢。因此,各种气体流出色谱柱时有先有后,这样就使混合的各种气体按流出色谱柱的时间先后而得以分离。

色谱柱 I 内装碳分子筛吸附剂,可分离出 H_2、O_2、CO、CO_2、CH_4;色谱柱 II 内装微球硅胶吸附剂,它能使烃类气体分离出来,例如 CH_4、C_2H_6、C_2H_4、C_2H_2 等。

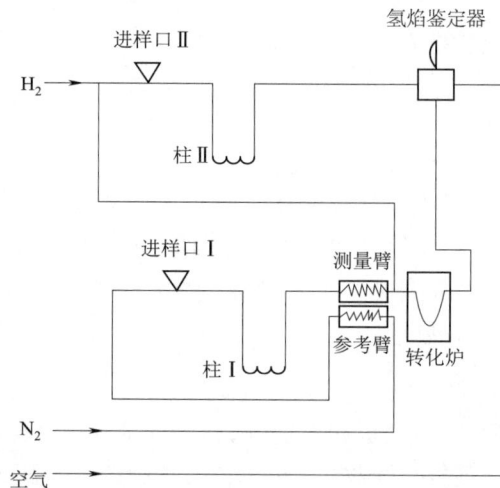

图 3-16　102-GD 型色谱仪的工作原理及流程图

混合气体经色谱柱分离后,通过鉴定器来检测各种气体的含量,鉴定器能将各种气体的含量转变为电信号输出。102-GD 型色谱仪采用热导池和氢焰两种鉴定器。

热导池鉴定器是利用各种气体的导热系数不同的原理制成的。它是在一个金属池腔的参考臂中安置一根钨丝电阻,事先通以一定的电流使其发热,并达到稳定的平衡状态。当被检测气体流过金属池腔的测量臂时,由于气体的成分和含量不同,其导热系数也不同,就破坏了原来传热与散热的平衡状态,引起钨丝的温度变化,从而改变了钨丝的电阻值,反映到输出端,就出现了一个相应的电信号,而电信号的大小决定于被检测气体的成分和含量。

氢焰鉴定器是一个离子室,室内有氢焰燃烧和一个收集电极。当被检测气体进入离子室,就被其中氢焰燃烧的高温所电离,并在电场作用下使离子奔向收集电极而形成电流。这一电流的大小即反映了被检测气体的含量。这种鉴定器的灵敏度很高,适用于作微量分析。但它只能直接分析在氢焰中可以电离的有机气体(例如 CH_4、C_2H_4、C_2H_2 等),而对于在氢焰中不电离或很少电离的无机气体(例如 O_2、N_2、CO、CO_2 等),则需要将其通过转化炉由镍催化剂转化为有机气体,才能由氢焰鉴定器检测。

被分析的各种气体经过鉴定器将其含量变为电信号输出后,再由记录仪(图中未画出)记录下来,并按先后次序排列成一个个的脉冲尖峰图,如图 3-17 所示,称为色谱图。色谱图中一个脉冲峰表示一种气体成分,而峰的高度或面积则反映了该气体的含量。所以,从色谱图上对被分析的气体既可以定性分性,又可以定量分析。

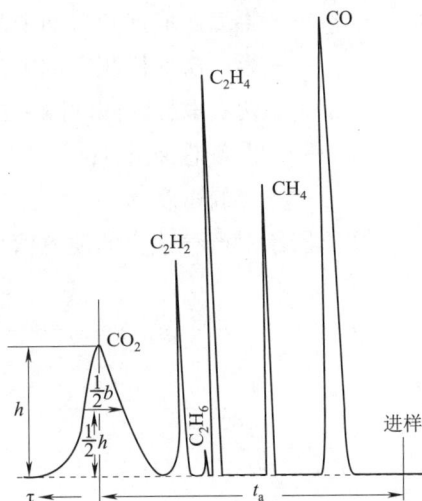

图 3-17 典型色谱图

三、故障的识别和判断

气体在油中的溶解和扩散油、纸绝缘材料分解产生的气体在油里经对流和扩散不断地溶解在油中。当产气速率大于溶解速率时,会有一部分聚积成游离气体进入气体继电器或储油柜中。因此,气体继电器或储油柜内有积气时,检测其中的气体,有助于对设备内部状况做出判断。

(一)故障的识别

变压器内部的油纸绝缘材料,正常运行时在热和电的作用下,会逐渐老化和分解,产生少量的 H_2、低分子烃类气体及 CO、CO_2 等气体;在热和电故障的情况下,也会产生这些气体。这两类来源的气体在技术上无法区分,在数值上也没有严格限界,而且与负荷、温度和油中的 O_2 含量和含水量、油的保护系统和循环系统等许多可变因素有关。因此,在判断变压器是否存在故障及其故障的严重程度时应根据气体含量的绝对值、增长速率,以及设备的运行状况、结构特点、外部环境等因素进行综合判断。有时候设备内并不存在故障,而是由于其他原因,在油中也会出现上述气体,应注意这些可能引起误判断的气体来源。

为了识别故障,提出了气体含量和产气速率的注意值。当油中主要气体含量达到注意值时,在判断设备内有无故障时,首先将气体分析结果中的几项重要指标(H_2、C_2H_2、总烃)与变压器油中溶解气体分析和判断导则规定的注意值(表 3-26)进行比较。

表 3-26 正常运行变压器油中溶解气体含量注意值

气体组分	H_2	C_2H_2	总烃
含量/μL/L	150	5	150

气体的增长率(产气速率)与故障能量大小、故障点的温度,以及故障涉及的范围等情况有直接关系。还与设备类型、负荷情况和所用绝缘材料的体积及其老化程度有关。气体的产生时间可能仅在两次检测周期内的某一时间段,因此产气速率的计算值可能小于实际值。绝对产气速率,即每运行日产生某种气体的平均值,计算公式为

$$\gamma_a = \frac{C_{i,2} - C_{i,1}}{\Delta t} \times \frac{m}{\rho} \tag{3-6}$$

式中 γ_a——绝对产气速率,mL/d;

$C_{i,2}$——第二次取样测得油中某气体浓度,$\mu L/L$;

$C_{i,1}$——第一次取样测得油中某气体浓度,$\mu L/L$;

Δt——两次取样时间间隔中的实际运行时间;

m——设备总油量,t;

ρ——油的密度,t/m^3。

变压器绝对产气速率的注意值见表3-27。

表3-27 变压器绝对产气速率的注意值   单位:mL/d

气体组分	密封式	开放式
H_2	10	5
C_2H_2	0.2	0.1
总烃	12	6
CO	100	50
CO_2	200	100

当任一项含量超过注意值时都应引起注意,但是气体含量注意值不是划分设备内部有无故障的唯一判据。当气体含量超过注意值时,应缩短检测周期,结合产气速率进行判断。若气体含量超过注意值但长期稳定,可在超过注意值的情况下运行;若气体含量虽然低于注意值,但产气速率超过注意值,也应缩短检测周期。当产气速率突然增长或故障性质发生变化时,须视情况采取必要措施。若油中仅氢气含量超过注意值,但无明显增长趋势,也可判断为正常。

（二）故障类型的判断

1. 特征气体法

不同的故障类型产生的主要特征气体和次要特征气体可归纳为表3-28,由此可推断变压器的故障类型。

表3-28 不同故障类型产生的气体

故障类型	主要特征气体	次要特征气体
油过热	CH_4,C_2H_2	H_2,C_2H_6
油和纸过热	CH_4,C_2H_4,CO	H_2,C_2H_6,CO_2
油纸绝缘中局部放电	H_2,CH_4,CO	C_2H_4,C_2H_6,C_2H_2
油中火花放电	H_2,C_2H_2	
油中电弧	H_2,C_2H_2,C_2H_4	CH_4,C_2H_6
油和纸中电弧	H_2,C_2H_2,C_2H_4,CO	CH_4,C_2H_6,CO_2

2. 三比值法

三比值法是在热动力学和实践的基础上总结得出的,利用五种气体（CH_4、C_2H_4、C_2H_6、C_2H_2、H_2）的三对比值（C_2H_2/C_2H_4、CH_4/H_2、C_2H_4/C_2H_6）的编码组合来进行故障类型判断的方法,一般在特征气体含量超过注意值后使用。表3-29和表3-30给出了编码规则和故障类型判断方法,它是在IEC 60599推荐的三比值法的基础上,根据国内的实践经验对编码组合和故障类型进行了细化。

表 3-29 三比值法编码规则

气体比值范围	比值范围的编码		
	C_2H_2/C_2H_4	CH_4/H_2	C_2H_4/C_2H_6
<0.1	0	1	0
[0.1,1)	1	0	0
[1,3)	1	2	1
≥3	2	2	2

表 3-30 故障类型判断方法

编码组合			故障类型判断	典型故障(参考)
C_2H_2/C_2H_4	CH_4/H_2	C_2H_4/C_2H_6		
0	0	0	低温过热(低于150 ℃)	纸包绝缘导线过热,注意 CO 和 CO_2 的增量和 CO/CO_2 值
	2	0	低温过热(150 ℃-300 ℃)	分接开关接触不良;引线连接不良;导线接头焊接不良,股间短路引起过热;铁芯多点接地,硅钢片间局部短路等
	2	1	中温过热(300 ℃-700 ℃)	
	0,1,2	2	高温过热(高于700 ℃)	
	1	0	局部放电	高湿、气隙、毛刺、漆瘤、杂质等所引起的低能量密度的放电
2	0,1	0,1,2	低能放电	不同电位之间的火花放电,引线与穿缆套管之间的环流
	2	0,1,2	低能放电兼过热	
1	0,1	0,1,2	电弧放电	线圈匝间、层间放电,相间闪络;分接引线间油隙闪络,选择开关拉弧;引线对箱壳或其他接地体放电
	2	0,1,2	电弧放电兼过热	

任务实施

任 务 单

填写任务单,见表 3-31。

表 3-31 任务单

作业内容	按照要求完成变压器油色谱分析试验
作业组人员	
测试时间	
当天环境	
测试地点	
现场基本信息 试品类型	
型号	
测试项目	
使用仪器	

任务流程

作业前准备—检查核实安全措施—用变压器气相色谱仪和色谱工作站对变压器油进行色谱分析—根据分析结果分析判断绝缘状况—作业结束,恢复安全措施。

工器具及试验设备准备（表3-32）

表3-32　工具、仪器、材料清单

序号	名称	技术规格	单位	数量	备注
1	气相色谱仪	—	台	1	
2	色谱工作站	—	台	1	
3	温湿度计	误差 ±1 ℃	个	1	
4	放电棒	—	个	1	
5	接地线	—	根	1	
6	对讲机	—	个	2	通信
7	围栏	—	个	1	
8	标识牌	—	个	1	
9	试验连接线	各类型号	m	若干	
10	记录本	—	本	1	

准备工作:执行"三戴二穿"制度,合理安排作业人员,作业人员明确所分担的作业任务和作业安全事项。准备好作业所需的工具材料。

试验安全防护

(1)在作业地点的周围要设围栅。围栅上悬挂"止步,高压危险!"的标示牌(标示牌要面向作业场地外方),并派专人看守。

(2)在一个电气连接部分内,同时只允许一个作业组且在一项设备上进行高压试验。

(3)变压器油试验时,必须使用合格的设备,试验前对设备进行自检,金属外壳要装设接地线,其电源开关要使用有明显断开点的双极开关。

(4)试验人员熟悉试验规程及试验仪器的使用方法,试验前再次检查接线是否正确。

(5)在更换油样时应切断电源,以防止发生工作人员触电。

(6)不准触碰加热过的试油及油杯,禁止在仪器通电加热过程中接触油杯,试验时注意不要用手直接接触被加热油样和水浴锅。

(7)气瓶室内严禁明火,化验人员应具备防火灭火知识,并学会使用消防器材。

试验操作

(1)从变压器取油阀中取油,然后按照色谱分析流程进行。

(2)首先看特征气体的含量。若 H_2、C_2H_2、总烃(CH_4、C_2H_6、C_2H_4、C_2H_2 四种气体的总量)有一项大于规程规定的注意值的 20%,应先根据特征气体含量作大致判断,主要的对应关系是:若有 CH_4,应怀疑电弧或火花放电;H_2 很大,应怀疑有进水受潮的可能;总烃中烷烃和烯烃过量而炔烃很小或无,则是过热的特征。

(3)再计算产气速率,评估故障发生的快慢。通过分析的气体组分含量,确定故障类别。

核对该设备的运行历史,并通过其他试验进行综合判断。

试验数据分析

判断故障的步骤如下:

(1)将检测结果与油中溶解气体含量注意值作比较,同时注意产气速率与产气速率注意值作比较。短期内各种气体含量迅速增加,但尚未超过表中的注意值,也可判断为内部有异常状况;有的设备因某种原因使气体含量基值较高,超过表中的注意值,但长期稳定,仍可认为是正常设备。

(2)当认为设备内部存在故障时,可用特征气体法和三比值法对故障的类型进行判断。

(3)根据上述结果及其他检查性试验的结果,并结合该设备的结构、运行、检修等情况进行综合分析,是正确判断故障的性质及部位的前提,根据具体情况对设备采取不同的处理措施(如缩短试验周期,限制负荷,近期安排内部检查,立即停止运行等)。

任务评价

任务评价表,见表 3-33 所示。

表 3-33　评价表

任务名称		变压器油色谱分析					
班级			小组成员		试验日期		
序号		评价内容及评分标准		分值	学生自评	学生互评	教师评价
1	安全防护	1. 测试前,"确认设备已停电;停电作业命令已批准;安全措施和作业手续已办理,具备作业条件"。 2. 测试后,"测试项目已完成,作业命令已消除"		10 分			
		1. 高压试验作业地点周围要设围栅,围栅上悬挂"止步,高压危险!"的标示牌。 2. 设置封闭式高压试验围栅,并呼唤应答"高压试验围栅已设置,止步,高压危险标示牌已悬挂,开始作业"		5 分			
		1. 变压器油试验时,必须使用合格的设备,试验前对设备进行自检。 2. 在更换油样时应切断电源,以防止发生工作人员触电		5 分			
		不准触碰加热过的试油及油杯,禁止在仪器通电加热过程中接触油杯,试验时注意不要用手直接接触被加热油样和水浴锅,做好个人安全防护		10 分			
2	试验准备	1. 两人一组,与他人进行良好的沟通合作。 2. 检查仪器状态;检查被试设备接地;检查测试线、仪器、装置外观、整定参数正确		10 分			
		1. 执行"三戴二穿"制度,作业人员明确所分担的作业任务和作业安全事项。 2. 准备好作业所需的工具材料		10 分			
3	试验操作	从变压器取油阀中取油,然后按照色谱分析流程进行		10 分			
		1. 首先看特征气体的含量。 2. 再计算产气速率,评估故障发生的快慢		20 分			
		1. 正确填写试验报告。 2. 试验数据与出厂值比较,结论判断正确		10 分			
4	文明作业	1. 作业完毕,设备恢复原样。 2. 设备、仪器及工器具收好,摆放整齐		5 分			
		每次加压操作及验电、放电应进行呼唤应答		5 分			
综合评价							

课后练习

1.变压器中故障气体的来源有哪些?

2.如何通过检测气体,对变压器的故障进行判别?

技术前沿

变压器油的发展

随着技术的进步和需求的变化,变压器油也在不断发展。以下是变压器油发展方面的一些关键点:

(1)环境友好型变压器油:传统的变压器油通常是矿物油,但由于其可能对环境造成负面影响,人们对环境友好型变压器油的需求不断增加。因此,发展出了一些替代品,如生物基变压器油和合成变压器油。这些新型变压器油能够提供与传统油相当的性能,同时对环境的影响更小。

(2)抗氧化性能的改进:变压器油在高温和氧气的作用下容易氧化,降低其性能和寿命。为了解决这个问题,研究人员一直在改进变压器油的抗氧化性能。通过添加抗氧化剂和采用新的油基材料,可以提高变压器油的氧化稳定性,延长其使用寿命。

(3)耐高温性能的提升:高温是变压器工作时常见的情况,因此变压器油需要具备良好的耐高温性能。近年来,研究人员致力于开发能够在更高温度下工作的变压器油,以适应现代变压器的要求。这些新型油通常具有更高的闪点和更好的热稳定性。

(4)监测和诊断技术的应用:随着变压器在线监测技术的发展,对变压器油的监测和诊断也变得更加重要。现代的变压器监测系统可以通过分析变压器油中的溶解气体、湿度、酸值等参数,判断变压器的运行状态并提前发现潜在故障。这种技术的应用可以提高变压器的可靠性和维护效率。

(5)新材料的研究:除了改进传统的变压器油,研究人员还在寻找新的材料作为变压器绝缘介质的替代品。例如,液体绝缘介质中的氟化物盐类和流体聚合物等材料被认为具有潜在的应用前景。这些新材料可能具有更好的电气性能、热稳定性和环境友好性。

总体而言,变压器油的发展趋势是朝着环境友好型、高性能和可监测性方面发展。

项目四

轨道交通变电所互感器试验

项目描述

本项目介绍了电压互感器和电流互感器的分类、原理、应用及测试流程,讲述了互感器交接试验时的试验项目和试验方法、试验结果应满足的要求、阐述了电压互感器、电流互感器的安全测量和防护措施,并对常见的异常现象及处理方法也作了详细分析,通过学习本项目,对于互感器的绝缘预防性试验和特性试验等都能有比较全面的掌握和了解。

学习目标

1. 知识目标

(1) 掌握电压互感器、电流互感器的基本结构及工作原理;

(2) 掌握互感器试验装置的使用方法;

(3) 掌握互感器绝缘预防性试验绝缘电阻测量、介质损耗因数测量、交流耐压试验、直流电阻测量,以及特性试验互感器变比、极性试验的方法和步骤。

2. 能力目标

(1) 制订互感器的试验方案;

(2) 完成互感器相关试验;

(3) 分析测试数据,判断设备是否存在缺陷隐患,撰写试验报告。

3. 素质目标

(1) 增强遵章守纪意识、安全责任意识;

(2) 培养一丝不苟、认真细致的职业精神。

学习引导

互感器是变电所中的核心设备,用于变换电流和电压的大小,保证电能传输的安全和稳定。进行互感器试验的主要目的是验证其技术指标是否符合设计要求,并检测潜在的故障或缺陷。牵引变电所互感器试验是保证牵引供电系统安全、可靠、高效运行的关键环节之一,对于铁路运输的安全与稳定具有直接的影响。

任务一 互感器检查

📋 任务描述

互感器是电压互感器和电流互感器的总称,其作用是将大电流、高电压按比例变换成小电流、低电压,供给继电保护、电气测量仪表使用。互感器的绝缘强度要求和同电压等级的变压器也大致相同。互感器试验一般分出厂试验、交接试验和预防性试验。本节主要介绍互感器的工作原理、基本结构及互感器检查要点。

📐 任务目标

1. 掌握电压互感器、电流互感器的工作原理;
2. 掌握电压互感器、电流互感器的基本结构组成;
3. 会制订检查方案,检查电压互感器、电流互感器。

💻 知识准备

互感器是电流互感器与电压互感器的统称。从基本结构和工作原理来说,互感器就是一种特殊变压器。它将一次电路中的高电压或大电流按比例变换成标准低电压或小电流,以便向测量仪表、保护设备及自动控制设备提供信号。

互感器是测量电器,它是电力系统中一次电路与二次电路间的联络元件。电压互感器一次侧跨接在电网线间或线与地间,二次侧接电压表或功率表、电能表的电压线圈,以及继电器或自动装置的电压线圈,用以测量电压。电流互感器一次侧串接在线路中,二次侧串接电流表或有关仪表、继电器或自动装置的电流线圈,用以测量线路中的电流。

一、电流互感器

电流互感器的文字符号为 TA。它的功能是变换电流,即将一次侧的大电流变换为二次侧的小电流,其二次侧额定电流多数为 5 A(少数为 1 A 或 0.5 A)。

电流互感器的分类和结构

1. 电流互感器的结构特点

电流互感器的结构特点是:其一次绕组匝数很少,有些型号的电流互感器还没有一次绕组,而是利用穿过其铁芯的一次电路作为一次绕组(相当于一次绕组匝数为1),且一次绕组导体相当粗,而二次绕组匝数很多,导体较细。工作时,一次绕组串联在一次电路中,而二次绕组则与仪表、继电器等的电流线圈相串联,形成一个闭合回路。由于这些电流线圈的阻抗很小,因此电流互感器工作时二次电路接近于短路状态。

2. 电流互感器的种类

电流互感器种类有很多,按一次绕组匝数可分为单匝式(其中又包括贯穿式、母线式、套管式)、多匝式,按绝缘结构可分为干式、浇筑式、油浸式等,按安装条件可分为室外和室内两种。另外,电流互感器还可以按照用途和准确度等级等其他方法进行分类。油浸式电流互感

器的外观和结构如图 4-1 所示。

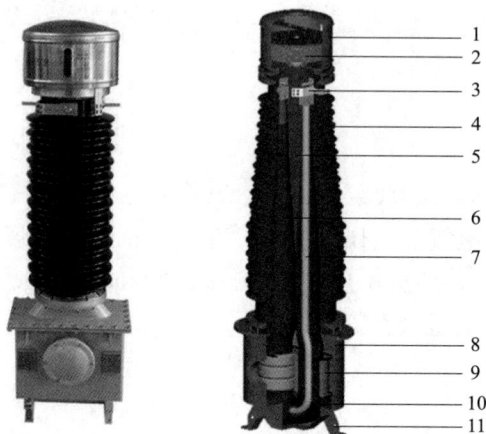

1—膨胀器外壳;2—波纹膨胀器;3——次接线端子;4—外壳绝缘套;5—绝缘油;
6—U 形电容绝缘;7——次绕组;8—油箱;9—二次绕组;10—铁芯;11—底座。

图 4-1　油浸式电流互感器外观和结构

在电路中往往需要多个电流互感器,而且要求的准确级各不相同,使用中往往一个电流互感器有两个或两个以上的铁芯,它的每一个铁芯只有一个二次绕组。

3. 电流互感器的工作原理

电流互感器一般按减极性标注,如果极性连接不正确,就会影响计量,甚至在同一线路有多台电流互感器并联时,会造成短路事故。为防止一、二次绕组之间绝缘击穿后高电压串入低压侧危及人身和仪表安全,电流互感器二次侧应设保护性接地点,接地点只允许接一个,一般靠近电流互感器的箱体端子接地。

运行中二次绕组不允许开路,否则会导致以下严重后果:二次侧出现高电压,危及人身和仪表安全;出现过热,可能烧坏绕组;增大计量误差。

用于电能计量的电流互感器二次电路,不应再接继电保护装置和自动装置等,以防互相影响。

二、电压互感器

电压互感器的文字符号为 TV,其功能是变换电压,即将一次侧的高电压变换为二次侧的低电压,二次额定电压为 100 V。

1. 电压互感器的工作原理

电磁式电压互感器是目前应用最广泛的电压互感器,其工作原理与变压器相同。由于负载阻抗很大,运行条件相当于变压器空载。二次绕组匝数远小于一次绕组匝数,所以二次侧不能短路,短路将产生危险的过电流。为保证人在接触测量仪表和继电器时的安全,电压互感器的二次绕组应接地。这样,当电压互感器绝缘损坏时,可以防止在仪表上产生危险的高电压。

电压互感器的一次绕组匝数多,二次绕组匝数较少。工作时,一次绕组并联在一次电路中,而二次绕组并联仪表、继电器的电压线圈。由于这些电压线圈的阻抗很大,所以电压互感

电磁式电压
互感器的
分类和结构

器工作时二次绕组接近于空载状态。

2. 电压互感器的绝缘方式

电压互感器的绝缘方式较多,有干式、浇筑式、油浸式和充气式。干式(浸绝缘胶)的绝缘结构、绝缘强度较低,只适用于 6 kV 以下的户内配电装置;浇筑式结构紧凑,适用于 3~35 kV 户内配电装置;油浸式绝缘性能好,可用于 10 kV 户内外配电装置;充气式用于六氟化硫全封闭组合电器中。此外还有电容式互感器。目前使用较多的是油浸式和电容式结构的电压互感器。

3. 电压互感器的分类

电压互感器按其运行承受的电压不同,可分为半绝缘和全绝缘电压互感器。半绝缘电压互感器在正常运行中只承受相电压,全绝缘电压互感器运行中可以承受线电压。

串级电磁式电压互感器结构和外观如图 4-2 所示。电容式电压互感器结构如图 4-3 所示。

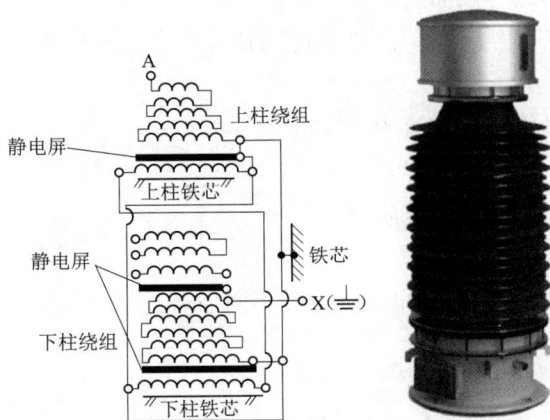

图 4-2 常见的串级电磁式电压互感器结构和外观

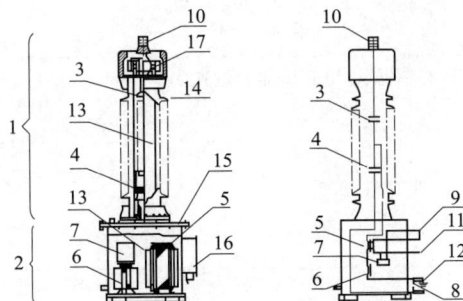

1—电容分压器;2—电磁单元;3—高压电容;4—中压电容;
5—中间变压器;6—补偿电抗器;7—阻尼器;8—电容分压器低压端对地保护间隙;
9—阻尼器连接片;10——次接地端;11—二次输出端;12—接地端;13—绝缘油;
14—电容分压器套管;15—电磁单元箱体;16—端子箱;17—外置式金属膨胀器。

图 4-3 电容式电压互感器结构

4. 电压互感器的安装

在接入电路之前,应校验电压互感器的极性。接入电路之后,应将二次绕组可靠接地,以防一、二次侧的绝缘击穿时,高压危及人身和设备的安全。运行中的电压互感器在任何情况下都不得短路。由于电压互感器的内阻抗很小,二次电路短路时会出现很大的短路电流,将损坏二次设备甚至威胁人身安全。因此其一、二次侧都应安装熔断器,并在一次侧装设隔离开关。

三、互感器试验项目

互感器高压试验可分为绝缘预防性试验项目和特性试验项目。互感器绝缘预防性试验项目主要有:绝缘电阻测量,介质损耗角正切值测量,工频交流耐压试验。特定试验项目包括:极性试验,励磁特性试验和比差、角差测量。

按互感器交接试验、预防性试验和大修后试验标准,互感器试验项目如下:

(1)测量互感器绕组及末屏的绝缘电阻。

(2)互感器引出线的极性检查。

(3)测量互感器变比。

(4)测量互感器的励磁特性曲线。

(5)测量 35 kV 及以上互感器一次绕组连同套管的介质损耗角正切值。

(6)绝缘油试验。

(7)绕组连同套管对外壳的交流耐压试验。

(8)局部放电试验。

(9)测量铁芯夹紧螺栓的绝缘电阻。

(10)测量二次绕组的直流电阻。

具体试验项目根据互感器类型和电压等级不同而有差别。

任务实施

任 务 单

填写任务单,见表4-1。

表4-1　任务单

作业内容		按照要求完成电压互感器、电流互感器的检查
作业组人员		
测试时间		
当天环境		
测试地点		
现场基本信息	试品类型	
	型号	
测试项目		
使用仪器		

作 业 流 程

作业前准备—检查核实安全措施—电压互感器、电流互感器的检查—作业结束,恢复安全措施。

互感器的检查

1. 电磁式电压互感器、电容式电压互感器

（1）一般检查：

①电压信息采集正常。

②油位、油色正常，无渗油、漏油现象。

③绝缘体应清洁，无破损或放电现象。

④电气连接紧固，无断股或散股现象。

⑤运行环境正常，无搭挂杂物。

（2）巡检时，除一般检查的项目和要求外，还应注意以下几点：

①运行电压互感器无异常振动或声响。

②金属膨胀器无卡滞、破裂，油位显示正常。

③二次接线盒密闭良好，无凝露现象。

④基础架构无下沉、断裂或变形现象。

⑤对电压互感器本体、电气连接等进行红外测温，无异常温升。

2. 油浸式电流互感器

（1）一般检查：

①电流信息采集正常。

②油位、油色正常，无渗油、漏油现象。

③绝缘体应清洁，无破损或放电现象。

④电气连接紧固，无断股或散股现象。

⑤运行环境正常，无搭挂杂物。

⑥在线监测装置运行正常。

（2）检查时，除一般检查的项目和要求外，还应注意以下几点：

①运行电流互感器无异常振动或声响。

②金属膨胀器无卡滞、破裂，油位显示正常。

③二次接线盒密闭良好，无凝露现象。

④基础架构无下沉、断裂或变形现象。

⑤对电流互感器本体、电气连接等进行红外测温，无异常温升。

3. 气体电流互感器

（1）一般检查：

①电流信息采集正常。

②气体密度、压力正常，无泄漏现象。

③绝缘体应清洁，无破损或放电现象。

④电气连接紧固，无断股或散股现象。

⑤运行环境正常，无搭挂杂物。

（2）检查时，除一般检查的项目和要求外，还应注意以下几点：

①运行电流互感器无异常振动或声响。

②金属膨胀器无卡滞、破裂，油位显示正常。

③二次接线盒密闭良好,无凝露现象。

④基础架构无下沉、断裂或变形现象。

⑤对电流互感器本体、电气连接等进行红外测温,无异常温升。

4. 干式互感器

(1)一般检查:

①电压、电流信息采集正常。

②绝缘体应清洁,无破损或放电现象。

③电气连接紧固,接线端子、线夹无松动、变形、开裂或严重发热痕迹。

④运行环境正常,无搭挂杂物。

(2)检查时,除一般检查的项目和要求外,还应注意以下几点:

①运行干式互感器无异常振动或声响。

②二次接线盒密闭良好,无凝露现象。

③基础架构无下沉、断裂或变形现象。

④对干式互感器本体、电气连接等进行红外测温,无异常温升。

任务评价

任务评价表,见表4-2。

表4-2 评价表

任务名称		互感器的检查				
班级		小组成员		试验日期		
序号		评价内容及评分标准	分值	学生自评	学生互评	教师评价
1	安全防护	检查、维护前,穿好工作服、绝缘鞋、戴好安全帽,带上检查、维护作业卡	10分			
		1.检查、维护过程中需要着装整齐,穿绝缘靴、工作服,戴安全帽、绝缘手套,做好个人安全防护。 2.检查、维护期间与运行设备保持相应安全距离	10分			
2	检查准备	1.两人一组,一人为值班员,一人为助理值班员,与他人进行良好的沟通。 2.记录环境温度、湿度、气象情况、检查、维护日期及使用仪表	5分			
3	检查	电压互感器 1.检查电压互感器支持瓷瓶。 2.检查电压互感器引线及引线连接。 3.检查电压互感器基础支架。 4.检查电压互感器二次接线盒。 5.检查电压互感器接地装置	35分			
		电流互感器 1.检查电流互感器支持瓷瓶。 2.检查电流互感器引线及引线连接。 3.检查电流互感器基础支架。 4.检查电流互感器二次接线盒。 5.检查电流互感器接地装置	35分			
4	文明作业	1.检查维护完毕。 2.设备、仪器及工器具收好,摆放整齐	5分			
综合评价						

课后练习

1.描述电流互感器的工作原理。

2.描述电压互感器的工作原理。

📖 **案例分析**

案例 1

某牵引变电所 220 kV 进线 U 相电流互感器运行中金属膨胀器动作,经油中溶解气体色谱分析氢气、总烃含量超标,次日氢气、总烃含量数据增长较快,然后将该设备退出运行。

试验数据表明:甲烷含量比较高,氢气、总烃严重超标,未出现乙炔,微水量明显增大,分析原因是互感器内部存在局部放电引起绝缘油裂解所致。

从电气试验结果看,试验电压由 10 kV 到 $U_m/3$,介质损耗因数 $\tan\delta$ 变化量超过了 ±0.3%,表明电流互感器内部严重受潮。

经查,该电流互感器为备品,由于端部密封结构不合理,密封垫老化失去弹性,不仅漏油现象严重,还造成密封不严,致使潮气侵入,互感器严重受潮。投运前,在对该互感器进行干燥和充油过程中,又未做真空处理,这样不仅干燥效果不好,而且在纸层间、油中都积存有大量气体,检修后绝缘得不到根本改变,在投运后产生局部放电,绝缘仍继续劣化,最终发展成放电故障,由于进行了油中溶解气体色谱的跟踪分析及处理及时才避免了一次事故的发生。

案例 2

某牵引变电所在进行 1 号主变压器 220 kV 侧电流互感器测温时,发现该设备三相整体温度有差异,其三相温度分别为 U 相 27.4 ℃、V 相 27.4 ℃、W 相 29.2 ℃(瓷外表面同一位置处),当连续监测到第 6 天时,三相温差已达到 2.9 ℃。

设备停电后,分别对三相设备进行了电气和色谱试验,从电气试验结果看,W 相电流互感器内部存在绝缘介质劣化或老化现象,介质损耗增大;从油中溶解气体色谱分析结果看,甲烷、乙烯含量比较高,氢气、总烃严重超标,且出现了乙炔,分析是 W 相电流互感器内部裸金属过热引起绝缘油裂解所致。

在厂家检查 W 相电流互感器时,发现一次绕组引线连接头处有明显的电弧灼伤痕迹,分析认为此灼伤痕迹是由于雷击过电压侵入互感器内部所致。

案例 3

1. 故障表现

在某牵引变电所运行过程中,值班人员发现 27.5 kV 馈线间隔的电流互感器温度异常升高,同时伴有异常噪声。初步检查发现,互感器外壳温度高于正常运行值,且内部发出"嗡嗡"声。

2. 原因分析

经过现场检查和试验,发现该电流互感器的绝缘性能下降,导致部分电流泄漏。进一步分析发现,该互感器的绝缘材料存在老化现象,导致绝缘性能下降。此外,互感器的散热不良也是导致温度升高的原因之一。

3. 处理措施

为了解决该电流互感器的故障,采取了以下措施:

(1)立即停用该故障电流互感器,并断开与其连接的所有设备,确保不会发生更严重的故障。

（2）对电流互感器的外壳进行降温处理，采用冷却风扇等设备降低其温度。

（3）对电流互感器的绝缘性能进行彻底检查，并进行绝缘试验，以确保其绝缘性能良好。

（4）对牵引变电所内的其他电流互感器进行检查，并对存在类似问题的互感器进行更换。

4. 预防措施

为了预防类似故障再次发生，需要采取以下措施：

（1）定期对牵引变电所内的电流互感器进行检查和维护，确保其正常运行。

（2）严格控制电流互感器的运行环境，避免高温、潮湿等恶劣环境对其产生影响。

（3）对电流互感器的绝缘材料进行严格把控，确保其质量符合标准要求。

（4）对牵引变电所内的设备进行优化升级，提高其散热性能和稳定性。

任务二　互感器绝缘电阻测量

任务描述

互感器绝缘电阻测量应在交接和大修后，以及每年的绝缘预防性试验中进行。本任务主要介绍互感器绝缘电阻测量的接线方法和试验步骤，以及试验注意事项。

任务目标

1. 明确互感器绝缘电阻测量的目的及意义；

2. 制订互感器绝缘电阻测量的试验方案；

3. 完成互感器绝缘电阻测量试验；

4. 分析试验数据，判断设备是否存在缺陷；

5. 撰写互感器绝缘电阻测量试验报告。

知识准备

互感器的绝缘电阻，一次线圈应用 2 500 V 或以上兆欧表，二次线圈用 1 000 V 或 2 500 V 兆欧表。影响绝缘电阻测量的因素包括湿度、温度、表面脏污和残存电荷。

湿度增大时，绝缘将吸收较多的水分，使电导率增加，降低了绝缘电阻的数值，尤其对表面泄漏电流的影响更大。电流互感器的制作过程中，最容易吸湿的阶段是出罐后的装配过程。因此装配时应选择晴好的天气而且器身暴露在空气中的时间不宜过长。

电流互感器的绝缘电阻随着温度的升高而减小。一般温度变化 10 ℃，绝缘电阻的变化达一倍，必要时应对绝缘电阻数值进行温度换算。试品表面脏污会使表面电阻率大大降低，使绝缘电阻下降，在这种情况下必须消除表面泄漏电流的影响，以获得正确的测量结果。

对有残余电荷被试设备进行试验时，会出现虚假的现象，当残余电荷的极性与兆欧表的极性相同时，会使测量结果虚假地增大。当残余电荷的极性与兆欧表的极性相反时，会使测量结果虚假地减小。因此，对大容量的设备

电磁互感器
绝缘电阻测量

进行绝缘电阻测量前,应对设备进行充分的放电。同时将所测的绝缘电阻考虑温、湿度因素,与出厂交接试验值、历次的试验值比较。

任务实施

任务单

填写任务单,见表4-3。

表4-3 任务单

作业内容	按照要求完成互感器绝缘电阻测量试验	
作业组人员		
测试时间		
当天环境		
测试地点		
现场基本信息	试品类型	
	型号	
测试项目		
使用仪器		

任务流程

作业前准备—检查核实安全措施—用绝缘电阻测试仪完成互感器绝缘电阻的测量—根据测量结果分析判断绝缘状况—作业结束,恢复安全措施。

工器具及试验设备准备(表4-4)

表4-4 工具、仪器、材料清单

序号	名称	技术规格	单位	数量	备注
1	温湿度计	误差±1 ℃	个	1	
2	兆欧表	5 000 V 或 2 500 V	台	1	
3	试验连接线	各类型号	条	若干	
4	万用表	—	台	1	
5	接地线	—	根	1	
6	工具箱	扳手等常用工具	套	1	
7	记录本	—	本	1	
8	放电棒	—	根	1	
9	围栏	—	个	1	
10	标识牌	—	个	1	
11	对讲机	—	个	2	通信

准备工作:测量前先将绝缘电阻表进行一次开路和短路试验,检查绝缘电阻表是否良好。在测量前应对互感器进行充分放电,以保障设备和人身安全。

试验安全防护

(1)确认互感器高压侧已完全与高压母线断开且有明显断开点,并可靠接地封线。低压侧也有明显断开点,在接地封线试验现场装设遮拦,向外悬挂"止步,高压危险!"的标示牌。作业人员须戴好安全帽,如需使用扶梯必须要有专人扶梯,并注意防滑。

(2)作业人员如需登高站立在互感器基础上作业,必须使用安全带,并将安全带牢系在互感器本体上。

(3)试验装置的金属外壳应可靠接地,试验电源应使用有明显断开点的双极刀闸。

(4)试验电源送电时,操作人员站在绝缘垫上,应确认试验用电源闸刀在断开位,并大声呼唱,取得呼应后,方可送电,并有人监护。

(5)拆除互感器二次接线时,拆前必须专人记录接线方式,恢复后,必须由专人检查,防止接错、虚接或接地不牢。并注意拆除方法,防止因工具使用不当造成二次端子渗油。

试验接线

在工频耐压试验之前,要对一次绕组对二次绕组及地、二次绕组间及地、末屏对地之间进行绝缘电阻测量。测量一次绕组时,各二次绕组、末屏、外壳应接地;测量二次绕组时非被测试绕组、末屏、外壳应接地;测量末屏时,一次绕组,各二次绕组、外壳应接地。绝缘电阻测试仪上的接线端子"E"接非被测试绕组,为正极性;"L"接被测试绕组,"G"接屏蔽端,"L""E"端子的接线不能对调。测量时一次绕组用2 500 V兆欧表,二次绕组用1 000 V或2 500 V,末屏用1 000 V。

试验接线如图4-4和图4-5所示。

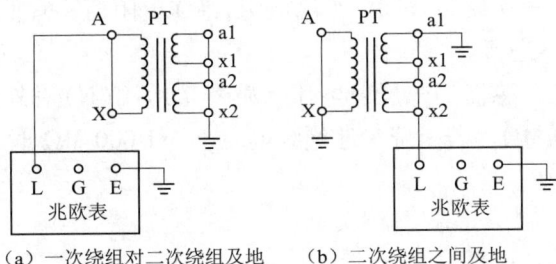

(a)一次绕组对二次绕组及地 (b)二次绕组之间及地

图4-4 电磁式电压互感器绝缘电阻测量

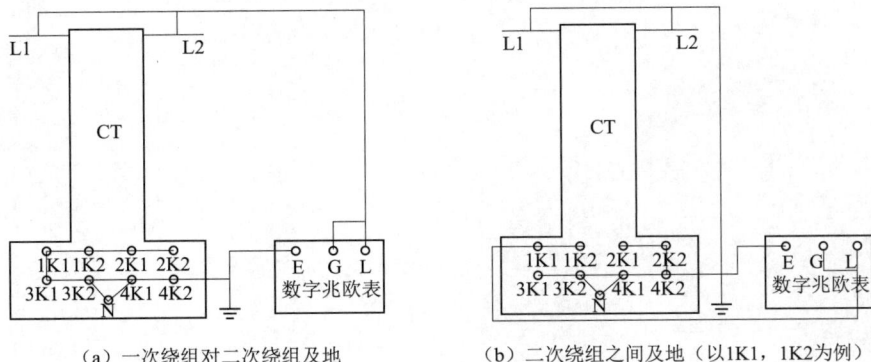

(a)一次绕组对二次绕组及地 (b)二次绕组之间及地(以1K1,1K2为例)

图 4-5

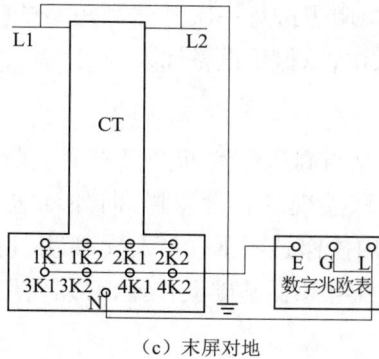

（c）末屏对地

图 4-5　电流互感器绝缘电阻测量

试 验 操 作

（1）按要求接好试验线，启动兆欧表后，读取 1 min 的数据。

（2）关闭仪器开关，断开电源。

（3）如果怀疑瓷套脏污影响绝缘电阻，可用软铜线在瓷套上绕一圈，并与兆欧表的屏蔽端"G"连接。

（4）测量结束后要对被测试的绕组充分放电。

（5）拆除试验接线。

试 验 数 据 分 析

（1）测量一次绕组对二次绕组及外壳、各二次绕组间及其对外壳的绝缘电阻；绝缘电阻值不宜低于 1 000 MΩ。

（2）测量电流互感器一次绕组段间的绝缘电阻，绝缘电阻值不宜低于 1 000 MΩ，但由于结构原因而无法测量时可不进行。

（3）测量电容型电流互感器的末屏及电压互感器接地端（N）对外壳（地）的绝缘电阻，绝缘电阻值不宜小于 1 000 MΩ。若末屏对地绝缘电阻小于 1 000 MΩ 时，应测量其 $\tan \delta$，其值不应大于 2%。

任务评价

任务评价表,见表4-5。

表4-5 评价表

任务名称	互感器绝缘电阻测量					
班级		小组成员		试验日期		
序号	评价内容及评分标准		分值	学生自评	学生互评	教师评价
1	安全防护	1.测试前,"确认设备已停电;停电作业命令已批准;安全措施和作业手续已办理,具备作业条件"。 2.测试后,"测试项目已完成,作业命令已消除"	10分			
		1.高压试验作业地点周围要设围栅,围栅上悬挂"止步,高压危险!"的标示牌。 2.设置封闭式高压试验围栅,并呼唤应答"高压试验围栅已设置,止步,高压危险标示牌已悬挂,开始作业"	5分			
		1.初次试验前要用高压验电器对主导体进行验电,用放电棒进行放电。 2.放电2 s,再后端对地放电1 s	5分			
		作业中需要着装整齐,穿绝缘靴、工作服、戴绝缘手套、安全帽,做好个人安全防护	10分			
2	试验准备	1.两人一组,与他人进行良好的沟通合作。 2.检查仪器状态;检查被试设备接地;检查测试线、仪器、装置外观、静态整定参数正确	10分			
		1.确认互感器高压侧已完全与高压母线断开且有明显断开点,并可靠接地封线。低压侧也有明显断开点,并接地封线。 2.确认外观状态正常	10分			
3	试验操作	1.非被测绕组接地后接至兆欧表的"E"端。 2.互感器被试验绕组接至兆欧表的"L"端	10分			
		1.测量时一次绕组用2 500 V兆欧表,二次绕组用1 000 V或2 500 V,末屏用1 000 V。 2.测试数据稳定,停止测量,读取并记录15 s和60 s时测得的绝缘电阻值,绝缘测试后放电。 3.如果怀疑瓷套脏污影响绝缘电阻,可用软铜线在瓷套上绕一圈,并与兆欧表的屏蔽端"G"连接	20分			
		1.正确填写试验报告。 2.试验数据与出厂值比较,结论判断正确	10分			
4	文明作业	1.作业完毕,设备恢复原样。 2.设备、仪器及工器具收好,摆放整齐	5分			
		每次加压操作及验电、放电应进行呼唤应答	5分			
综合评价						

课后练习

1. 请说明电压互感器和电流互感器在结构和应用上有何不同?

2. 互感器和变压器的绝缘电阻测量有何不同?

任务三　互感器介质损耗因数测量

任务描述

测量互感器介质损耗因数能有效发现绝缘受潮、劣化,以及套管绝缘损坏等缺陷。本任务以电容式电压互感器和油浸电流互感器为例,测量其介质损耗因数。

任务目标

1. 明确互感器介质损耗因数测量的目的及意义;
2. 理解全自动介损测试仪的结构及工作原理;
3. 制订互感器介质损耗因数测量的试验方案;
4. 完成互感器介质损耗因数测量试验;
5. 分析试验数据,判断设备是否存在缺陷;
6. 撰写互感器介质损耗因数测量试验报告。

知识准备

互感器介质损耗因数测量应在交接、大修后,以及每年的绝缘预防性试验中进行。关于介质损耗因数的测量原理及介绍,可参考本书项目三任务四。

电磁互感器介质
损耗因数测量

任务实施

任务单

填写任务单,见表4-6。

表4-6　任务单

作业内容		按照要求完成互感器介质损耗因数测量
作业组人员		
测试时间		
当天环境		
测试地点		
现场 基本 信息	试品 类型	
	型号	
测试项目		
使用仪器		

任务流程

作业前准备—检查核实安全措施—用全自动介损测试仪完成互感器介损因数的测量—根据测量结果分析判断—作业结束,恢复安全措施。

工器具及试验设备准备（表4-7）

表4-7 工具、仪器、材料清单

序号	名称	技术规格	单位	数量	备注
1	温湿度计	误差 ±1 ℃	个	1	
2	全自动介损测试仪	—	台	1	
3	试验连接线	各类型号	条	若干	
4	万用表	—	台	1	
5	接地线	—	根	1	
6	工具箱	扳手等常用工具	套	1	
7	记录本	—	本	1	
8	放电棒	—	根	1	
9	围栏	—	个	1	
10	标识牌	—	个	1	
11	对讲机	—	个	2	通信

准备工作：确认互感器电源断开，测量前被测试绕组应充分放电；用干燥、清洁、柔软的布擦去互感器外绝缘表面的脏污，必要时用适当的清洁剂洗净；记录互感器的铭牌数据、温度、环境温度、湿度、气象情况、试验日期及使用仪表。

试验安全防护

（1）在作业地点的周围要设围栅。围栅上悬挂"止步，高压危险！"的标示牌（标示牌要面向作业场地外方），并派专人看守。

（2）在一个电气连接部分内，同时只允许一个作业组且在一项设备上进行高压试验。

（3）试验装置的金属外壳要装设接地线，其电源开关要使用有明显断开点的双极开关。

（4）施加电压作业要专人操作、专人监护。加压时，操作人要穿绝缘靴或站在绝缘垫上，操作人和监护人要呼唤应答。整个加压过程，全体作业人员均要精神集中，随时注意有无异常现象。

（5）介损测试仪外壳应接地良好，高压引线和低压引线之间应保持足够的安全距离。

试验接线

（1）电容式电压互感器试验接线如图4-6，接线说明如下（具体接线视测试仪器而定）：

①测量高压第一节电容器时，采用反接加屏蔽的接线[图4-6(a)]。

②测量高压最后一节电容器时，如果连同中压电容器 C_2 一起测量，在打开δ、X 端子时可用正接法[图4-6(b)]。

（2）电流互感器试验接线如图4-7 所示。

①对于油浸式或电容型电流互感器，可以测量一次绕组对末屏的 $\tan\delta$，这时 $\tan\delta$ 测试仪

采用正接线[图4-7(a)]。

②对于没有末屏的电流互感器,只能测量一次绕组对地的 $\tan\delta$,这时 $\tan\delta$ 测试仪采用反接线[图4-7(b)],此时测量结果包括了开关支柱的损耗。

③测量电容型电流互感器末屏对地的 $\tan\delta$ 主要是检查电流互感器底部和电容芯子表面的绝缘状况。

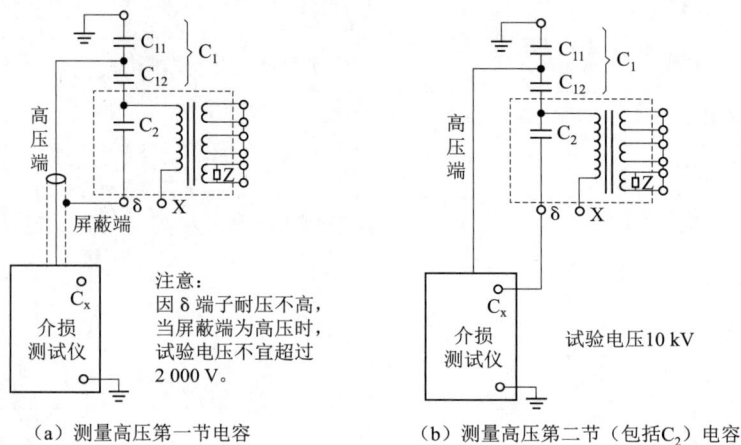

（a）测量高压第一节电容　　　　　　（b）测量高压第二节（包括C_2）电容

注意:
因δ端子耐压不高,当屏蔽端为高压时,试验电压不宜超过2 000 V。

试验电压10 kV

图4-6　电压互感器试验接线

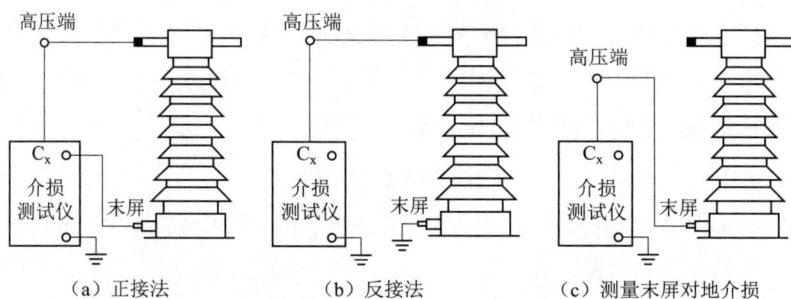

（a）正接法　　　　　（b）反接法　　　　　（c）测量末屏对地介损

图4-7　电流互感器试验接线

试 验 操 作

(1)根据测量部位接好相应的试验接线。

(2)合上全自动介损测试仪电源,根据试验要求设置介损测试仪的抗干扰功能、接线方式和试验电压值。

(3)合上高压电源开关,按下试验或启动按钮,开始测量。

(4)读取试验数据后切断电源。

(5)用放电棒对互感器充分放电。

试验数据分析

对于电流互感器,所测得的介质损耗因数在 20 ℃时不应大于表4-8 中的数值。

表 4-8　电流互感器 20 ℃时的介质损耗因数(%)标准

电压/kV		20～35	63～220
充油电流互感器	交接及大修后	3	2
	运行中	6	3
充胶电流互感器	交接及大修后	2	2
	运行中	4	3
胶纸电容式电流互感器	交接及大修后	2.5	2
	运行中	6	3
油纸电容式电流互感器	交接及大修后	—	1
	运行中		1.5

对于电压互感器,所测得的介质损耗因数不应大于表 4-9 中的数值。

表 4-9　电压互感器的介质损耗因数(%)标准

电压/kV		温度/℃				
		5	10	20	30	40
25～35	交接及大修后	2.0	2.5	3.5	5.5	8.0
	运行中	2.5	3.5	5.0	7.5	10.5
35 及以上	交接及大修后	1.5	2.0	2.5	4.0	6.0
	运行中	2.0	2.5	3.5	5.0	8.0

介质损耗因数除与试验标准比较外,还应与出厂值、交接试验值、历次试验值相比较,观察其发展趋势,根据设备的具体情况,即使数值仍低于标准,如果增长迅速,也应引起充分注意;当绝缘油中含有水分或杂质时,介质损耗因数随温度增加而明显增加,则认为绝缘存在缺陷;当湿度较大时,大小瓷套表面附着上了小水珠,造成了表面绝缘电阻降低,使所测介质损耗因数出现较大误差,甚至可能会出现负的介质损耗因数,所以应在规定的湿度范围内测量介质损耗因数,或采取擦拭、烘干等措施排除影响;良好绝缘的介质损耗因数不随电压的升高而明显增加,若绝缘内部有缺陷,则介质损耗因数随试验电压的升高而明显增加;与同型设备、同组设备相间比较,不应有明显的差异。

任务评价

任务评价表,见表4-10。

表4-10 评价表

任务名称		互感器介质损耗因数测量					
班级			小组成员		试验日期		
序号		评价内容及评分标准		分值	学生自评	学生互评	教师评价
1	安全防护	1.测试前,"确认设备已停电;停电作业命令已批准;安全措施和作业手续已办理,具备作业条件"。 2.测试后,"测试项目已完成,作业命令已消除"		10分			
		1.高压试验作业地点周围要设围栅,围栅上悬挂"止步,高压危险!"的标示牌。 2.设置封闭式高压试验围栅,并呼唤应答"高压试验围栅已设置,止步,高压危险标示牌已悬挂,开始作业"		5分			
		1.初次试验前要用高压验电器对主导体进行验电,用放电棒进行放电。 2.放电2 s,再后端对地放电1 s		5分			
		作业中需要着装整齐,穿绝缘靴、工作服,戴绝缘手套、安全帽,做好个人安全防护		10分			
2	试验准备	1.两人一组,与他人进行良好的沟通合作。 2.检查仪器状态;检查被试设备接地;检查测试线、仪器、装置外观、静态整定参数正确		10分			
		1.确认互感器电源断开,测量前被测试绕组应充分放电。 2.确认外观状态正常		10分			
3	试验操作	电压互感器 1.测量高压第一节电容器时,采用反接加屏蔽的接线。 2.测量高压最后一节电容器时,如果连同中压电容器C_2一起测量,再打开δ、X端子时可用正接法		10分			
		电流互感器 1.测量一次绕组对末屏的介质损耗因数,测试仪正接线。 2.测量一次绕组对地的介质损耗因数,测试仪反接线		20分			
		1.测量后用放电棒对互感器充分放电。 2.正确填写试验报告。 3.试验数据与出厂值比较,结论判断正确		10分			
4	文明作业	1.作业完毕,设备恢复原样。 2.设备、仪器及工器具收好,摆放整齐		5分			
		每次加压操作及验电、放电应进行呼唤应答		5分			
综合评价							

课后练习

1.介质损耗因数测量有几种接线方式?

2.电压互感器介质损耗因数测量时,需要分别测试哪几个部位?

任务四　互感器交流耐压试验

任务描述

交流耐压试验是鉴定电气设备绝缘强度最直接的方法,它对于判断电器设备能否投入运行具有决定性的意义,也是保证设备绝缘水平、避免发生绝缘事故的重要手段。本任务以电磁式电压互感器为例来说明互感器交流耐压试验的操作。

任务目标

1. 掌握工频耐压试验装置的结构及工作原理;
2. 明确变压器交流耐压试验的目的及意义;
3. 制订变压器交流耐压试验的试验方案;
4. 完成变压器交流耐压试验;
5. 分析试验数据,判断设备是否存在缺陷;
6. 撰写互感器交流耐压试验报告。

知识准备

电压互感器相当于一个变压器,感应耐压试验是为了了解它的绝缘程度,绝缘不够将会导致漏电并触发严重危害。变压器、电磁式电压互感器等绕组类电气设备进行工频耐压试验只能检验其绕组的主绝缘,即绕组与绕组之间、绕组对箱壳和铁芯对地部分的绝缘,而绕组的匝间、层间纵绝缘部分未能受到检验。随着电压等级的提高,线圈类电气设备的匝间绝缘相对比较薄弱,于是对匝间绝缘的考验就显得极其重要。

电压互感器按照一次绕组两端的绝缘水平可以分为非接地电压互感器(全绝缘)和接地电压互感器(分级绝缘)。非接地电压互感器是指包括接线端子在内的一次绕组各个部分都是按绝缘水平对地绝缘的电压互感器;接地电压互感器是指一次绕组的一端直接接地的单相电压互感器,或一次绕组的星形连接点为直接接地的三相电压互感器,如串级式电压互感器。

电磁式电压互感器的交流耐压试验有两种加压方法。一种方式为用试验变压器或串联谐振装置等工频耐压设备外施工频试验电压,该加压方式适用于额定电压为 35 kV 及以下的全绝缘电压互感器的交流耐压试验。试验接线及方法与电力变压器的交流耐压试验相同。35 kV 以上的电压互感器多为分级绝缘,其一次绕组的末端绝缘水平很低,一般为 5 kV 左右。因此,一次绕组末端不能与首端承受同一试验电压,而应采用感应耐压的加压方式,即把电压互感器一次绕组末端接地,从二次绕组加压,在一次绕组感应出所需的试验电压。这种加压方式一方面使绝缘中的电压分布同实际运行一致;另一方面,一次绕组首尾两端的电压比额定电压高,绕组电位也比正常运行时高得多。因此,交流耐压试验可同时考核电压互感器一次绕组的纵绝缘,从而检验出由于电压互感器中电磁线圈质量不良如露铜、漆膜脱落和绕线时打结等

电磁互感器
交流耐压试验

原因造成的纵绝缘方面的缺陷。为避免工频试验电压过高引起铁芯饱和损坏被试电压互感器,必须提高工频试验电压的频率。

任务实施

任 务 单

填写任务单,见表4-11。

表4-11　任务单

作业内容	按照要求完成电压互感器交流耐压试验	
作业组人员		
测试时间		
当天环境		
测试地点		
现场基本信息	试品类型	
	型号	
测试项目		
使用仪器		

作 业 流 程

作业前准备—检查核实安全措施—用耐压试验装置完成工频耐压试验—根据测量结果分析判断绝缘状况—作业结束,恢复安全措施。

工器具及试验设备准备（表4-12）

表4-12　工具、仪器、材料清单

序号	名称	技术规格	单位	数量	备注
1	三倍频感应耐压发生装置	—	台	1	
2	工频耐压试验装置	—	台	1	
3	温湿度计	误差 ±1 ℃	个	1	
4	放电棒	—	个	1	
5	接地线	—	根	1	
6	对讲机	—	个	2	通信
7	围栏	—	个	1	
8	标识牌	—	个	1	
9	试验连接线	各类型号	m	若干	
10	记录本	—	本	1	

准备工作:准备合格周期内试验用设备、仪器仪表及工具。查阅被试互感器的试验资料各项试验结果是否合格。将被试互感器放电。检查互感器外壳、底座、铁芯(如果要求接地)应

可靠接地,套管表面应洁净。拆除互感器各侧外部接线,外部引线应与线端保持足够的安全距离并固定好。试验现场周围装设试验围栏,必要时派专人看守。抄录铭牌、记录天气情况和温、湿度、安装位置、试验日期。

试验安全防护

(1)在作业地点的周围要设围栅。围栅上悬挂"止步,高压危险!"的标示牌(标示牌要面向作业场地外方),并派专人看守。

(2)在一个电气连接部分内,同时只允许一个作业组且在一项设备上进行高压试验。

(3)试验装置的金属外壳要装设接地线,其电源开关要使用有明显断开点的双极开关。

(4)施加电压作业要专人操作、专人监护。加压时,操作人要穿绝缘靴或站在绝缘垫上,操作人和监护人要呼唤应答。整个加压过程,全体作业人员均要精神集中,随时注意有无异常现象。

试 验 接 线

1. 外施工频耐压试验接线

外施工频耐压试验接线如图 4-8 所示。将电压互感器一次绕组首尾端短接加压,二、三次绕组短接并与外壳连接后接地。

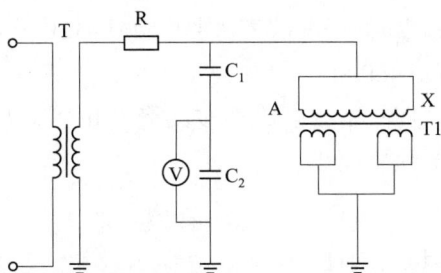

图 4-8　外施工频耐压试验接线

2. 感应耐压试验接线

感应耐压试验接线如图 4-9 所示。将一次绕组的尾端接地,高压端悬空,在二次绕组加压,三次绕组开路(或并接补偿电抗器)并一端接地(或在三次绕组加压,二次绕组开路并一端接地)。

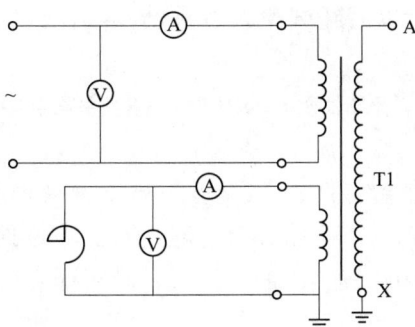

图 4-9　感应耐压试验接线

试 验 操 作

1. 外施工频耐压试验

（1）按图 4-8 连接好调压器、试验变压器、保护电阻，将电源接入调压器，检查所有试验设备、仪表仪器接线正确、指示正确后，操作人员征得试验负责人许可，合上开关，空升加压回路，无异常后，降压至零，断开电源，将试验变压器高压输出接至被试互感器一次绕组，应确保加压引线和周围物体的绝缘距离，必要时用绝缘杆将引线支撑牢固。

（2）升压必须从零开始，且不可冲击合闸。升压速度在 75% 试验电压前是可以任意的，自 75% 试验电压以后开始均匀升压，约每秒 2% 速率的试验电压上升至试验电压，计时 1 min 后，迅速均匀降压到零（或 1/3 试验电压以下），然后断开电源，用放电棒将被试绕组和试验变压器的高压部分接地，并充分放电。

2. 感应耐压试验

将试验电源接入试验装置，检查所有试验设备、仪表仪器接线正确、指示正确，操作人员征得试验负责人许可后，合上开关，空升加压回路，无异常后，降压至零，断开电源，将三倍频或多倍频感应耐压试验装置的输出接在二次绕组上励磁加压。

感应电压试验时，为防止铁芯饱和及励磁电流过大，试验电压的频率应适当大于额定频率。除另有规定，当试验电压频率等于或小于 2 倍额定频率时，全电压下试验时间为 60 s；当试验电压频率大于 2 倍额定频率时，全电压下试验时间为：120 × 额定频率/试验频率(s)，试验不少于 15 s，实验频率不得高于 400 Hz。

试验结束，应先断开试验电源，用放电棒将被试绕组和试验变压器的高压部分接地，并充分放电后，再开始拆线，最后拆除接地线。

试验数据分析

被试品在交流耐压试验中，一般以不发生击穿为合格，反之为不合格。可按下列情况分析。

（1）表计的指示。如果接入试验线路的电流表指示突然大幅上升，一般情况下则表明被试品被击穿。另外，在高压侧被试品两端测量试验电压时，其电压表指示突然下降，一般情况下也表明被试品被击穿。

（2）升压和耐压过程中的其他异常情况。被试品若在升压和耐压过程中发现跳火、冒烟、燃烧、焦味、放电声响等现象，则表明绝缘存在问题或被击穿。

（3）对有机绝缘，耐压试验以后经试验人员触摸，若出现普遍的或局部的发热，都应认为绝缘不良，须进行处理。

（4）对复合绝缘的设备或者有机绝缘，其耐压后的绝缘电阻与耐压前的比较不应明显下降，否则必须进一步查明原因。

（5）在耐压过程中，若由于空气的湿度、温度或被试绝缘表面脏污等的影响，引起沿面闪络或空气放电，则不应轻易地认为不合格，应该经过清洁、干燥处理后，再进行耐压试验；当排除外界的影响因素后，在耐压中仍发生沿面闪络或者局部有火红现象，则说明绝缘有问题。

任务评价

任务评价,见表4-13。

表4-13 评价表

任务名称		互感器交流耐压试验				
班级		小组成员		试验日期		
序号		评价内容及评分标准	分值	学生自评	学生互评	教师评价
1	安全防护	1.测试前,"确认设备已停电;停电作业命令已批准;安全措施和作业手续已办理,具备作业条件"。 2.测试后,"测试项目已完成,作业命令已消除"	10分			
		1.高压试验作业地点周围要设围栏,围栏上悬挂"止步,高压危险!"的标示牌。 2.设置封闭式高压试验围栏,并呼唤应答"高压试验围栏已设置,止步,高压危险标示牌已悬挂,开始作业"	5分			
		1.初次试验前要用高压验电器对主导体进行验电,用放电棒进行放电。 2.放电2 s,再后端对地放电1 s	5分			
		作业中需要着装整齐,穿绝缘靴、工作服,戴绝缘手套、安全帽,做好个人安全防护	10分			
2	试验准备	1.两人一组,与他人进行良好的沟通合作。 2.检查仪器状态;检查被试设备接地;检查测试线、仪器、装置外观、静态整定参数正确	10分			
		1.确认互感器电源断开,测量前被测试绕组应充分放电。 2.拆除互感器各侧外部接线,外部引线应与线端保持足够的安全距离并固定好	10分			
3	试验操作	1.外施工频耐压试验接线:将电压互感器一次绕组首尾端短接加压,二、三次绕组短接并与外壳连接后接地。 2.感应耐压试验接线:将一次绕组的尾端接地,高压端悬空,在二次绕组加压,三次绕组开路并一端接地(或在三次绕组加压,二次绕组开路并一端接地)	10分			
		按试验步骤进行操作	20分			
		1.测量后用放电棒对互感器充分放电。 2.正确填写试验报告。 3.试验数据与出厂值比较,结论判断正确	10分			
4	文明作业	1.作业完毕,设备恢复原样。 2.设备、仪器及工器具收好,摆放整齐	5分			
		每次加压操作及验电、放电应进行呼唤应答	5分			
综合评价						

课后练习

1. 互感器交流耐压试验的目的是什么?

2. 在试验过程中如何防止过压和过流对人体的伤害?

3. 如果在试验过程中冒烟或有焦味,应如何处理?

任务五　互感器直流电阻测量

任务描述

测量互感器直流电阻的目的是检查其一次、二次绕组的质量及回路的完整性,以发现各种原因所造成的导线断裂、接头开焊、接触不良、匝间短路等缺陷。本任务主要介绍互感器直流电阻的测量方法。

任务目标

1. 理解直流电阻的含义,掌握直流电阻测试仪的工作原理;
2. 明确互感器直流电阻测量的目的及意义;
3. 制订互感器直流电阻测量的试验方案;
4. 完成互感器直流电阻测量试验;
5. 分析试验数据,判断设备是否存在缺陷;
6. 撰写互感器直流电阻测量试验报告。

知识准备

互感器绕组直流电阻测量方法主要有两种:压降法和电桥法。

压降法是一种测量直流电阻最简单的方法,在被试电阻上通以直流电流,用合适量程的毫伏表或伏特表测量电阻上的压降,然后根据欧姆定律就可以算出电阻。

电桥法又可分为单臂电桥和双臂电桥两种,被测电阻在 10 Ω 以上时,采用单臂电桥;被测电阻在 10 Ω 及以下时,采用双臂电桥。

电磁互感器绕组直流电阻

任务实施

任务单

填写任务单,见表4-14。

表4-14　任务单

作业内容	按照要求完成互感器直流电阻测量试验
作业组人员	
测试时间	
当天环境	
测试地点	
现场基本信息	试品类型
	型号
测试项目	
使用仪器	

作业前准备—检查核实安全措施—用直流电阻测试仪和回路电阻测试仪完成互感器直流电阻测量试验—根据测量结果分析判断绝缘状况—作业结束,恢复安全措施。

工器具及试验设备准备（表4-15）

表4-15 工具、仪器、材料清单

序号	名称	技术规格	单位	数量	备注
1	温湿度计	误差±1 ℃	个	1	
2	直流电阻测试仪	—	台	1	
3	试验连接线	各类型号	条	若干	
4	万用表	—	台	1	
5	接地线	—	根	1	
6	工具箱	扳手等常用工具	套	1	
7	记录本	—	本	1	
8	放电棒	—	根	1	
9	围栏	—	个	1	
10	标识牌	—	个	1	
11	对讲机	—	个	2	通信

准备工作:确认互感器电源断开,测量前被测试绕组应充分放电;拆开高压绕组连线,拆开低压绕组连线;用干燥、清洁、柔软的布擦去互感器外绝缘表面的脏污,必要时用适当的清洁剂洗净;记录互感器的温度、环境温度、湿度、气象情况、试验日期及使用仪表。

试验安全防护

（1）在作业地点的周围要设围栅。围栅上悬挂"止步,高压危险!"的标示牌(标示牌要面向作业场地外方),并派专人看守。

（2）在一个电气连接部分内,同时只允许一个作业组且在一项设备上进行高压试验。

（3）试验装置的金属外壳要装设接地线,其电源开关要使用有明显断开点的双极开关。

（4）施加电压作业要专人操作、专人监护。加压时,操作人要穿绝缘靴或站在绝缘垫上,操作人和监护人要呼唤应答。整个加压过程,全体作业人员均要精神集中,随时注意有无异常现象。

（5）试验完毕后要对加压的绕组充分放电。

试 验 接 线

电流互感器一次绕组用回路电阻测试仪测量,电压互感器的一次绕组用单臂电桥测量(也可采用直流电阻测试仪进行测量,但应注意测试电流不宜过大,以免烧坏线圈),其他绕组用直流电阻测试仪测量。互感器直流电阻测量接线如图4-10所示,将被试绕组首尾端分别接入测试仪,非被试绕组悬空,采用双臂电桥(或数字式直流电阻测试仪)时,电流端子应在电压端子的外侧。

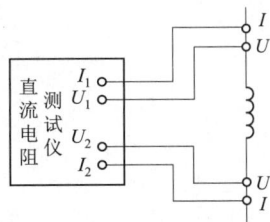

图4-10 互感器直流电阻测量接线

试 验 操 作

（1）按图 4-10 接线。检查接线正确后，工作人员与施加电压部位保持足够的安全距离，操作人员征得试验负责人许可后进行试验操作部分。

（2）换接线时应断开测试仪的电源，并对被试绕组短路充分放电后才能拆开测量端子，如果放电不充分而强行断开测量端子，容易造成过电压而损坏线圈的主绝缘，一般数字式直流电阻测量装置都有自动放电和警示功能。

测量电容式电压互感器中间变压器二次绕组直流电阻时，应拆开一次绕组与分压电容器的连接和二次绕组的外部连接线，当中间变压器一次绕组与分压电容器在内部连接而无法分开时，可不测量次绕组的直流电阻。

（3）当线圈匝数较多而电感较大时，应待仪器显示的数据稳定后方可读取数据，测量结束后应待仪器充分放电后方可断开测量回路。

试 验 数 据 分 析

试验电流不得过大，试验通电时间不宜过长，以减少被测电阻因发热而产生的较大误差。温度对直流电阻影响很大，应准确记录被试绕组的温度。测量必须在绕组温度稳定的情况下进行，测量时做好记录。

（1）电压互感器：一次绕组直流电阻测量值与换算到同一温度下的出厂值比较，相差不宜大于 10%。二次绕组直流电阻测量值与换算到同一温度下的出厂值比较，相差不宜大于 15%。

（2）电流互感器：同型号、同规格、同批次电流互感器绕组的直流电阻和平均值的差异不宜大于 10%，一次绕组有串、并联接线方式时对电流互感器的一次绕组的直流电阻测量应在正常运行方式下测量或同时测量两种接线方式下的一次绕组的直流电阻，倒立式电流互感器单匝一次绕组的直流电阻之间的差异不宜大于 30%。当有怀疑时，应提高施加的测量电流，测量电流（直流值）一般不宜超过额定电流（方均根植）的 50%。

任务评价

任务评价,见表4-16。

表4-16 评价表

任务名称		互感器直流电阻测量				
班级		小组成员		试验日期		
序号		评价内容及评分标准	分值	学生自评	学生互评	教师评价
1	安全防护	1.测试前,"确认设备已停电;停电作业命令已批准;安全措施和作业手续已办理,具备作业条件"。 2.测试后,"测试项目已完成,作业命令已消除"	10分			
		1.高压试验作业地点周围要设围栅,围栅上悬挂"止步,高压危险!"的标示牌。 2.设置封闭式高压试验围栅,并呼唤应答"高压试验围栅已设置,止步,高压危险标示牌已悬挂,开始作业"	5分			
		1.初次试验前要用高压验电器对主导体进行验电,用放电棒进行放电。 2.放电2 s,再后端对地放电1 s	5分			
		作业中需要着装整齐,穿绝缘靴、工作服,戴绝缘手套、安全帽,做好个人安全防护	10分			
2	试验准备	1.两人一组,与他人进行良好的沟通合作。 2.检查仪器状态;检查被试设备接地;检查测试线、仪器、装置外观、静态整定参数正确	10分			
		1.确认互感器电源断开,测量前被测试绕组应充分放电。 2.拆开高压绕组连线,拆开低压绕组连线	10分			
3	试验操作	将被试绕组首尾端分别接入测试仪,非被试绕组悬空,采用双臂电桥(或数字式直流电阻测试仪)时,电流端子应在电压端子的外侧	10分			
		1.测量电容式电压互感器中间变压器二次绕组直流电阻时,应拆开一次绕组与分压电容器的连接和二次绕组的外部连接线。 2.当线圈匝数较多而电感较大时,应待仪器显示的数据稳定后方可读取数据,测量结束后应待仪器充分放电后方可断开测量回路	20分			
		1.测量后用放电棒对互感器充分放电。 2.正确填写试验报告。 3.试验数据与出厂值比较,结论判断正确	10分			
4	文明作业	1.作业完毕,设备恢复原样。 2.设备、仪器及工器具收好,摆放整齐	5分			
		每次加压操作及验电、放电应进行呼唤应答	5分			
综合评价						

课后练习

1.互感器直流电阻测量有哪些方法?

2.互感器直流电阻怎样测量?

技术前沿

纳米晶体合金在互感器中的应用

纳米晶体合金是一种新型软磁材料,具有以下优点:高饱和磁感应强度(Bs)、低矫顽力(Hc)、低损耗、高磁导率。这些特性使其非常适合于互感器制造。

在互感器中,纳米晶体合金通常用于制造磁芯。磁芯的作用是集中磁场,提高互感器的灵敏度和精度。纳米晶体合金的高饱和磁感应强度使其能够承受高磁场,而不会出现磁饱和。这对于高电流测量至关重要,因为磁饱和会失真输出信号,降低测量精度。

互感器的抗磁饱和能力直接影响其测量精度。当磁芯达到饱和时,输出信号将失真,导致测量误差。纳米晶体合金的高饱和磁感应强度使其能够在高电流条件下保持线性响应,从而提高测量精度。

具体来说,纳米晶体合金的抗磁饱和能力会影响以下测量精度参数:

线性度:磁饱和会造成输出信号的非线性,降低线性度。纳米晶体合金的高抗磁饱和能力可以保持更线性的输出信号,从而提高线性度。

准确度:磁饱和会失真输出信号的幅度,导致测量误差。抗磁饱和能力强的纳米晶体合金可以减少这种失真,提高测量准确度。

动态范围:动态范围是指互感器可以准确测量的电流范围。抗磁饱和能力强的纳米晶体合金可以扩展互感器的动态范围,使其能够测量更大的电流。

总体而言,纳米晶体合金的抗磁饱和能力是互感器测量精度的关键因素。它可以防止磁饱和,保持线性度和准确度,并扩大动态范围。

任务六 互感器变比、极性试验

任务描述

变压器和互感器的一次侧和二次侧都是交流,所以并无绝对极性,但有相对极性。测量互感器的极性很重要,因为极性判断错误会导致接线错误,进而使计量仪表指示错误,更为严重的使带有方向性的继电保护误动作。测量变比可以检查互感器一次侧和二次侧关系的正确性,给继电保护正确动作、保护定值计算提供依据。本任务介绍互感器变比和极性试验。

任务目标

1. 理解互感器变比和极性的含义,掌握互感器变比和极性测量试验的接线方法和测试方法;

2. 明确互感器变比、极性试验的目的及意义;

3. 制订互感器变比、极性试验的试验方案;

4. 完成互感器变比、极性试验;

5. 撰写变压器直流电阻测量试验报告。

知识准备

变比包括变压器变比、电压互感器变比和电流互感器变比，是变压器和电压互感器一次绕组与二次绕组之间的电压比或电流互感器一次绕组与二次绕组之间的电流比。

互感器一、二次绕组间均为减极性。极性试验方法与电力变压器相同，一般采用直流法或仪表法。采用直流法试验时注意电源应加在互感器一次侧；测量仪表接在互感器二次侧。

任务实施

任务单

填写任务单，见表4-17。

表4-17　任务单

作业内容	按照要求完成互感器变比、极性试验	
作业组人员		
测试时间		
当天环境		
测试地点		
现场基本信息	试品类型	
	型号	
测试项目		
使用仪器		

任务流程

作业前准备—检查核实安全措施—用互感器伏安特性测试仪完成互感器变比和极性测量试验—将测量结果与铭牌比较—作业结束，恢复安全措施。

工器具及试验设备准备（表4-18）

表4-18　工具、仪器、材料清单

序号	名称	技术规格	单位	数量	备注
1	温湿度计	误差±1 ℃	个	1	
2	互感器伏安特性测试仪	—	台	1	
3	试验连接线	各类型号	条	若干	
4	万用表	—	台	1	
5	接地线	—	根	1	
6	工具箱	扳手等常用工具	套	1	

序号	名称	技术规格	单位	数量	备注
7	记录本	—	本	1	
8	放电棒	—	根	1	
9	围栏	—	个	1	
10	标识牌	—	个	1	
11	对讲机	—	个	2	通信

准备工作:确认互感器电源断开,测量前被测试绕组应充分放电;拆开高压绕组连线,拆开低压绕组连线;用干燥、清洁、柔软的布擦去互感器外绝缘表面的脏污,必要时用适当的清洁剂洗净;记录互感器的温度、环境温度、湿度、气象情况、试验日期及使用仪表。

试验安全防护

(1)在作业地点的周围要设围栅。围栅上悬挂"止步,高压危险!"的标示牌(标示牌要面向作业场地外方),并派专人看守。

(2)在一个电气连接部分内,同时只允许一个作业组且在一项设备上进行高压试验。

(3)试验装置的金属外壳要装设接地线,其电源开关要使用有明显断开点的双极开关。

(4)施加电压作业要专人操作、专人监护。加压时,操作人要穿绝缘靴或站在绝缘垫上,操作人和监护人要呼唤应答。整个加压过程,全体作业人员均要精神集中,随时注意有无异常现象。

(5)试验前被试品应与相邻设备断开并保持足够安全距离。

试 验 接 线

1. 直流法测量互感器极性

电流互感器极性测量直流法的接线如图 4-11 所示。将干电池或蓄电池的正极接于电流互感器的一次绕组 P1,负极接在 P2 上,电流互感器的二次侧 S1 接指针式电流表(或者把指针式万用表打到毫安挡)的正极,S2 接负极。

电压互感器极性测量直流法的接线如图 4-12 所示。将电池正极接单相电压互感器的 A,电池的负极接其 X;将电压表(直流)正极接入单相电压互感感器的 a,负极接其 x。

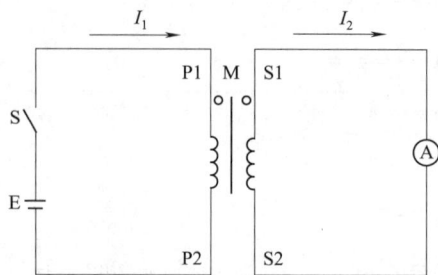

图 4-11 直流法测量电流互感器接线

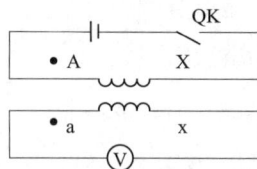

图 4-12 直流法测量电压互感器接线

2. 检查电流互感器的变比

检查电流互感器的变比,采用与标准电流互感器相比较的方法,其试验接线如图 4-13 所示。

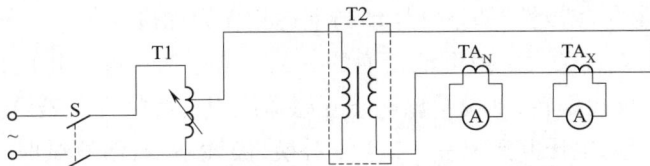

T1—单相调压器；T2—升流器；

TA_N—标准电流互感器；TA_X—被试电流互感器。

图 4-13　电流互感器变比检查试验接线

3. 采用互感器伏安特性测验仪测量互感器变化

对于变比在变比电桥测量范围内的电压互感器，可直接采用互感器伏安特性测验仪测量其变比。对于变比较大的电压互感器，电压互感器变比可采用图 4-14 所示的用与标准电压互感器相比较的方法。用图 4-14 所示方法对电压互感器进行变比测量时，应注意一般通过调压器和试验变压器向高压侧施加电压，在低压侧测量。

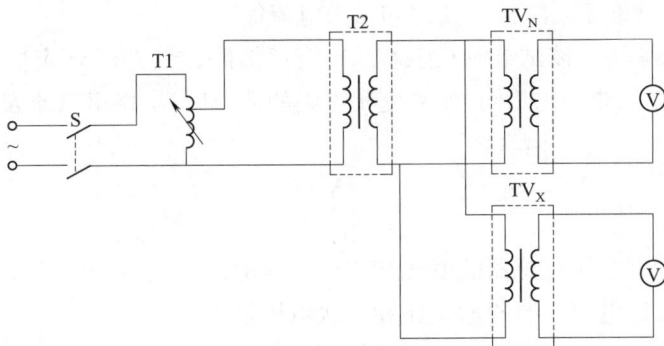

T1—单相调压；T2—试验变压器；

TV_N—标准电压互感器；TV_X—被试电压互感器。

图 4-14　与标准电压互感器相比较的变比检查试验接线

4. 利用互感器伏安特性测试仪测量互感器的变比和极性

互感器伏安特性测试仪是一款专门为测验互感器：伏安特性、变比、极性、差错曲线、耐压测验和二次侧回路查看等描绘的多功能现场试验仪器。

在不运用外接规范互感器的状况下：试验时仅需设定测验电压/电流值，设备便可以主动升压/升流，并将互感器的伏安特性曲线或变比、极性等试验成果快速显现出来，支持数据保管和现场打印，不光省去手动调压、人工记载、描曲线等烦琐劳作，还能经过 RS-232 接口与笔记本计算机联机运用或上载数据。操作简略便利。

互感器伏安特性测试仪支持电流互感器和电压互感器检测。该互感器测试仪无须外接其他辅助设备，单机即可完成一切检测项目。

按照互感器测试仪上的接线图进行接线，对互感器极性和变比进行测量。

试　验　操　作

1. 直流法测量互感器极性

（1）电流互感器：接好线后，若开关 S 在合闸瞬间指针正偏，拉闸瞬间指针反偏，则 P1、S1

是同名端,电流互感器是减极性,如指针摆动与上述相反为加极性。

(2)电压互感器:在开关合上或电池接通的一刻直流电压表指针正向偏转,在开关拉开或电池断开的一刻表针反向偏转,则说明该电压互感器绕组为减极性。若电压表指示不明显,则可将电压表和电池接地,电压互感器一、二次侧对换,极性不变;但测试时,手不能接触电压互感器的一次侧,并注意电压表的量程。

2. 测试电流互感器的变化

试验时,将被试电流互感器与标准电流互感器一次侧串联,二次侧各接一只0.5级电流表,用调压器和升流器供给一次侧合适电流,当电流升至互感器的额定电流值时(或在30%~70%额定电流范围内多选几点),同时记录两只电流表的读数,则被试电流互感器的实际变比为

$$K = \frac{K_N I_N}{I} \tag{4-1}$$

式中　　K_N、I_N——标准电流互感器的变比和二次电流值;

　　　　K、I——被试电流互感器的变比和二次电流值。

试验时应注意,应将非被试电流互感器二次绕组短路,严防开路;应尽量选择使标准电流互感器与被试电流互感器变比相同,如果变比正确的话,其二次绕组电流表读数也应相同。

3. 被测量电压互感器的实际变比是

$$K = \frac{K_N U_N}{U} \tag{4-2}$$

式中　　K_N、U_N——标准电压互感器的变比和二次电压值;

　　　　K、U——被试电压互感器的变比和二次电压值。

4. 测试并记录

采用互感器伏安特性测试仪时,检查接线与测试仪接线一致,合上电源,测试并记录结果。

试验数据分析

所测得互感器极性和变比必须符合设计要求,并应与铭牌和标志相符。

任务评价

任务评价表,见表 4-19。

表 4-19　评价表

任务名称		互感器变比、极性试验					
班级			小组成员		试验日期		
序号		评价内容及评分标准			分值	学生自评	学生互评	教师评价
1	安全防护	1. 测试前,"确认设备已停电;停电作业命令已批准;安全措施和作业手续已办理,具备作业条件"。 2. 测试后,"测试项目已完成,作业命令已消除"			10 分			
		1. 高压试验作业地点周围要设围栏,围栏上悬挂"止步,高压危险!"的标示牌。 2. 设置封闭式高压试验围栏,并呼唤应答"高压试验围栏已设置,止步,高压危险标示牌已悬挂,开始作业"			5 分			
		1. 初次试验前要用高压验电器对主导体进行验电,用放电棒进行放电。 2. 放电 2 s,再后端对地放电 1 s			5 分			
		作业中需要着装整齐,穿绝缘靴、工作服,戴绝缘手套、安全帽,做好个人安全防护			10 分			
2	试验准备	1. 两人一组,与他人进行良好的沟通合作。 2. 检查仪器状态;检查被试设备接地;检查测试线、仪器、装置外观、静态整定参数正确			10 分			
		1. 确认互感器电源断开,测量前被测试绕组应充分放电。 2. 拆开高压绕组连线,拆开低压绕组连线			10 分			
3	试验操作	1. 将干电池或蓄电池的正极接于电流互感器的一次绕组 P1,负极接在 P2 上,电流互感器的二次侧 S1 接指针式电流表的正极,S2 接负极。 2. 将电池正极接单相电压互感器的 A,电池的负极接其 X;将电压表(直流)正极接入单相电压感感器的 a,负极接其 x			10 分			
		1. 检查电流互感器的变比,采用与标准电流互感器相比较的方法。 2. 对于变比在变比电桥测量范围内的电压互感器,可直接采用互感器伏安特性测验仪测量其变比检查			20 分			
		1. 按操作方法正确操作试验。 2. 正确填写试验报告			10 分			
4	文明作业	1. 作业完毕,设备恢复原样。 2. 设备、仪器及工器具收好,摆放整齐			10 分			
综合评价								

📨 **课后练习**

1. 怎样用直流法测量互感器极性?
2. 互感器试验时应注意哪些问题?

📋 **技术前沿**

智能互感器

一、智能互感器的功能

智能互感器的数字化处理技术通过以下方式影响其在智能电网中的应用:

1. 高精度测量

数字化处理可以消除模拟互感器的非线性、滞后和其他误差来源。这使得智能互感器能够进行高精度的电流和电压测量,从而提高电网运行的稳定性和可靠性。

2. 快速响应

数字化处理使智能互感器能够快速响应电流和电压的变化。

这对于故障检测、保护和控制至关重要,有助于防止停电和电网故障。

3. 数据通信

智能互感器通过通信接口将数字化处理后的数据传输到其他设备,如智能仪表、配电自动化系统和控制中心。这使电网运营商能够实时监测和控制电网,优化电力输送和分配。

4. 自诊断和故障检测

数字化处理可实现智能互感器的自诊断功能。

互感器可以检测自身故障并将其报告给电网运营商,从而提高电网的可靠性和可用性。

5. 远程监测和控制

数字化处理使智能互感器能够通过通信网络进行远程监测和控制。这简化了电网维护和管理,降低了运营成本。

二、智能互感器的具体应用

在智能电网中,智能互感器用于各种应用,包括:

(1)计量和计费:高精度的测量能力使智能互感器能够准确计量电力消耗,支持按需计费和需求侧管理。

(2)故障检测和保护:快速响应和自诊断功能使得智能互感器能够快速检测故障并触发保护动作,防止电网故障。

(3)电能质量监测:智能互感器可以监测谐波、电压波动和其他电能质量问题,帮助电网运营商保持电网稳定性。

(4)分布式能源管理:智能互感器可用于监测和控制太阳能、风能等分布式能源,优化电网整合。

(5)负荷预测和优化:通过收集和分析电力消耗数据,智能互感器可以帮助电网运营商预测负荷需求并优化电网运行。

总之,智能互感器的数字化处理技术极大地提高了其精度、响应速度和通信能力,使其在智能电网中发挥着至关重要的作用。

项目五

轨道交通变电所高压开关试验

项目描述

高压开关是指额定电压 3 kV 及以上主要用于开断和关合导电回路的电器,主要包含高压断路器、高压隔离开关,是变电所内的主要设备,高压断路器、高压隔离开关运行安全可靠、性能优良至关重要。本项目旨在对牵引变电所内高压开关电器高压断路器、隔离开关进行绝缘预防性试验和动作特性试验。通过对牵引变电所的设备进行检测、测试,确保高压开关的性能及可靠性达到相关标准和规范。牵引变电所高压开关试验主要包括:断路器的电阻测量、断路器的交流耐压试验、断路器的特性试验、断路器的直流回路电阻试验、隔离开关试验。

学习目标

1. 知识目标

(1)掌握高压断路器、高压隔离开关的绝缘特性;

(2)掌握高压开关试验装置的使用方法;

(3)掌握高压断路器及高压隔离开关绝缘预防性试验、高压断路器动作特性试验的方法和步骤。

2. 能力目标

(1)制订牵引变电所高压开关绝缘试验、动作特性试验的试验方案;

(2)完成高压断路器、高压隔离开关绝缘预防性试验;

(3)完成高压断路器动作特性试验;

(4)分析测试数据,判断设备是否存在缺陷隐患、撰写试验报告。

3. 素质目标

(1)提升高压试验安全思想意识;

(2)培养遵章守规的行为习惯;

(3)培养爱岗敬业、团结协作、吃苦耐劳、精益求精的精神品质。

学习引导

　　牵引变电所高压断路器、高压隔离开关是牵引供电系统中重要的控制和保护设备,利用断路器和隔离开关可以安全可靠地投入或者切除相应的线路或电气设备。线路或电气设备发生故障时,利用高压断路器可以将故障部分从牵引供电系统中快速切除,保证牵引供电系统安全稳定运行。高压开关用于将高压设备与电源隔离,与高压断路器配合进行倒闸操作。因此,必须定期对高压开关进行维护,以确保其性能和可靠性达到相关要求,确保牵引供电系统稳定可靠运行。对接高压试验工岗位 27.5 kV 真空断路器特性试验真实作业任务,明确作业标准及作业规范,掌握操作步骤。

●●●● 任务一　高压开关检查 ●●●●

任务描述

　　高压断路器、高压隔离开关种类繁多,应用数量大。高压断路器在正常运行中,用于接通高压电路和断开负载,在发生事故的情况下用于切断故障电流,必要时进行重合闸。它的工作状况及绝缘状况如何,直接影响牵引供电系统安全可靠运行。高压隔离开关主要用于隔离电源、与高压断路器配合进行倒闸操作,形成明显的断开点。定期检查高压开关是确保其运行安全和稳定的重要措施。本任务在介绍牵引变电所高压断路器、高压开关的主要功能、绝缘分类、主要结构的基础上,讲解高压断路器、高压开关的检查方法与要点。

任务目标

　　1.掌握高压断路器、高压隔离开关的主要功能及分类;

　　2.分辨断路器、隔离开关绝缘结构及特性;

　　3.掌握不同高压断路器的绝缘特性;

　　4.区分高压断路器和高压隔离开关的不同;

　　5.理解六氟化硫(SF_6)的特性和应用;

　　6.会制订检查方案,检查高压断路器、隔离开关。

知识准备

一、高压断路器的主要功能、结构和绝缘分类

(一)高压断路器主要功能

　　高压断路器利用断路器油、空气或 SF_6 气体作为触头间的绝缘和灭弧介质,切断和接通负荷回路,切断故障电流,防止事故扩大,保证安全运行。

（二）高压断路器设备实例及主要结构

110 kV SF$_6$断路器如图 5-1 所示。

图 5-1　LW36-110 kV SF$_6$ 断路器

高压断路器的主要结构包括导流部分、灭弧部分、绝缘部分、操作机构四大部分，由高压进/出线、支持绝缘子等零部件组成，如图 5-2 所示。

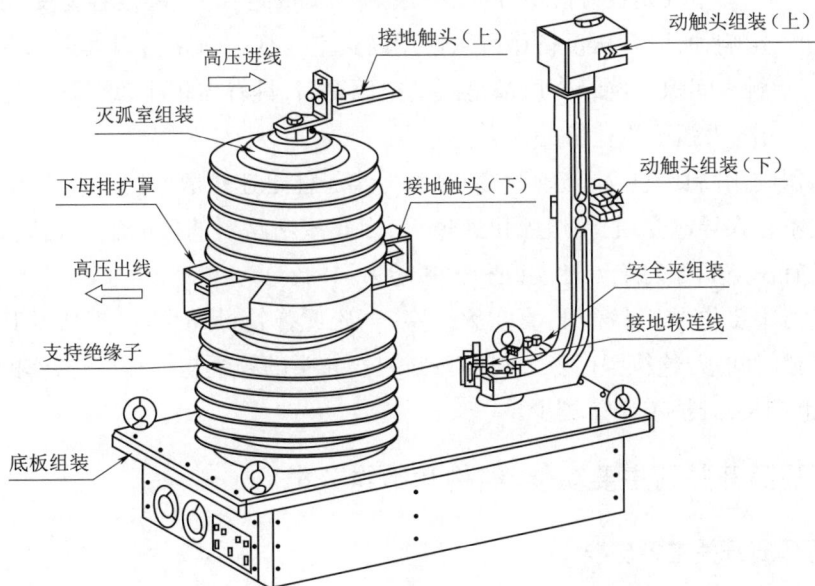

图 5-2　真空断路器结构

（三）高压断路器的绝缘分类

按断路器灭弧介质的不同，可分为 SF$_6$断路器、真空断路器、压缩空气断路器、油断路器。SF$_6$断路器和真空断路器目前应用较广，很多变电所已经实现了油改气的升级改造，从原来的少油断路器升级为采用以 SF$_6$作为绝缘介质的气体绝缘全封闭组合开关电器（gas insulated switchgear，GIS）。少油断路器因其成本低、结构简单，依然被广泛应用于不需要频繁操作及要

157

求不高的各级高压电网中,但压缩空气断路器和多油断路器已基本淘汰。真空断路器常用于高压室"手车"上,集成了操作机构,方便维修。

1. SF₆断路器

SF₆断路器是使用 SF₆气体作为绝缘介质材料。具有结构简单、体积小、重量轻、断流容量大、灭弧迅速、允许开断次数多、检修周期长等优点。不仅在正常运行时能切断和接通高压线路及各种空载和负荷电流。当系统发生故障时,通过继电保护装置的作用能自动、迅速、可靠地切除各种过负荷电流和短路电流,防止事故范围的发生和扩大。它比少油断路器串联断口要少,可使制造、安装、调试和运行比较方便和经济。

SF₆气体是无色、无味、无毒、不燃,在常温下化学性质稳定,属惰性气体。SF₆气体密度是空气密度的 5.1 倍。SF₆气体在 0.29 MPa 压力时,绝缘强度与变压器油相当,灭弧能力是空气的 100 倍。在 1.2 MPa 时液化,为此 SF₆断路器中都不采用过高压力,使其保持气态。SF₆气体有很强的电负性,而正负离子容易复合成中性质点或原子,这是一般气体所没有的,故 SF₆气体与其他气体相比,它的灭弧能力强、绝缘强度高、开断电流大、断开电容电流或电感电流时无重燃,过电压低等。因此将其应用于断路器、变压器和电缆等电气设备,可以缩小设备尺寸,改善电力系统的可靠性和安全性。

2. 真空断路器

空气是良好的电介质,一般用于设备绝缘上,但是容易受到湿度等因素影响,所以高压设备还可以使用高真空。真空断路器因其灭弧介质和灭弧后触头间隙的绝缘介质都是高真空而得名,具有体积小、重量轻、适用于频繁操作、灭弧不用检修的优点。

真空断路器利用高真空中电流流过零点时,等离子体迅速扩散而熄灭电弧,完成切断电流的目的。真空不存在导电介质,使电弧快速熄灭,因此该断路器的动静触头之间的间距很小。真空断路器具有真空间隙的绝缘性能好和灭弧能力强的特点。

真空断路器主要包含三大部分:真空灭弧室、电磁或弹簧操动机构、支架及其他部件。真空断路器的燃弧时间短、绝缘强度长、电气寿命较长、触头的开距与行程小、操作的能量小。因此,机械寿命也较长,维护工作量较少。

二、高压隔离开关的主要功能、结构和绝缘分类

(一)高压隔离开关主要功能

高压隔离开关是一种没有灭弧装置的开关设备,主要用于隔离电源、倒闸操作,形成明显断开点,用以连通和切断小电流电路,无灭弧功能,不能开断负荷电流和短路电流。隔离开关只能在电路已被断路器断开的情况下才能进行操作,严禁带负荷操作,以免发生意外。

(二)高压隔离开关设备实例及主要结构

110 kV 隔离开关如图 5-3 所示。

图 5-3　GW4-110 kV 隔离开关

　　高压隔离开关的主要结构包括导电部分、传动部分、绝缘部分、底座部分,由底架、刀闸板、固定座等零部件组成,如图 5-4 所示。

1—底架;2—刀闸板;3—固定座;4—静触头;5—拉杆;6—电磁阀;
7—气缸;8—传动轴;9—辅助连锁;10—绝缘子。

图 5-4　高压隔离开关结构

(三)高压隔离开关的绝缘分类

　　高压隔离开关的绝缘介质通常以空气为绝缘介质,也有油绝缘介质。按照绝缘和灭弧介质的不同,高压隔离开关可以分成油隔离开关、户内高压隔离开关、ZW32 隔离开关等。

任务实施

任 务 单

　　填写任务单,见表 5-1 所示。

表 5-1　任务单

作业内容	按照作业要求完成高压断路器、高压隔离开关的检查
作业组人员	
测试时间	
当天环境	
测试地点	
现场基本信息	试品类型	
	型号	
测试项目	
使用仪器	

任 务 流 程

作业前准备—检查核实安全措施—高压断路器、高压隔离开关的检查—作业结束,恢复安全措施。

高压断路器的检查

1. SF$_6$断路器

(1)每日定时记录 SF$_6$气体压力和温度。

(2)检查断路器各部分及管道无异声(如漏气声、振动声等)及异味,管道夹头正常。

(3)检查套管无裂痕,无放电声和电晕。

(4)检查引线连接部位无过热,引线弛度适中。

(5)检查断路器分、合位置指示正确,并和当时实际运行工况相符。

(6)检查落地罐式断路器应检查防爆膜有无异状。

(7)检查接地良好。

(8)巡视环境条件,四周无杂物。

2. 真空断路器

(1)检查断路器分、合位置指示正确,并与当时实际运行工况相符。

(2)检查支持绝缘子无裂痕及放电异声。

(3)检查真空灭弧室无异常。

(4)检查接地完好。

(5)检查引线接触部分无过热。

(6)巡视环境条件,四周无杂物。

高压隔离开关的检查

(1)检查瓷体清洁,无破损、裂纹及爬电痕迹。

(2)检查整体安装是否牢固。

(3)检查传动机构有无变形。

(4)检查触头接触面是否光滑,有无烧伤。

（5）检查引线连接是否牢固，接地是否良好。

（6）检查开关刀口接触紧密。

（7）检查分闸角度和接地刀闸与带电部分的距离及分闸止钉间隙符合产品规定。

（8）检查电动操作机构的电机碳刷磨损程度，限位开关动作可靠，分合闸接触器触头无烧伤；端子牌及其他电气回路的接线无松动；电动操作灵活、可靠。

（9）检查构架及支撑装置完好。

（10）巡视环境条件，四周无杂物。

任务评价

任务评价表,见表5-2。

表5-2　评价表

任务名称		高压开关检查				
班级		小组成员		完成日期		
序号		评价内容及评分标准	分值	学生自评	学生互评	教师评价
1	安全防护	检查、维护前,穿好工作服、绝缘鞋,戴好安全帽,带上检查、维护作业卡	10分			
		1. 检查、维护过程中需要着装整齐,穿绝缘靴、工作服,戴安全帽、绝缘手套,做好个人安全防护。 2. 检查、维护期间与运行设备保持相应安全距离	10分			
2	检查准备	1. 两人一组,一人为值班员,一人为助理值班员,与他人进行良好的沟通。 2. 记录环境温度、湿度、气象情况、检查、维护日期及使用仪表	5分			
3	检查	SF$_6$断路器 1. 记录SF$_6$气体压力和温度。 2. 检查断路器各部分及管道无异声(如漏气声、振动声等)及异味,管道夹头正常。 3. 检查套管无裂痕,无放电声和电晕。 4. 检查引线连接部位无过热,引线弧度适中。 5. 检查断路器分、合位置指示正确,并和当时实际运行工况相符。 6. 检查落地罐式断路器应检查防爆膜有无异状,检查接地良好。 7. 巡视环境条件,四周无杂物	20分			
		真空断路器 1. 检查断路器分、合位置指示正确,并与当时实际运行工况相符。 2. 检查支持绝缘子无裂痕及放电异声。 3. 检查真空灭弧室无异常。 4. 检查接地完好。 5. 检查引线接触部分无过热。 6. 巡视环境条件,四周无杂物	20分			
		高压隔离开关 1. 检查瓷体清洁,无破损、裂纹及爬电痕迹。 2. 检查整体安装是否牢固。 3. 检查传动机构有无变形。 4. 检查触头接触面是否光滑,有无烧伤。 5. 检查引线连接是否牢固,接地是否良好。 6. 检查开关刀口接触紧密。 7. 检查分闸角度和接地刀闸与带电部分的距离及分闸止钉间隙符合产品规定。 8. 检查电动操作机构的电机碳刷磨损程度,限位开关动作可靠,分合闸接触器触头无烧伤;端子牌及其他电气回路的接线无松动。电动操作灵活、可靠。 9. 检查构架及支撑装置完好。 10. 巡视环境条件,四周无杂物	30			
4	文明作业	1. 检查维护完毕。 2. 设备、仪器及工器具收好,摆放整齐	5分			
综合评价						

课后练习

1. 简述高压断路器和高压隔离开关的功能。
2. 简述高压断路器的类型。
3. 高压断路器的预防性试验有哪些?

•••• 任务二 断路器绝缘电阻测量 ••••

任务描述

测量断路器绝缘电阻能够检查断路器合闸后灭弧室、主绝缘、绝缘杆是否受潮、电弧烧伤、绝缘裂缝等缺陷,同时还要测量分闸状态下,各断口间的绝缘电阻,主要检查断路器内部消弧装置是否受潮、烧伤等。

测量绝缘电阻是所有类型断路器的基本试验项目,对于不同类型的断路器有不同的要求,应使用不同电压等级的兆欧表。

任务目标

1. 明确高压断路器绝缘电阻测量的目的及意义;
2. 制订高压断路器绝缘电阻测量的试验方案;
3. 完成高压断路器绝缘预防性试验;
4. 分析试验数据,判断绝缘是否存在缺陷;
5. 撰写高压断路器绝缘电阻测量试验报告。

知识准备

一、试验目的

测量高压断路器的绝缘电阻,是检查高压断路器绝缘状态最简便和最基本的方法。在现场普遍用绝缘电阻测试仪测量绝缘电阻。绝缘电阻值的大小常能灵敏地反映绝缘情况,能有效地发现设备局部或整体受潮和脏污,以及绝缘击穿和严重过热老化等缺陷。

(1)检测高压断路器绝缘杆受潮、电弧烧伤和绝缘裂缝等缺陷。

(2)检测绝缘油严重劣化、绝缘击穿等缺陷。

(3)测量分闸状态下各断口间的绝缘电阻可检查高压断路器内部消弧装置是否受潮、烧伤等。

(4)测量合闸状态下拉杆对地绝缘,能发现拉杆受潮、裂纹、表面积污、弧道灼痕等贯穿性缺陷,对引出线套管的严重绝缘缺陷也能有所反映。

二、不同类型断路器的绝缘电阻测量

1. 多油断路器

多油断路器的绝缘部件有套管、绝缘拉杆、灭弧室和绝缘油等,主要检查杆对地绝缘,故应在断路器合闸状态下进行测试。

2. 少油断路器

少油断路器的绝缘部件有瓷套、绝缘拉杆和绝缘油等。

(1)在断路器合闸状态下,主要检查拉杆对地绝缘。对35 kV以下包含有绝缘子和绝缘拐臂的绝缘。

(2)在断路器分闸状态下,主要检查各断口之间的绝缘,以及内部灭弧室是否受潮或烧伤。

绝缘拉杆一般由有机材料制成,运输和安装过程中容易受潮,造成绝缘电阻较低。对油断路器整体绝缘电阻未作规定,而用有机材料制成的断路器绝缘拉杆的绝缘电阻不应低于表5-3所列数值。

表5-3　用有机材料制成的断路器绝缘拉杆的绝缘电阻允许值　　　　　单位:MΩ

试验类别	额定电压/kV			
	<24	24~40.5	72.5~252	363
交接	1 200	3 000	6 000	10 000
大修后	1 000	2 500	5 000	10 000
运行中	300	1 000	3 000	5 000

3. 其他断路器

对于真空断路器、压缩空气断路器和SF_6断路器,主要测量支持瓷套、拉杆等一次回路对地绝缘电阻,一般使用2 500 V的兆欧表,其值应大于5 000 MΩ。

[二维码]

高压断路器
绝缘电阻测量

任务实施

任务单

填写任务单,见表5-4。

表5-4　任务单

作业内容	按照作业要求完成高压断路器的绝缘电阻和吸收比测量	
作业组人员		
测试时间		
当天环境		
测试地点		
现场基本信息	试品类型	
	型号	
测试项目		
使用仪器		

任务流程

作业前准备—检查核实安全措施—用兆欧表完成高压断路器的绝缘电阻和吸收比的测量—根据测量结果分析判断绝缘状况—作业结束,恢复安全措施。

工器具及试验设备准备（表 5-5）

表 5-5　工具、仪器、材料清单

序号	名称	技术规格	单位	数量	备注
1	温湿度计	误差 ±1 ℃	个	1	
2	兆欧表	输出电流大于 1 mA，220 kV 及以上变压器试验时输出电流宜大于 5 mA	台	1	
3	试验连接线	各类型号	条	若干	
4	万用表	—	台	1	
5	电缆盘	50 m	个	1	
6	接地线	—	根	1	
7	工具箱	扳手等常用工具	套	1	
8	记录本	—	本	1	
9	放电棒	—	根	1	

兆欧表如图 5-5 所示。

准备工作：确认断路器的外侧电源断开，对外连线已拆除或断开，试验前接地放电，用干燥、清洁、柔软的布擦去被试品外绝缘表面的脏污，必要时用适当的清洁剂洗净。记录被试断路器的温度、环境温度、湿度、气象情况、试验日期及使用仪表等。

图 5-5　兆欧表

试验安全防护及注意事项

（1）戴好安全帽、绝缘手套，穿好绝缘鞋。做好个人安全防护。

（2）在作业地点的周围要设围栏。围栏上悬挂"止步，高压危险！"的标示牌（标示牌要面向作业场地外方），并派专人看守。

（3）在一个电气连接部分内，同时只允许一个作业组且在一项设备上进行高压试验。

（4）试验装置的金属外壳要装设接地线，其电源开关要使用有明显断开点的双极开关。

（5）电源、电源盘的验电。试验启动前注意呼唱。

（6）接线先接地线后架高压线，高压线要扣紧测量断口。

（7）断开绝缘电阻测试仪后要对被测试设备短接放电并接地。

（8）试验结束先放电、再拆高压线，最后拆接地线。

试验接线

1. 相对地（图 5-6）

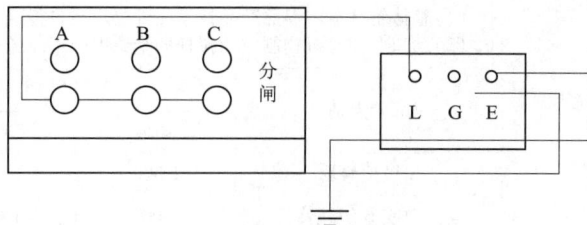

图 5-6　相对地接线方式

2. 断口间(图 5-7)

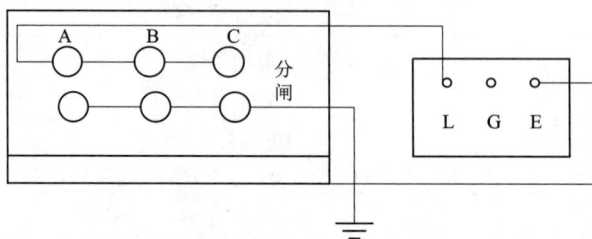

图 5-7　断口间接线方式

试 验 操 作

(1)试验前对兆欧表本身进行检查,将兆欧表水平放稳。

①接通整流电源型兆欧表电源或摇动发电机型兆欧表在低速旋转时,用导线瞬时短接"L"和"E"端子,其指示应为零。

②开路时,接通电源或兆欧表达额定转速时,其指针应指向∞。

③断开电源,将兆欧表的接地端与被试品的地线连接。

④兆欧表的高压端接上屏蔽连接线,连接线的另一端悬空(不接试品),再次接通电源或驱动兆欧表,兆欧表的指示应无明显差异。

(2)将断路器置于分闸状态。

(3)接地线接至兆欧表的"E"端。

(4)断路器断口下部引线端子短接后接至兆欧表的"L"端。

(5)断路器断口上部引线端子短接后通过专用线接地。

(6)检查试验接线正确,工作人员与施加电压部位保持足够安全距离,操作人员征得负责人许可之后,开始测量。

(7)打开电源开关,根据被试品电压等级选择表计电压量程,此处选择电压量程为 2 500 V,开始测量。

(8)测试数据稳定,停止测量,读取并记录 15 s 和 60 s 时测得的绝缘电阻值。

(9)测试仪放电完毕后关机,放电棒对被试品放电。

(10)填写试验数据。

试 验 数 据 分 析

(1)真空断路器(表 5-6)

表 5-6　真空断路器绝缘电阻测量标准

绝缘电阻	(1)A、B 级检修后 (2)必要时	(1)整体绝缘电阻参照产品技术文件要求或自行规定; (2)断口和用有机物制成的拉杆的绝缘电阻不应低于下表中的数值,单位:MΩ			
		试验类别	额定电压/kV		
			<24	24~40.5	≥72.5
		A 级检修后	1 000	2 500	5 000
		运行中或 B 级检修后	300	1 000	3 000

（2）油断路器（表5-7）

表5-7　油断路器绝缘电阻测量标准

绝缘电阻	(1) A、B 级检修后 (2) ≤6 年 (3) 必要时	(1) 整体绝缘电阻自行规定； (2) 断口和有机物制成的拉杆的绝缘电阻不应低于下表中的数值，单位：MΩ				使用 2 500 V 兆欧表
		试验类别	额定电压/kV			
			< 24	24 ~ 40.5	72.5 ~ 252	363
		A、B 级检修后	1 000	2 500	5 000	10 000
		运行中	300	1 000	3 000	5 000

任务评价

任务评价表,见表5-8。

表5-8 评价表

任务名称		断路器绝缘电阻测量					
班级		小组成员		完成日期			
序号		评价内容及评分标准		分值	学生自评	学生互评	教师评价
1	安全防护	1.测试前,"确认设备已停电;停电作业命令已批准;安全措施和作业手续已办理,具备作业条件"。 2.测试后,"测试项目已完成,作业命令已消除"		10分			
		1.高压试验作业地点周围要设围栅,围栅上悬挂"止步,高压危险!"的标示牌。 2.设置封闭式高压试验围栅,并呼唤应答"高压试验围栅已设置,止步,高压危险标示牌已悬挂,开始作业"		5分			
		1.初次试验前要用高压验电器对主导体进行验电,用放电棒进行放电。 2.放电2 s,再后端对地放电1 s		5分			
		作业中需要着装整齐,穿绝缘靴、工作服,戴绝缘手套、安全帽,做好个人安全防护		10分			
2	试验准备	1.两人一组,与他人进行良好的沟通合作。 2.检查仪器状态;检查被试设备接地;检查测试线、仪器、装置外观、静态整定参数正确		10分			
		1.确认断路器高低压端子接线、接地。 2.确认外观状态正常		10分			
3	试验操作	1.接地线接至兆欧表的"E"端。 2.断路器断口下部引线端子短接后接至兆欧表的"L"端。 3.断路器断口上部引线端子短接后通过专用线接地		10分			
		1.选择2 500 V测试电压。 2.测试数据稳定,停止测量,读取并记录15 s和60 s时测得的绝缘电阻值,绝缘测试后放电		20分			
		1.正确填写试验报告。 2.试验数据与出厂值比较,结论判断正确		10分			
4	文明作业	1.作业完毕,设备恢复原样。 2.设备、仪器及工器具收好,摆放整齐		5分			
		每次加压操作及验电、放电应进行呼唤应答		5分			
综合评价							

课后练习

1.高压断路器绝缘电阻测量有何作用?

2.说明高压断路器绝缘电阻测量试验操作流程?

技术前沿

高压电器开关技术设计前景

1.高压电器组合开关

技术人员通过将五防联锁功能加入高压电器开关结构设计中,进一步提高了高压电器开关的实用性,有效改变了高压电器开关组合产品功能选择单一的问题。这种新的设计理念,主要凭借增加高压电器开关内部组成零件实现功能的增多,其中以固封极柱的作用最为重要。这种高压电器组合开关独特之处在于它采用了三个串联的方式将各元件与极柱支架相连。此外,室门联锁机构联锁键也通过弹簧操纵元件和隔离接地开关元件并联。除此之外,弹簧操动系统与室门联锁键之间也有联动作用,合闸按钮能够实现开启、关闭合闸的操作,传动件一端背面的限位件与分闸半轴相配合,可以控制分闸半轴的位置,并能根据实际情况实时调整分闸。

2.杠杆联锁模式

从元件组成结构来看,高压电器开关的结构模式可以看作是杠杆连锁结构,这种模式高压电器开关主要以支撑底座为平台,根据电力系统运行过程中的实际情况来实时调整开关的旋转方向。

目前高压电器开关研发水平和设计理念的发展应用水平已经相对完善成熟,在实现机电一体化的基础上,还增加了人机交互功能,尤其随着计算机和信息技术的发展和普及,人机交互的发展变得越来越重要。

•••● 任务三　断路器交流耐压试验 ●•••

任务描述

断路器的交流耐压试验是鉴定断路器绝缘强度最有效和最直接的试验项目,对断路器进行耐压试验的目的是检查断路器的安装质量,考核断路器的绝缘强度。

任务目标

1.明确断路器交流耐压试验的目的及意义;

2.掌握断路器交流耐压试验的原理;

3.制订断路器交流耐压试验方案;

4.完成断路器交流耐压试验;

5.分析试验数据,判断设备是否存在缺陷;

6.撰写断路器交流耐压试验报告。

知识准备

一、试验目的

交流耐压试验的电压、波形、频率和电压在被试品绝缘内的分布,一般与实际运行相吻合,因而能较有效地发现绝缘缺陷。交流耐压试验应在被试品的非破坏性试验均合格之后才能进行。如果这些非破坏性试验已经发现绝缘缺陷,则应设法消除,并重新试验合格后才能进行交流耐压试验。

二、试验原理

交流耐压试验常用的原理接线如图5-8所示。交流耐压试验接线分为五个部分:交流电源部分、调压部分、控制保护部分、电压测量部分和波形改善部分。交流耐压的试验电压一般由试验变压器或串联谐振回路产生。

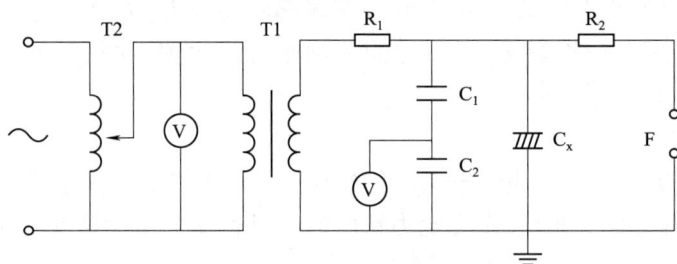

T1—试验变压器;T2—调压器;R_1、R_2—保护电阻器;

F—球隙;C_x—被试品;C_1、C_2—电容分压器。

图5-8　交流耐压试验原理接线图

三、危险点分析及预防措施

拆、接试验接线前,应将被试设备对地放电。测试前应与检修负责人协调,不允许有交叉作业。工作人员应与带电部位保持足够的安全距离。试验人员之间应口号联系清楚,加压过程中应有人监护并呼唱。试验仪器的金属外壳应可靠接地,仪器操作人员必须站在绝缘垫上。

四、试验前的准备工作

(一)分析试验条件

查勘现场,查阅相关技术资料,包括该设备历年试验数据及相关规则等,掌握该设备运行及缺陷情况。

(二)准备试验仪器、设备及工器具

准备试验用仪器、仪表、工具。仪器仪表状态良好,应在合格周期内。

选择合适的试验变压器及控制台、串联谐振耐压装置、保护电阻、球隙、电容分压器、数字多量程峰值电压表、兆欧表、放电棒、绝缘操作杆、接地线、高压导线、万用表、温湿度计、电工常用工具、白布、安全带、安全帽、试验临时安全遮拦、标示牌等。并查阅测试仪器、设备及绝缘工器具检定证书的有效期。

（三）办理工作票、做好试验现场安全和技术措施

填写第一种工作票，编写作业控制卡、质量控制卡，办理工作许可手续。

向其余试验人员交代工作内容、带电部位、现场安全措施、现场作业危险点，明确人员分工及试验程序。

高压断路器
交流耐压试验

任 务 单

填写任务单，见表5-9。

表5-9　任务单

作业内容		按照作业要求完成断路器的交流耐压试验
作业组人员		
测试时间		
当天环境		
测试地点		
现场基本信息	试品类型	
	型号	
测试项目		
使用仪器		

任 务 流 程

作业前准备—检查核实安全措施—完成断路器交流耐压试验—根据测量结果分析判断绝缘状况—作业结束，恢复安全措施。

工器具及试验设备准备

1. 试验仪器

（1）调压部分

对调压器的基本要求是电压应能从零开始平滑地进行调节，以满足试验所需的任意电压，并且在调节过程中电压波形不发生畸变。交流耐压试验调压器如图5-9所示。

（2）高压试验变压器

用于高压试验的特制变压器称为高压试验变压器，如图5-10所示。它与电力变压器相比，具有容量不大、额定电压较高、允许持续工作时间短、体积较小等特点。

（3）电压测量部分

使用电容分压器测量高压，电容分压器如图5-11所示。

图5-9　交流耐压试验调压器

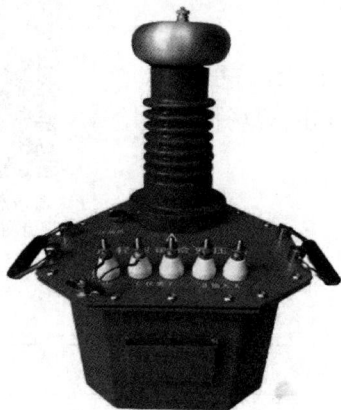

图 5-10　高压试验变压器

图 5-11　电容分压器

试验所需工具、仪器、材料清单见表 5-10。

表 5-10　工具、仪器、材料清单

序号	名称	技术规格	单位	数量	备注
1	高压试验变压器	—	台	1	
2	交流耐压试验调压器	—	台	1	
3	电容分压器	—	台	1	
4	兆欧表	5 000 V 或 2 500 V	台	1	
5	电压表	—	台	1	
6	球隙	—	套	1	
7	温湿度计	误差 ±1 ℃	个	1	
8	放电棒	—	个	1	
9	接地线	—	根	1	
10	对讲机	—	个	2	通信
11	围栏	—	个	1	
12	标识牌	—	个	1	
13	试验连接线	各类型号	m	若干	
14	记录本	—	本	1	

试验安全防护及注意事项

（1）戴好安全帽、绝缘手套，穿好绝缘鞋。做好个人安全防护。

（2）在作业地点的周围要设围栅。围栅上悬挂"止步，高压危险！"的标示牌（标示牌要面向作业场地外方），并派专人看守。

（3）在一个电气连接部分内，同时只允许一个作业组且在一项设备上进行高压试验。

（4）试验应在良好的天气，试品及环境温度不低于 5 ℃。户外试验应在良好的天气进行，且空气相对湿度一般不高于 80%。

（5）有时工频耐压试验进行了数十秒，中途因故失去电源使试验中断，在查明原因，恢复电源后，应重新进行全时间的持续耐压试验，不可仅进行"补充"时间的试验。

（6）对于过滤和新加油的断路器必须等油中气泡全部逸出后才能进行耐压试验,以免油中气泡引起放电。一般需要静止3~5 h后才能进行油断路器的交流耐压试验。

（7）对于SF₆断路器必须在充气至额定气压24 h后才能进行交流耐压试验。

（8）断路器耐压试验时如出现击穿声或冒烟,则为不合格,务必重新处理查明原因。原因未查明不得轻易重试以免造成损失。

试 验 接 线

（1）断口间耐压试验接线如图5-12所示（分闸）。

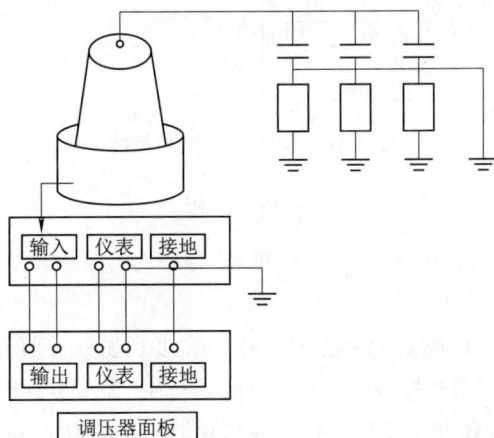

图5-12　断口间耐压试验接线

（2）相对地耐压试验接线如图5-13所示（合闸）。

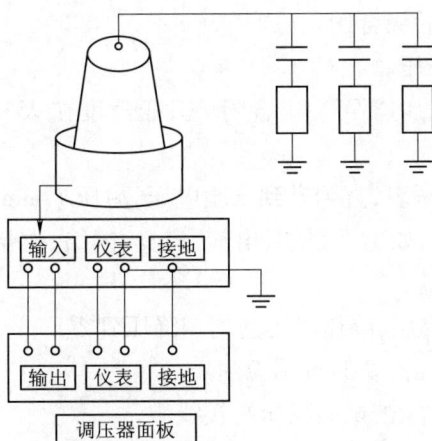

图5-13　相对地耐压试验接线

（3）相间耐压试验接线如图5-14所示。

油断路器耐压试验应在合闸状态导电部分对地之间和在分闸状态的断口间分别进行。对于三相共箱式的油断路器应作相间耐压,试验时一相加压其余两相接地;对瓷柱式SF₆定开距型断路器只作断口间耐压。SF₆罐式断路器耐压试验方式应为合闸对地;分闸状态两端轮流加压,另一端接地。试验电压必须在高压侧测量,并以峰值表为准。

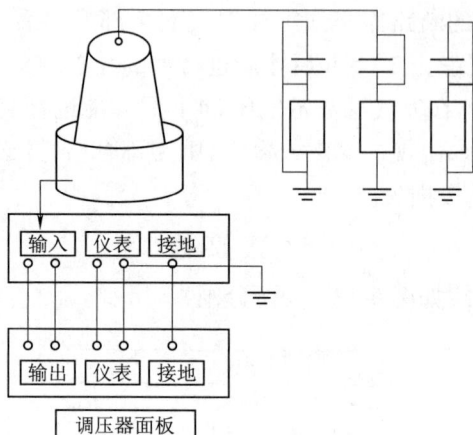

图 5-14　相间耐压试验接线

试 验 操 作

1. 断路器相对地交流耐压试验

（1）首先将断路器外壳接地。

（2）将断路器上部 A、B、C 断口短接起来，另一端接到试验变压器上。

（3）检查开关是否在合闸状态，若不是手动将其合上。

（4）在确保调压器在零位的情况下才能升高电压。试验时，存在触电危险：被试品加压时，必须保证所有人员离开试验现场。试验负责人检查接线无误后，开始进行升压操作。

（5）启动电源，打开电源开关。

（6）在操作之前，首先要按警铃，使警铃长响。

（7）先按前级合闸，后按后级合闸。

（8）按下升压按钮进行升压。

注意：升压必须从零开始，切不可冲击合闸。升压速度在 75% 前可以是任意的，75% 以后应均匀升压。

（9）监护交/直流峰值电压表，直到升到试验电压，耐压 1 min。升压过程中应密切监视高压回路，监视被试品有何异响，如出现冒烟、出气、焦臭、闪络、燃烧或发出击穿响声，应立即停止升压，降压停电后查明原因。

（10）耐压计时 1 min 后降压，降压时迅速均匀降压到零。

（11）降压完毕后，关闭电源，切断电源刀闸。

（12）用放电棒放电后，拆除被试品高压端接线。

2. 断路器的断口间交流耐压试验

（1）将断路器下部 A、B、C 断口端接起来接地。

（2）断路器分闸后，加压进行耐压试验，后续操作方法同上。

3. 断路器相间交流耐压试验

（1）将断路器 A、C 两相动静触头短接后接地，B 相动静触头短接后接于试验变压器的高压端。

（2）加压进行耐压试验，后续操作方法同上。

试验数据分析

1. 试验标准

《铁路牵引变电所电气设备试验规则》对核心部件或主体进行解体性检修之后，或必要时，进行交流耐压试验。包括相对地（合闸状态）和断口间（罐式、瓷柱式定开距断路器，分闸状态）两种方式。试验在额定充气压力下进行，试验电压为出厂试验值的 80%，频率不超过 300 Hz，耐压时间为 60 s。

《铁路牵引变电所电气设备试验规则》断路器的交流耐压试验应在分、合闸状态下分别进行，试验电压按照表 5-11 规定执行。

表 5-11　真空断路器交流试验电压值

额定电压/kV	交流耐压试验电压/kV			
	相对地	相间	断路器断口	隔离断口
27.5	80	140	80	90
55	140	140	140	140

注：耐压数据参考了 TB/T 2803—2003《电气化铁道用断路器技术条件》第 4.2.4.1 条的规定。

2. 测试结果分析

在升压和耐压过程中，如发现电压表指针摆动很大，电流表指示急剧增加，调压器往上升方向调节，电流上升，电压基本不变甚至有下降趋势，被试品冒烟、出气、焦臭、闪络、燃烧或发出击穿响声（或断续放电声），应立即停止升压。降压停电后查明原因。这些现象如查明是绝缘部分出现的，则认为被试品交流耐压试验不合格。如确定被试品的表面闪络是由于空气湿度或绝缘表面脏污等所致，应将被试品绝缘表面清洁干燥处理后，再进行试验。

试验结果应根据试验中有无发生破坏性放电、有无出现绝缘普遍或局部发热及耐压试验前后绝缘电阻是否有明显变化，进行全面分析。

任务评价

任务评价表,见表 5-12。

表 5-12　评价表

任务名称	断路器交流耐压试验					
班级		小组成员		试验日期		
序号		评价内容及评分标准	分值	学生自评	学生互评	教师评价
1	安全防护	1. 测试前,"确认设备已停电;停电作业命令已批准;安全措施和作业手续已办理,具备作业条件"。 2. 测试后,"测试项目已完成,作业命令已消除"	5分			
		1. 高压试验作业地点周围要设围栅,围栅上悬挂"止步,高压危险!"的标示牌。 2. 设置封闭式高压试验围栅,并呼唤应答"高压试验围栅已设置,止步,高压危险标示牌已悬挂,开始作业"	5分			
		1. 初次试验前要用高压验电器对主导体进行验电,用放电棒进行放电。 2. 放电2 s,再后端对地放电1 s	5分			
		作业中需要着装整齐,穿绝缘靴、工作服,戴绝缘手套、安全帽,做好个人安全防护	5分			
2	试验准备	1. 两人一组,与他人进行良好的沟通合作。 2. 检查仪器状态;检查被试设备接地;检查测试线、仪器、装置外观、静态整定参数正确	5分			
		1. 确认断路器高低压端子接线、接地。 2. 确认外观状态正常	5分			
3	试验操作	断路器相对地交流耐压试验 1. 首先将断路器外壳接地。 2. 将断路器上部A、B、C断口短接起来。另一端接到试验变压器上。 3. 检查开关是否在合闸状态,若不是手动将其合上。 4. 在确保调压器在零位的情况下才能升高电压。试验时,存在触电危险:被试品加压时,必须保证所有人员离开试验现场。试验负责人检查接线无误后,开始进行升压操作。 5. 启动电源,打开电源开关。 6. 在操作之前,首先要按警铃,使警铃长响。 7. 先按前级合闸,后按后级合闸。 8. 按下升压按钮进行升压。 9. 监护交/直流峰值电压表,直到升到试验电压,耐压1 min。升压过程中应密切监视高压回路,监视被试品有何异常,如出现冒烟、出气、焦臭、闪络、燃烧或发出击穿响声,应立即停止升压,降压停电后查明原因。 10. 耐压计时1 min后降压,降压时迅速均匀降压到零。 11. 降压完毕后,关闭电源,切断电源刀闸。 12. 用放电棒放电后,拆除被试品高压端接线	25分			
		断路器的断口间交流耐压试验 1. 将断路器下部A、B、C断口端接起来接地。 2. 断路器分闸后,加压进行耐压试验,后续操作方法同上	10分			
		断路器相间交流耐压试验 1. 将断路器A、C两相动静触头短接后接地,B相动静触头短接后接于试验变压器的高压端。 2. 加压进行耐压试验,后续操作方法同上	15分			
		1. 正确填写试验报告。 2. 试验数据与出厂值比较,结论判断正确	10分			
4	文明作业	1. 作业完毕,设备恢复原样。 2. 设备、仪器及工器具收好,摆放整齐	5分			
		每次加压操作及验电、放电应进行呼唤应答	5分			
综合评价						

📧 **课后练习**

1.高压断路器交流耐压测试可以检测出什么绝缘状况？其测量原理是什么？应如何进行？

2.35 kV 少油高压断路器做耐压试验应加多大的电压？要如何区分测量部位？

•••• 任务四　断路器特性试验 ••••

🔧 **任务描述**

断路器动作时间、速度是保证断路器正常工作和系统安全运行的主要参数,断路器的分合闸时间、分合闸不同期程度、分合闸速度,以及线圈的动作电压等,直接影响断路器的切合性能,并且对继电保护,自动重合闸装置,以及系统的稳定带来极大的影响。断路器动作过快,易造成断路器部件的损坏,缩短断路器的使用寿命,甚至造成事故;断路器动作过慢,则会加长灭弧时间、烧坏触头(增高内压,引起爆炸)、造成越级跳闸(扩大停电范围),加重设备的损坏和影响电力系统的稳定。因此,断路器设备在投入运行之前或检修维护时,均需要测量断路合分时间器的合分时间是否满足产品的要求,避免出现故障造成损失。

🖥 **任务目标**

1.理解断路器固有分闸时间、固有合闸时间的含义;

2.操作断路器机械特性测试仪;

3.制订断路器特性试验方案;

4.完成断路器特性试验;

5.分析试验数据,判断设备是否存在缺陷;

6.撰写断路器特性试验报告。

💻 **知识准备**

一、断路器合分闸时间

断路器的固有分闸时间是指由发布分闸命令(指分闸回路接通)起到灭弧触头刚分离的一段时间。断路器合闸时间是指发布合闸命令(指合闸回路接通)起到最后一相的主灭弧触头刚接触为止的一段时间。断路器分闸和合闸同步差是指分闸或合闸时三相之差。

二、试验目的

合分时间过长,则在断路器重合闸时,由于断路器不能及时快速切断故障电流,会加长灭弧时间,切除故障时易导致加重设备损坏和影响牵引供电系统稳定。合分时间过短,则在断路器重合闸时,特别是在切断永久短路故障情况下,会因分闸时间灭弧室的绝缘强度和灭弧能力没有足够恢复,出现断路器不能切断故障电流或出现重燃或重击穿,导致严重的事故。

因此,断路器设备在投入运行之前或检修维护时,均需要测量断路合分时间是否满足产品的要求,避免出现故障造成损失。

三、危险点分析及预防措施

(1)在使用前,将机械特性测试仪接上接地线,防止仪器漏电,危及人身安全。

(2)使用时,根据测试的项目选择正确的操作,防止测试仪和设备的损坏。

(3)在接入断路器操作回路时,应断开断路器的操作电源,防止在测试时损坏二次设备。

(4)控制输出电源严禁短路。

四、试验前的准备工作

(1)阅读开关测试仪的说明书,掌握测试仪的使用方法。

(2)按照随机清单,检查所配测试线及附件是否齐全、完好。

(3)检查打印纸是否足够。

(4)检查测试仪电源工作是否正常。

(5)核查被测设备参数标准。

任务实施

任务单

填写任务单,见表5-13。

表5-13　任务单

作业内容	按照作业要求完成断路器特性试验		
作业组人员			
测试时间			
当天环境			
测试地点			
现场基本信息	试品类型		
	型号		
测试项目			
使用仪器			

任务流程

作业前准备—检查核实安全措施—用断路器机械特性仪完成断路器特性试验—根据测量结果分析判断断路器机械状态—作业结束,恢复安全措施。

工器具及试验设备准备

使用仪表:断路器机械特性测试仪,如图5-15所示。

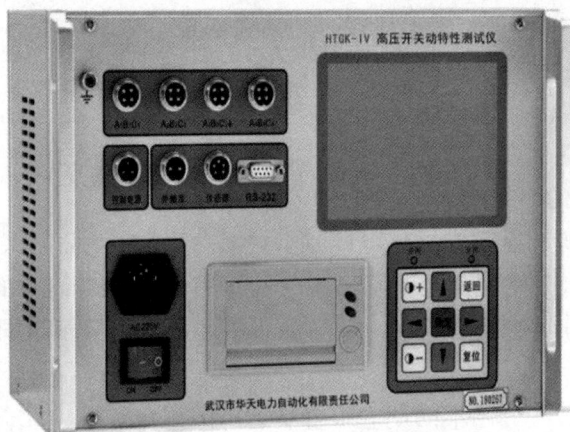

图 5-15　断路器机械特性测试仪

试验所需工具、仪器、材料清单见表 5-14。

表 5-14　工具、仪器、材料清单

序号	名称	技术规格	单位	数量	备注
1	断路器机械特性测试仪	—	台	1	
2	试验连接线	各类型号	条	若干	
3	接地线	—	根	1	
4	工具箱	扳手等常用工具	套	1	
5	记录本	—	本	1	
6	放电棒	—	根	1	
7	围栏	—	个	1	
8	标识牌	—	个	1	
9	对讲机	—	个	2	通信

试验安全防护

（1）在作业地点的周围要设围栅。围栅上悬挂"止步,高压危险!"的标示牌（标示牌要面向作业场地外方）,并派专人看守。

（2）在一个电气连接部分内,同时只允许一个作业组且在一项设备上进行高压试验。

（3）试验装置的金属外壳要装设接地线,其电源开关要使用有明显断开点的双极开关。

机械特性试验

一、断路器合分闸时间、同期性测定

1. 试验目的

检查断路器的合分闸时间、是否同期、合闸弹跳时间。

2. 试验仪器

（1）可调直流电压源。输出范围:电压为 0～250 V 直流,电流应不小于 5 A,纹波系数不大于 3%。

（2）断路器特性测试仪 1 台，要求仪器时间精度误差不大于 0.1 ms，时间通道数应不少于 3 个。

3. 试验步骤

（1）将断路器特性测试仪的合、分闸控制线分别接入断路器二次侧控制线中，用试验接线将断路器一次侧各断口的引线接入测试仪的时间通道。

（2）将可调直流电源调至额定操作电压，通过控制断路器特性测试仪，对真空断路器进行分、合操作，得出各相合、分闸时间及合闸弹跳时间。三相合闸时间中的最大值与最小值之差即为合闸不同期；三相分闸时间中的最大值与最小值之差即为分闸不同期。

4. 测试结果分析

（1）合、分闸时间与合、分闸不同期应符合制造厂的规定。

（2）合闸弹跳时间除制造厂另有规定外应不大于 2 ms。

二、合分闸速度及合闸反弹幅值测定

1. 试验目的

检查断路器的合分闸速度和合闸弹跳时间。

2. 试验仪器

（1）可调直流电压源。输出范围：电压为 0 ~ 250 V 直流，电流应不小于 5 A，纹波系数不大于 3%。

（2）断路器特性测试仪 1 台，要求仪器时间精度误差不大于 0.1 ms，时间通道数应不少于 3 个，至少有 1 个模拟输入通道。

3. 试验步骤

试验与断路器合、分闸时间试验相同，将测速传感器可靠固定，并将传感器运动部分牢固连接至断路器动触杆上。对利用断路器特性测试仪进行断路器合、分操作，根据所得的行程—时间曲线求得合、分闸速度，以及分闸反弹幅值。

4. 测试结果分析

（1）合、分闸速度与分闸反弹幅值应符合制造厂的规定。

（2）分闸反弹幅值一般不应大于额定触头开距的 1/30。

任务评价

任务评价表,见表 5-15。

表 5-15 评价表

任务名称		断路器特性试验				
班级		小组成员		试验日期		
序号		评价内容及评分标准	分值	学生自评	学生互评	教师评价
1	安全防护	1.测试前,"确认设备已停电;停电作业命令已批准;安全措施和作业手续已办理,具备作业条件"。 2.测试后,"测试项目已完成,作业命令已消除"	5分			
		1.高压试验作业地点周围要设置围栅,围栅上悬挂"止步,高压危险!"的标示牌。 2.设置封闭式高压试验围栅,并呼唤应答"高压试验围栅已设置,止步,高压危险标示牌已悬挂,开始作业"	5分			
		1.初次试前要用高压验电器对主导体进行验电,用放电棒进行放电。 2.放电2 s,再后端对地放电1 s	5分			
		作业中需要着装整齐,穿绝缘靴、工作服,戴绝缘手套、安全帽,做好个人安全防护	5分			
2	试验准备	1.两人一组,与他人进行良好的沟通合作。 2.检查仪器状态;检查被试设备接地;检查测试线、仪器、装置外观、静态整定参数正确	10分			
		1.确认断路器高低压端子接线、接地。 2.确认外观状态正常	10分			
3	试验操作	断路器合分闸时间、同期性测定 1.将断路器特性测试仪的合、分闸控制线分别接入断路器二次控制线中,用试验接线将断路器一次各断口的引线接入测试仪的时间通道。 2.将可调直流电源调至额定操作电压,对真空断路器进行分、合操作,得出各相合、分闸时间及合闸弹跳时间	20分			
		合分闸速度及合闸反弹幅值测定 1.试验与断路器合、分闸时间试验相同,将测速传感器可靠固定,并将传感器运动部分牢固连接至断路器动触杆上。 2.利用断路器特性测试仪进行断路器合、分操作,根据所得的行程一时间曲线求得合、分闸速度,以及分闸反弹幅值	20分			
		1.正确填写试验报告。 2.试验数据与出厂值比较,结论判断正确	10分			
4	文明作业	1.作业完毕,设备恢复原样。 2.设备、仪器及工器具收好,摆放整齐	10分			
综合评价						

课后练习

1.断路器有几个时间参数要测量？如何测量？

2.断路器特性试验项目有哪些？

27.5 kV 真空断路器特性试验案例

在牵引变电所,对 27.5 kV 真空断路器进行特性试验。分析试验过程及特性试验结果,撰写试验报告。

2023 年××月××日在牵引变电所,对一台 27.5 kV 真空断路器进行机械特性检测,现场测试如图 5-16 所示。

图 5-16　现场测试

1. 测试过程

(1)在检修中发现开关底部绝缘套管(图 5-17)有明显伤痕,需要对其更换以及对断路器进行检查和试验,确保开关的可靠性。

图 5-17　断路器绝缘套管

(2)更换绝缘套管,对其抽真空然后充 SF_6。

(3)断路器部件更换完毕,外观及功能检查无其余不良情况之后,进行机械特性测试。27.5 kV 断路器只有 T、F 相,在测试时只需连接测试仪的 A、B 相即可。

(4)查看断路器图纸,找到分合闸控制节点,通过分合闸控制线圈(图 5-18)节点,测试断路器分合闸时间、同期,以及最低动作电压。

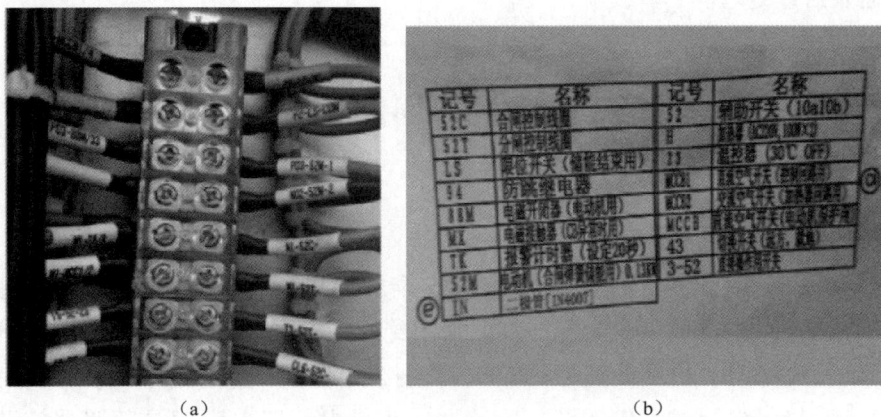

| (a) | (b) |

图 5-18 分合闸控制线圈

2. 测试结果(图 5-19)

合闸时间(接到合闸指令瞬间,到触头接触的时间):T 相 54.6 ms,F 相 54.0 ms。

合闸相间同期:0.6 ms。

合闸弹跳时间:T 相 0.0 ms,F 相 1.0 ms。

分闸时间(接到分闸指令瞬间,到触头分开的时间):T 相 33.1 ms,F 相 34.3 ms。

分闸相间同期为 1.2 ms。

低电压合闸:63%,合格。

低电压分闸:28.2% 不合格(后续更换分闸线圈)。

回路电阻:T 相 26.7 μΩ,F 相 24.8 μΩ。

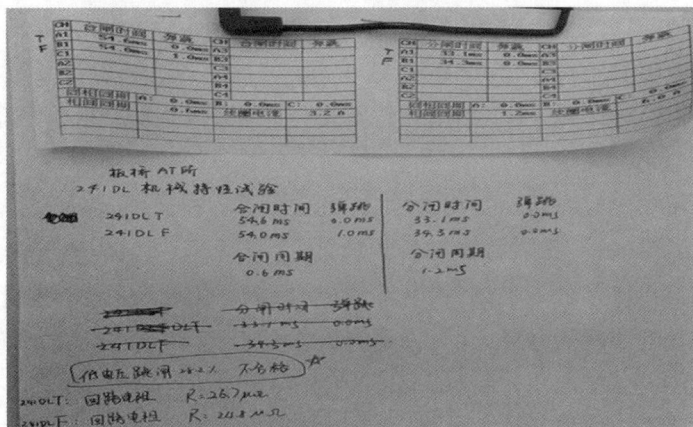

图 5-19 测试结果

3. 试验结果分析

(1)开关回路电阻数值符合技术要求。

(2)在额定的操作电压下进行测试,检测开关的合分闸时间、同期,测试结果均能达到要求。

（3）再进行开关的合分闸低跳测试，结果显示分闸低跳电压比例为28.2% < 30%，不符合规范要求，需要后续处理。

•••• 任务五　断路器回路电阻试验 ••••

任务描述

断路器导电回路接触良好是保证断路器安全运行的一个重要条件，导电回路电阻增大，将使触头发热严重、造成弹簧退火、触头周围绝缘零件烧损，因此在预防性试验中需要测量导电回路直流电阻。检测断路器的接头和连接线路的质量，以及判断断路器是否存在接触不良、松动、接触电阻过大等问题。断路器每相导电回路电阻值是断路器安装、检修和质量验收的一项重要数据。通过回路电阻试验，可以及时发现并解决这些问题，确保断路器正常运行。

任务目标

1. 理解断路器回路电阻的含义；
2. 操作断路器回路电阻测试仪；
3. 制订断路器回路电阻试验方案；
4. 完成断路器回路电阻试验；
5. 分析试验数据，判断设备是否存在缺陷；
6. 撰写断路器回路电阻试验报告。

知识准备

1. 断路器回路电阻概念

断路器回路电阻也称接触电阻，是指在正常工作状态下，通过断路器内部所有接点和导体的总电阻。

2. 试验目的

断路器在长期运行中，可能因为触头表面氧化，动、静触头接触压力下降，开断较大短路电流时触头烧坏等原因导致接触电阻过大，从而影响断路器的导电性能。因此需要测试断路器回路电阻来判断其导电性能的好坏，检查回路有无接触性缺陷、是否接触良好、断口是否有摩擦、接触面是否存有氧化层。

3. 危险点分析及预防措施

（1）在使用前，将断路器回路电阻测试仪接上接地线，防止仪器漏电，危及人身安全。防止测试过程中感应电流对仪器造成损坏。

（2）使用时，根据测试的项目选择正确的操作，防止测试仪和设备的损坏。

（3）在没有完成全部接线时，不允许在测试接线开路的情况下通电，否则会损坏仪器。

（4）测量过程中应防止断路器突然分闸或测量回路突然断开（测量线脱落）否则容易

导致仪器的损坏。测试时,为防止被测断路器突然分闸,应断开被测断路器操作回路的熔丝。

任务实施

任 务 单

填写任务单,见表 5-16。

表 5-16 任务单

作业内容		按照作业要求完成断路器回路电阻试验
作业组人员		
测试时间		
当天环境		
测试地点		
现场基本信息	试品类型	
	型号	
测试项目		
使用仪器		

任 务 流 程

作业前准备—检查核实安全措施—用回路电阻测试仪完成断路器回路电阻试验—根据测量结果分析判断断路器状况—作业结束,恢复安全措施。

工器具及试验设备准备

使用仪表:回路电阻测试仪如图 5-20 所示。

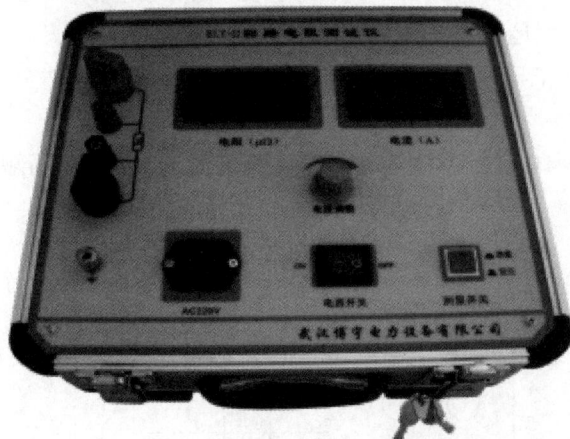

图 5-20 回路电阻测试仪

试验所需工具、仪器、材料清单见表 5-17。

表 5-17　工具、仪器、材料清单

序号	名称	技术规格	单位	数量	备注
1	回路电阻测试仪	—	台	1	
2	试验连接线	各类型号	条	若干	
3	接地线	—	根	1	
4	工具箱	扳手等常用工具	套	1	
5	记录本	—	本	1	
6	放电棒	—	根	1	
7	围栏	—	个	1	
8	标识牌	—	个	1	
9	对讲机	—	个	2	通信

试验安全防护及注意事项

（1）在作业地点的周围要设围栅。围栅上悬挂"止步,高压危险!"的标示牌（标示牌要面向作业场地外方）,并派专人看守。

（2）在一个电气连接部分内,同时只允许一个作业组且在一项设备上进行高压试验。

（3）试验装置的金属外壳要装设接地线。

（4）断开断路器回路电阻测试仪后要对断路器放电。

（5）测试时应注意接线方式带来的误差,电压测量线应在电流输出线的内侧,尽量避免电流输出线与电压测量线重合,电压测量线应接到被测回路正确的位置,并且保证电压测量线夹紧面的接触,否则会产生较大的测量误差,影响到测试结果的准确性。应注意电压线要接在断口的触头端,电流线应接在电压线的外侧。测试电流应不小于 100 A。

（6）清除被试设备接线端子接触面的油漆及金属氧化层。试验前应对断路器进行几次分闸、合闸操作,可减少导电回路中氧化膜对测试结果的影响。

（7）为减少测量线的电压降对测试带来的误差,应尽量减少测量线的长度,长度够用即可;应尽量选用导线截面积足够大的测量线。

（8）确认被试设备处于导通状态:测试时,为防止被测设备突然分闸,应断开被测设备操作回路的电源。

（9）在测量回路中若有电流互感器串入,应将电流互感器二次侧进行短路,防止保护误动作。

试 验 接 线 （图 5-21）

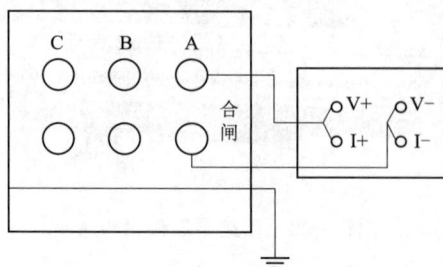

图 5-21　回路电阻测试仪接线方式

　　首先,将测试仪接地,先接接地端再接仪器端。将电压、电流线分别插入仪器的"V＋""V－"和"I＋""I－"两端。电流线(粗线)和电压线(细线)接在一个钳子上,两个钳子分别夹在某相上下两个端口引线端子处。

试 验 操 作

　　(1)断开断路器任意一端的接地开关或接地线。

　　(2)将断路器进行电动合闸。

　　(3)清除被试断路器接线端子接触表面的油漆及金属氧化层。

　　(4)将测试仪接地,先接接地端再接仪器端。

　　(5)将电压、电流线分别插入仪器的"V＋""V－"和"I＋""I－"两端。电流线(粗线)和电压线(细线)接在一个钳子上,两个钳子分别夹在某相上下两个端口引线端子处。

　　(6)检查测试接线是否正确,测试接线应接触紧密良好。

　　(7)接通仪器电源,调整测试电流应不小于100 A,待电流稳定后读出被测回路电阻值(或根据欧姆定律计算出导电回路的直流电阻值),并做好记录。

　　(8)待充电电流及测试数据稳定后记录试验结果。

　　(9)按下"返回"键,待仪器放电完毕后断开电源。

　　注意:首先要断开仪器总电源。

　　(10)挂接好放电棒后,拆除高压试验接线,拆除仪器端电压、电流线,最后拆除接地线。

试 验 数 据 分 析

　　(1)断路器导电回路电阻数值运行中一般为不大于制造厂规定值120%。根据设备的具体情况,测试前应将断路器进行几次电动分闸、合闸,以清除触头表面金属氧化膜的影响。如发现断路器回路电阻增大或超过标准值,可将断路器进行数次电动合闸后再进行测试。

　　(2)若电阻值变化不大,可分段查找以确定接触不良的部位(若断路器有几个断口或多个接触面时),并进行处理。如有主触头、副触头或多个并联支路,应对并联的每对触头分别进行测量,测量时,非被测量触头间应垫薄绝缘物。

　　(3)对于因回路电阻过大而检修的断路器,应重点做以下检查:

　　①静触头座与支座、中间触头与支座之间的连接螺栓是否上紧,弹簧是否压平,检查有无松动或变色。

　　②动触头、静触头和中间触头的触指有无缺损或烧毛,表面镀层是否完好。

　　③各触指的弹力是否均匀合适,触指后面的弹簧有无脱落或退火、变色。对已损部件要更换掉。

任务评价

任务评价表,见表5-18。

表 5-18　评价表

任务名称		断路器回路电阻试验				
班级		小组成员		试验日期		
序号		评价内容及评分标准	分值	学生自评	学生互评	教师评价
1	安全防护	1.测试前,"确认设备已停电;停电作业命令已批准;安全措施和作业手续已办理,具备作业条件"。 2.测试后,"测试项目已完成,作业命令已消除"	5分			
		1.高压试验作业地点周围要设围栅,围栅上悬挂"止步,高压危险!"的标示牌。 2.设置封闭式高压试验围栅,并呼唤应答"高压试验围栅已设置,止步,高压危险标示牌已悬挂,开始作业"	5分			
		1.初次试验前要用高压验电器对主导体进行验电,用放电棒进行放电。 2.放电2 s,再后端对地放电1 s	5分			
		作业中需要着装整齐,穿绝缘靴、工作服,戴绝缘手套、安全帽,做好个人安全防护	5分			
2	试验准备	1.两人一组,与他人进行良好的沟通合作。 2.检查仪器状态;检查被试设备接地;检查测试线、仪器、装置外观、静态整定参数正确	10分			
		1.确认断路器高低压端子接线、接地。 2.确认外观状态正常	10分			
3	试验操作	1.断开断路器任意一端的接地开关或接地线。 2.将断路器进行电动合闸。 3.清除被试断路器接线端子接触表面的油漆及金属氧化层。 4.将测试仪接地,先接接地端再接仪器端。 5.将测试与断路器连接好。 6.检查测试接线是否正确。测试接线应接触紧密良好。 7.接通仪器电源,调整测试电流应不小于100 A,待电流稳定后读出被测回路电阻值,并做好记录。 8.待充电电流及测试数据稳定后记录试验结果。 9.按下"返回"键,待仪器放电完毕后断开电源。注意:首先要断开仪器总电源。 10.挂接好放电棒后,拆除高压试验接线,拆除仪器端电压、电流线,最后拆除接地线	40分			
		1.正确填写试验报告。 2.试验数据与出厂值比较,结论判断正确	10分			
4	文明作业	1.作业完毕,设备恢复原样。 2.设备、仪器及工器具收好,摆放整齐	5分			
		每次加压操作及验电、放电应进行呼唤应答	5分			
综合评价						

课后练习

1. 请说明断路器导电回路的测试过程。

2. 请说明导电回路测试仪的使用方法。

●●●● 任务六　隔离开关试验 ●●●●

任务描述

测量绝缘电阻可以检测隔离开关的绝缘状况,发现绝缘内部隐藏的缺陷,测量隔离开关导电回路电阻的大小,可检查开关正常工作时电流是否产生过热或者通过短路电流时是否影响开关的开断性能,检测安装质量。耐压试验可以检查隔离开关是否受潮、劣化、断裂等缺陷,检验隔离开关的的绝缘性能和耐压能力是否符合要求。

任务目标

1. 制订隔离开关试验方案;

2. 完成隔离开关绝缘电阻测量、交流耐压、回路电阻测量试验;

3. 分析试验数据,判断设备是否存在缺陷;

4. 撰写隔离开关试验报告。

知识准备

1. 隔离开关的使用注意事项

隔离开关是高压开关的一种,它没有专门的灭弧装置,不允许带负荷拉闸。因此,必须在断路器切断以后才能拉开隔离开关。同样也不能带负荷合闸,必须在断路器闭合之前,先将隔离开关合闸。但它可以利用闸刀分开时将电弧拉长和空气的自然熄弧能力,开断一定数值的空载电流(不超过 5 A)。

(1)将电气设备与带电部分隔离,以保证被隔离的电气设备能安全地进行检修。

(2)接通和断开小电流,隔离开关一般不允许带负荷操作,如回路中无断路器时,允许使用下列操作:

①开、合电压互感器和避雷器,开、合仅有电容电流的母线设备。电容电流不超过 5 A 的无负荷线路。当电压在 20 kV 及以上时,应使用户外三相联动隔离开关。

②用户外型三相联动隔离开关;允许开、合电压为 10 kV 及以下,电流为 15 A 以下的负荷。

③开、合电压为 10 kV 及以下,电流在 70 A 以下的环路均衡电流。

2. 隔离开关主要组成

(1)支持底座:将导电部分、绝缘子、传动机构、操动机构等连接固定为一整体,起支持和固定的作用。

(2)导电部分:包括触头、闸刀、接线座等,其作用是传导电流。

(3)绝缘子:包括支持绝缘子、操作绝缘子,起导电部分对地绝缘作用。

（4）传动机构：其作用是接受操动机构的力矩，并通过拐臂连杆、轴齿或操作绝缘子，将运动传给触头，以完成分闸、合闸操作。

（5）操动机构：用手动、电动、气动、液压向隔离开关的动作提供能源。

检测隔离开关的绝缘状况，是否受潮、劣化、断裂，发现绝缘内部隐藏的缺陷。测量导电回路直流电阻，检测是否存在接触不良、松动、接触电阻过大。

任务实施

任 务 单

填写任务单，见表5-19。

表5-19　任务单

作业内容	按照作业要求完成隔离开关试验		
作业组人员			
测试时间			
当天环境			
测试地点			
现场基本信息	试品类型		
	型号		
测试项目			
使用仪器			

任 务 流 程

作业前准备—检查核实安全措施—隔离开关试验—根据测量结果分析判断隔离开关状况—作业结束，恢复安全措施。

工器具及试验设备准备

使用仪表：2 500 V数字绝缘电阻测试仪、回路电阻测试仪。

隔离开关的交流耐压试的工具包括：试验变压器、保护电阻、限流阻尼电阻、保护球隙、电流表、电压表、电流互感器、被试变压器。

试验安全防护

（1）在作业地点的周围要设围栅。围栅上悬挂"止步，高压危险！"的标示牌（标示牌要面向作业场地外方），并派专人看守。

（2）在一个电气连接部分内，同时只允许一个作业组且在一项设备上进行高压试验。

（3）试验装置的金属外壳要装设接地线，其电源开关要使用有明显断开点的双极开关。

（4）施加电压作业要专人操作、专人监护。加压时，操作人要穿绝缘靴或站在绝缘垫上，操作人和监护人要呼唤应答。整个加压过程，全体作业人员均要精神集中，随时注意有无异常现象。

隔离开关试验操作及数据分析

1. 交流耐压试验

隔离开关的交流耐压试验需进行两项内容，即导电部分对地耐压试验（合闸状态下进行）和断口耐压试验（分闸状态下进行）。

（1）断开负荷开关的外侧电源开关。

（2）验证确无电压。

（3）分别进行"A 对地、A 断口；B 对地、B 断口；C 对地、C 断口"的耐压；缓慢升压至试验电压，并注意倾听放电声音，观察各表计的变化，读取 1 min 的耐压值并记录。

（4）分别进行 A 对 B；B 对 C；C 对 A 的耐压；缓慢升压至试验电压，并密切注意倾听放电声音，密切观察各表计的变化，读取 1 min 的耐压值并记录

按表 5-20 交流耐压试验电压标准进行校验数据的准确性。

表 5-20　交流耐压试验电压标准　　　　　　　单位：kV

额定电压	3	6	10	15	20	35	44	60	110	154	220	330
出厂	24	32	42	55	65	95	—	155	250	—	470	570
交接及大修	22	28	38	50	59	85	105	140	225（260）	（330）	425	—

2. 导电回路电阻测量

（1）照四端子法接线，即电流线应夹在被试品的外侧，电压线应夹在被试品的内侧，电流与电压必须同极性进行接线。

（2）仪器面板与测试线的连接处应拧紧，不得有松动现象。

（3）检查确认无误后，接入 220 V 交流电，合上电源开关，仪器进入开机状态。

（4）调节"电流调节"旋钮，使电流升至 100.0 A，按下"复位/测试"键，此时电阻表显示值为所测的回路电阻值。若显示 1，则表示所测回路电阻值超量程；如果测量电流不是 100.0 A，例如为 I_0，则电阻表显示为 R_0，则实际电阻值为 $R = 100 \times (R_0/I_0)$（μΩ）。

（5）测量完毕，断开电源开关，将测试线夹收好，放入附件包内。

任务评价

任务评价表,见表 5-21。

表 5-21 评价表

任务名称		隔离开关试验				
班级		小组成员		试验日期		
序号		评价内容及评分标准	分值	学生自评	学生互评	教师评价
1	安全防护	1.测试前,"确认设备已停电;停电作业命令已批准;安全措施和作业手续已办理,具备作业条件"。 2.测试后,"测试项目已完成,作业命令已消除"	5分			
		1.高压试验作业地点周围要设围栅,围栅上悬挂"止步,高压危险!"的标示牌。 2.设置封闭式高压试验围栅,并呼唤应答"高压试验围栅已设置,止步,高压危险标示牌已悬挂,开始作业"	5分			
		1.初次试验前要用高压验电器对主导体进行验电,用放电棒进行放电。 2.放电 2 s,再后端对地放电 1 s	5分			
		作业中需要着装整齐,穿绝缘靴、工作服,戴绝缘手套、安全帽,做好个人安全防护	5分			
2	试验准备	1.两人一组,与他人进行良好的沟通合作。 2.检查仪器状态;检查被试设备接地;检查测试线、仪器、装置外观、静态整定参数正确	5分			
		1.确认断路器高低压端子接线、接地。 2.确认外观状态正常	5分			
3	试验操作	隔离开关交流耐压试验 1.断开负荷开关的外侧电源开关;验证确无电压。分别进行"A 对地、A 断口;B 对地、B 断口;C 对地、C 断口"的耐压;缓慢升压至试验电压,并密切注意倾听放电声音,密切观察各表计的变化,读取 1 min 的耐压值并记录。 2.分别进行 A 对 B;B 对 C;C 对 A 的耐压;缓慢升压至试验电压,并密切注意倾听放电声音,密切观察各表计的变化,读取 1 min 的耐压值并记录	25分			
		隔离开关导电回路电阻测量 1.照四端子法接线,仪器面板与测试线的连接处应拧紧,不得有松动现象。 2.检查确认无误后,接入 220 V 交流电,合上电源开关,仪器进入开机状态。 3.调节"电流调节"旋钮,使电流升至 100.0 A,按下"复位/测试"键,此时电阻表显示值为所测的回路电阻值	25分			
		1.正确填写试验报告。 2.试验数据与出厂值比较,结论判断正确	10分			
4	文明作业	1.作业完毕,设备恢复原样。 2.设备、仪器及工器具收好,摆放整齐	10分			
综合评价						

课后练习

1. 简述隔离开关交流耐压试验过程。

2. 请说明导电回路电阻的测试过程。

项目六

轨道交通变电所避雷器试验

项目描述

雷电过电压是由雷云放电引起的过电压,又称大气过电压、外部过电压。雷电过电压可高达数百至数千千伏,如不采取防护措施,将引起牵引供电系统故障、造成大面积停电,严重时导致高铁停运,影响正常运输。避雷器是用来防止雷电产生的过电压波沿线路侵入变电所,以免危及变电所内被保护设备的绝缘。为有效防止雷击,通过对变电所的避雷器进行检测、测试,确保避雷器的性能及可靠性达到相关标准和规范。变电所避雷器试验主要包括避雷器的绝缘电阻测量、避雷器泄漏电流测量和直流耐压试验、避雷器计数器试验。

学习目标

1. 知识目标

(1)掌握避雷器的绝缘保护特性;

(2)掌握避雷器试验装置的使用方法;

(3)掌握避雷器绝缘电阻测量、避雷器泄漏电流测量和直流耐压试验、避雷器计数器试验的方法和步骤。

2. 能力目标

(1)制订变电所避雷器的试验方案;

(2)完成避雷器试验;

(3)分析测试数据,判断设备是否存在缺陷隐患;撰写试验报告。

3. 素质目标

(1)紧绷高压试验安全思想意识;

(2)培养遵章守规的行为习惯;

(3)培养爱岗敬业、团结协作、吃苦耐劳、精益求精的精神品质。

学习引导

变电所避雷器是牵引供电系统中变配电装置、电气设备、用电设备防雷保护中最常用的防雷保护装置,起过电压保护作用。当电压升高达到避雷器规定的动作电压时,避雷器动作,释放过电压负荷,将电压升高的幅值限制在一定残压值水平之下,从而保护设备绝缘不受损坏。而实际上避雷器也并非避免雷击,是将雷击引起的过电压限制到绝缘设备所能承受的水平,除了限制雷击过电压外,有的还限制一部分操作过电压。因此,必须定期对避雷器进行维护,以确保其性能和可靠性达到相关要求,确保牵引供电系统稳定可靠运行。本项目引入行业新技术、新设备,介绍智能避雷器技术相关知识,介绍避雷器泄漏电流的在线监测技术。

●●●● 任务一　避雷器检查 ●●●●

任务描述

变电所防雷主要指的是雷电侵入波防护、直击雷防护等。由于变电所中的电气设备均不具备自我恢复的能力,受雷击影响,如果保护措施不到位导致电气设备被损坏,就会出现大面积停电的情况,为了避免出现雷害,需要充分做好变电所的防雷保护措施。避雷器是变电所最常用的防雷保护装置。本任务主要介绍变电所不同避雷器的结构和性能,以及避雷器的检查。

任务目标

1. 掌握避雷器的作用;
2. 会描述避雷器的相关参数;
3. 掌握避雷器的分类、结构不同避雷器的应用;
4. 会制订检查方案,检查变电所避雷器。

知识准备

[QR码图]
避雷器的工作
原理及结构

一、避雷器的作用

雷电过电压沿架空线路侵入牵引变配电所或其他建筑物内时,将发生闪络,甚至将电气设备的绝缘击穿。因此,假如在电气设备的电源进线端并联一种保护设备即避雷器,如图 6-1 所示,当过电压值达到规定的动作电压时,避雷器立即动作,流过电荷,限制过电压幅值,保护设备绝缘。电压值正常后,避雷器又迅速恢复原状,以保证系统正常供电。

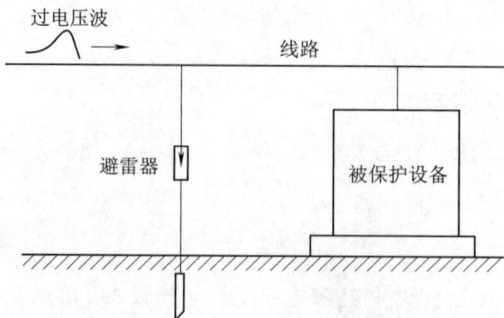

图 6-1　避雷器接线示意

1.避雷器起保护作用的三个前提

(1)伏秒特性与被保护绝缘的伏秒特性有良好的配合。

(2)保证其残压低于被保护绝缘的冲击电气强度。

(3)被保护绝缘必须处于该避雷器的保护距离之内。

2.避雷器的要求

(1)正常运行时不放电,过电压时放电正确动作。

(2)放电后要有自恢复功能。

二、避雷器的相关参数

(1)持续运行电压:即允许长期工作电压,它应等于或大于系统的最高相电压。

(2)额定电压(kV):即允许短时最大工频电压(灭弧电压)。避雷器能在此工频电压下动作放电并熄弧,但不能在此电压下长期运行。它是避雷器特性和结构的基本参数,也是设计的依据。

(3)工频耐受伏秒特性:表明氧化锌避雷器在规定条件下,耐受过电压的能力。

(4)标称放电电流(kA):用于划分避雷器等级的放电电流峰值。220 kV 及以下系统不应超过 5 kA。

(5)残压:是指避雷器在冲击电流作用下,避雷器两端所产生的电压,也可以理解为避雷器两端所能承受的最高电压值。

三、避雷器的分类

目前我国电力系统中运行的避雷器按结构和性能分为五大类:

(1)保护间隙。

(2)管式避雷器。

(3)普通阀式避雷器。分为 FS 型(不带并联电阻)和 FZ 型(带并联电阻)。

(4)磁吹避雷器。分为 FCZ 型(变电所用)和 FCD 型(旋转电机用)。

(5)金属氧化物避雷器。以氧化锌避雷器居多。

四、避雷器形式和结构

(一)保护间隙

保护间隙是最简单的防雷设备,其结构如图 6-2 所示。保护间隙一般用镀锌圆钢制成,由主间隙和辅助间隙两部分组成。主间隙做成角形的,水平安装,以便灭弧。为了防止主间隙被外来的物体短路而引起误动作,在主间隙的下方串联有辅助间隙。因为保护间隙灭弧能力弱,一般要求与自动重合闸装置配合使用,以提高供电的可靠性。

保护间隙通常做成角形,有利于灭弧。过电压作用时由于间隙下部的距离最小,所以该处先发生放电。放电所产生的电弧高温使周围空气温度剧增,热空气上升时把电弧向上吹,使电弧拉长。此外,电流从电极流过时,电弧到另一电极形成回路,使电弧

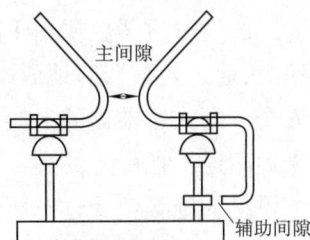

图 6-2　保护间隙结构

电阻增大。当电弧拉伸到一定长度时,电压不能维持电弧燃烧,电弧就熄灭了。

由于保护间隙不能切断工频短路电流,所以大多数情况下已被其他避雷器所取代,仅在特殊情况下使用。

(二)管式避雷器

管式避雷器克服了保护间隙不能熄灭工频短路电流的缺点。管式避雷器及间隙装在用产气材料制成的管内,其结构如图6-3所示。管式避雷器的基本元件是安装在产气管内的火花间隙,间隙由棒型和环型电极构成。管式避雷器由灭弧管内间隙和外间隙组成。灭弧管一般用纤维胶木等能在高温下产生气体的材料制成。当雷电波过电压来临时,管式避雷器的内、外间隙被击穿,雷电流通过接地线泄入大地。接踵而来的工频电流产生强烈的电弧,电弧燃烧管壁并产生大量气体从管口喷出,很快地吹灭电弧。同时外部间隙恢复绝缘,使灭弧管或避雷器与系统隔开,系统恢复正常运行。

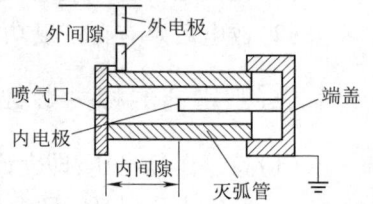

图6-3 管式避雷器结构

管式避雷器的缺点是不容易实现强制灭弧,而且其伏秒特性陡,不够平坦,放电分散性大,动作时产生截波,因此与其他被保护设备配合度不太好,一般不能用于保护高压电器设备的绝缘。在高压网络中,只用作线路弱绝缘保护和变电所进线保护。

(三)普通阀式避雷器

为了解决管式避雷器中灭弧与保护特性间的矛盾,阀式避雷器串入了阀片,阀片能够限制工频续流,有利于灭弧。

普通阀式避雷器有FS和FZ两种系列;阀式避雷器型号中的符号含义如下:

F——阀式避雷器;S——配(变)电作用;Z——电站用;Y——线路用;

D——旋转电机用;C——具有磁吹放电间隙。

阀式避雷器主要由平板火花间隙与碳化硅电阻片(阀片)串联而成,装在密封的瓷管内,外壳有接线螺栓供安装用。FS-10和FZ-10阀式避雷器结构如图6-4和图6-5所示。避雷器中的碳化硅电阻具有非线性特性,在正常电压时其阻值很大,过电压时其阻值随之变小。阀式避雷器在正常的工频电压作用下火花间隙不被击穿,但在雷电波过电压下,避雷器的火花间隙被击穿;碳化硅电阻的阻值随之变得很小,雷电波巨大的雷电流顺利地通过电阻流入大地中,电阻阀片对尾随雷电流而来的工频电压呈现了很大的电阻,从而工频电流被火花间隙阻断,线路恢复正常运行。由此可见,电阻阀片和火花间隙的密切配合使避雷器很像一个阀门,对于雷电流“阀门”打开,对于工频电流“阀门”则关闭,故称之为阀式避雷器。

阀式避雷器主要用于防止雷电波侵入,避雷器与被保护装置并联,当线路出现雷电波过电压时,通过避雷器对地放电,避免出现电压冲击波,防止被保护设备的绝缘破坏和保证人身的安全。阀式避雷器的上接线端子与被保护电气设备的线路相连,下接线端子通过接地装置与大地相连。把侵入的直击雷电波或感应雷电波限制在残压值范围之内,从而使变压器及其电气设备的绝缘免受过电压危害。

普通阀式避雷器是由火花间隙和非线性电阻片(阀片)串联后叠装在密封的瓷套内。阀片使用碳化硅和结合剂经烧炼制成。火花间隙采用固定短间隙,其伏安特性较为平坦,放电电压分散性较小,火花间隙的功能是在正常运行时使阀片与电源隔断,出现过电压时才放电,过电压消失时灭弧,其灭弧介质一般用于干燥空气或充氨。变电所用阀式避雷器还装有与火花间隙相并联的非线性电阻,其目的是使工频电压沿间隙分布均匀。

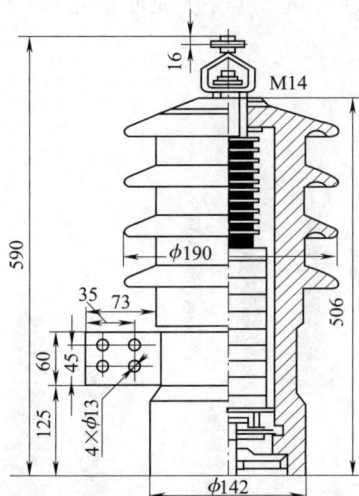

图 6-4 FS-10 阀式避雷器(单位:mm)

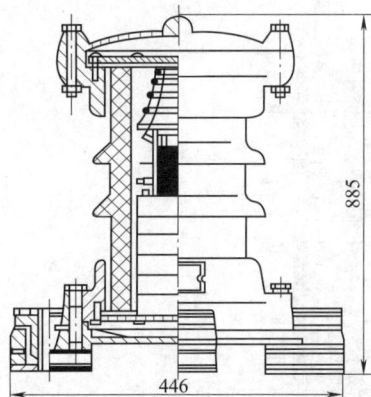

图 6-5 FZ-10 阀式避雷器(单位:mm)

(四)磁吹阀式避雷器

磁吹阀式避雷器有 FCD 和 FCZ 两种系列。磁吹阀式避雷器和普通阀式避雷器的基本原理相同,主要是通过改进间隙来改善避雷器的保护性能。

磁吹避雷器是利用原有间隙串磁吹线圈,利用雷电流自身能量在磁吹线圈中产生磁场,驱动并拉长电弧,使电弧长度长达间隙刚击穿时电弧起始长度的数十倍。由于电弧驱入灭弧盒狭缝并受到挤压和冷却,使弧电阻变得很大;同时电弧被拉到远离击穿点的部位,使击穿点的绝缘程度得到很好的恢复,从而大大提高了间隙的灭弧能力,磁吹阀式避雷器的灭弧电流可达450 A,而一般阀式避雷器为 50~80 A。避雷器的保护特性主要取决于残压,采用磁吹间隙可有效地改善保护特性。

普通阀式避雷器和磁吹阀式避雷器在运行中应注意以下几个问题:

(1)避雷器的正常运行电压应低于避雷器的灭弧电压。

(2)不能限制谐振过电压。

(3)长期运行会使非线性电阻老化,其电阻增加,电导电流下降,必须每年进行预防性试验,测量电导电流并逐年比较其变化情况。

(4)密封不良容易使避雷器内部受潮,阀片受潮后,使冲击残压升高,非线性电阻受潮则电导电流增大,使避雷器在正常运行电压下发热损坏,所以检修时需确认密封状况。

(5)每年雷雨季节前应检查整修,并进行试验。

(6)瓷套表面应保持清洁,瓷表面污秽将影响火花间隙的放电特性。

(五)金属氧化物避雷器(MOA)

金属氧化物避雷器(MOA)又称氧化锌避雷器,是一种与传统避雷器概念有很大不同的新型避雷器,氧化锌避雷器结构如图 6-6 所示,氧化锌避雷器实物如图 6-7 所示。

氧化锌避雷器与其他传统避雷器的区别在于:其他避雷器内部空气间隙起到十分重要的作用,在正常运行时靠间隙将阀片与电源隔开,出现过电压间隙才被击穿,阀片放电泄流。而氧化锌避雷器是用氧化锌阀片叠装而成的,可完全取消间隙,解决了因间隙放电时限及放电稳定性所引起的各种问题。由于氧化锌阀片具有非线性特性好的特点,从而使避雷器的特性和结构发生重大改变。

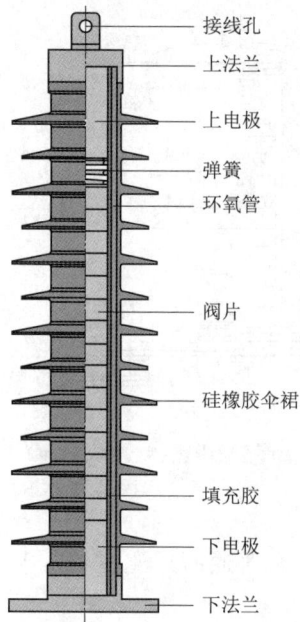

图 6-6　氧化锌避雷器结构

- 接线孔
- 上法兰
- 上电极
- 弹簧
- 环氧管
- 阀片
- 硅橡胶伞裙
- 填充胶
- 下电极
- 下法兰

图 6-7　氧化锌避雷器实物图

氧化锌阀片是以氧化锌为主并掺以 Sb、Bi、Mn、Cr 等金属氧化物烧制而成的。氧化锌的电阻率为 $1 \sim 10 \ \Omega/cm$,晶界层的电阻率为 $10^{13} \sim 10^{14} \ \Omega/cm$。当施加较低电压时,晶界层近似绝缘状态,电压几乎都加在晶界层上,流过避雷器的电流只有微安量级;电压升高时,晶界层由高阻变低阻,流过的电流急剧增大。由于氧化锌阀片具有优异的非线性和良好的材质稳定性,所以可以不用串联间隙,其结构比阀式避雷器简单得多。

氧化锌避雷器不带间隙,一旦接入电网就有电流流过使元件自身发热。工作电压愈高电流愈大,发热量愈大,由于氧化锌避雷器阀片在小电流范围内有负的温度特性,所以温度升高,使泄漏电流增加,再加上操作、雷电、暂时过电压等冲击能量和表面污秽,这些累积效应将导致氧化锌避雷器热崩溃,所以运行中的氧化锌避雷器常安装带有动作计数器功能的在线泄漏电流检测微安表。

任务实施

任 务 单

填写任务单,见表 6-1。

表 6-1　任务单

作业内容	按照作业要求完成避雷器的检查		
作业组人员			
测试时间			
当天环境			
测试地点			
现场基本信息	试品类型		
	型号		
测试项目			
使用仪器			

任 务 流 程

作业前准备—检查核实安全措施—避雷器的检查—作业结束,恢复安全措施。

避雷器的检查

1. 避雷器检查要求

避雷器是防止过电压对电力设备造成危害的保护电器,要求避雷器在工频额定电压下不导通,在规定的过电压下立即导通,并能经受短时间内大电流通过自身的冲击,在电压恢复后立即截止。避雷器的瓷件应完好无损,内外部均无电流通过。避雷器瓷套表面的脏污应该重视,因为瓷套表面脏污将使电压分布很不均匀,可能造成避雷器不能灭弧,应经常配合线路、设备检修等工作,始终保持避雷器瓷套的清洁。

2. 避雷器正常检查

(1)检查瓷瓶应清洁无损,无裂纹、无放电现象和闪络痕迹。

(2)检查放电计数器是否动作,内部是否进潮,上下连接线是否完好无损。

(3)检查引线应完整,无松股、断股;接头连接应牢固,有足够的接触面;导线不过紧过松,不锈蚀,无烧伤痕迹。

(4)检查均压环无损坏,环面应保持水平。

(5)检查安装应不偏斜,内部应无响声。

(6)检查底座应牢固,无锈蚀,接地应完好。

3. 避雷器特殊检查

(1)雷雨时不得接近防雷设备。

(2)雷雨后应检查放电计数器动作情况,检查避雷器表面有无闪络,并做好记录。

(3)大风天气应检查避雷器上有无搭挂物以及摆动情况。

(4)大雾天气应检查瓷瓶部分有无放电痕迹。

(5)冰雹过后应检查瓷瓶部分有无损伤,计数器是否损坏。

📋 **任务评价**

任务评价表,见表6-2。

表6-2 评价表

任务名称		避雷器的检查				
班级		小组成员		试验日期		
序号		评价内容及评分标准	分值	学生自评	学生互评	教师评价
1	安全防护	检查、维护前,穿好工作服、绝缘鞋,戴好安全帽,带上检查、维护作业卡	10分			
		1.检查、维护过程中需要着装整齐,穿绝缘靴、工作服,戴安全帽、绝缘手套,做好个人安全防护。 2.检查、维护期间与运行设备保持相应安全距离	10分			
2	检查准备	1.两人一组,一人为值班员,一人为助理值班员,与他人进行良好的沟通。 2.记录环境温度、湿度、气象情况、检查、维护日期及使用仪表	5分			
3	检查	避雷器正常巡检 1.检查瓷瓶应清洁无损,无裂纹、无放电现象和闪络痕迹。 2.检查放电计数器是否动作,内部是否进潮,上下连接线是否完好无损。 3.检查引线应完整,无松股、断股;接头连接应牢固,有足够的接触面;导线不过紧过松,不锈蚀,无烧伤痕迹。 4.检查均压环无损坏,环面应保持水平。 5.检查安装应不偏斜,内部应无响声。 6.检查底座应牢固,无锈蚀,接地应完好	35分			
		避雷器特殊巡检 1.雷雨时不得接近防雷设备。 2.雷雨后应检查放电计数器动作情况,检查避雷器表面有无闪络,并做好记录。 3.大风天气应检查避雷器上有无搭挂物,以及摆动情况。 4.大雾天气应检查瓷瓶部分有无放电痕迹。 5.冰雹过后应检查瓷瓶部分有无损伤,计数器是否损坏	35分			
4	文明作业	1.检查维护完毕。 2.设备、仪器及工器具收好,摆放整齐	5分			
综合评价						

✉️ **课后练习**

1.小组汇报:避雷器的分类有哪些?每种避雷器的结构、特点和应用有何不同?制作相关内容PPT,并进行小组汇报。

2.制订变电所避雷器检查方案。

技术前沿

智能避雷器

国网青海省电力公司海北供电公司成功突破防炸裂材料、内置 MEMS 温度监测、泄漏电流传感元件等关键技术研究,并首次在高原地区研发、应用新型配网带电可分离式智能避雷器技术,这一技术的应用将有助于提高辖区供电系统的可靠性。

据了解,新型配网带电可分离式智能避雷器是一种针对配网线路雷击跳闸,免停电维护的智能化设备,该智能避雷器具有能够防炸裂材质绝缘腔体和机械操作剥离的模块化机构,可实现快速带电作业,装、拆及维修更换无须爬杆,在地面借助绝缘操作杆即可完成,可减少停电作业频次,降低劳动强度及作业风险,提高供电可靠性。

避雷器上增加防炸裂材质的绝缘腔体后,在发生故障时,不仅可以避免绝缘腔体炸裂,还能起到灭弧作用,防止引发火灾。同时,可分离式智能避雷器上的温度监测和泄漏电流传感元件等装置,能及时监测泄漏电流、雷击次数、温度等数据,帮助运维人员及时掌握避雷器运行工况并作出反应。

任务二 变电所防雷保护

任务描述

变电所防雷保护的意义十分重大。在变电所环境中,尤其是在雷电多发地区,设备受雷击的可能性非常高。变电所防雷保护系统能够迅速将雷电电流引入地面,避免设备和工作人员受到电击和损坏,从而保证设备的安全运行,减少损失和维修成本。因此在建设变电所时,应加强对防雷保护设计。

任务目标

1. 理解变电所雷害的主要来源;
2. 掌握变电所防雷原则;
3. 熟悉变电所的防雷措施;
4. 制订变电所防雷方案。

知识准备

一、变电所雷害的主要来源

变电所供电系统在正常运行时,电气设备的绝缘处于牵引供电系统额定电压作用之下,但是由于雷击的原因,牵引供电系统中某些部分的电压会大大超过正常状态下的数值。通常情况下变电所雷击有两种情况:一是雷直击于变电所的设备上;二是架空线路的雷电感应过电压和直击雷过电压形成的雷电波沿线路侵入变电所。其具体表现形式如下:

雷害过电压

（一）直击雷过电压

雷云直接击中电力装置时，形成强大的雷电流，雷电流在电力装置上产生较高的电压，雷电流通过时，将产生有破坏作用的热效应和机械效应。

（二）感应过电压

当雷云在架空导线上方，由于静电感应，在架空导线上积聚了大量的异性束缚电荷，在雷云对大地放电时，线路上的电荷被释放，形成的自由电荷流向线路的两端，产生很高的过电压，此过电压会造成危害。

因此，架空线路的雷电感应过电压和直击雷过电压形成的雷电波沿线路侵入变电所是导致变电所雷害的主要原因，若不采取防护措施，势必造成变电所电气设备绝缘损坏，引发事故。

二、变电所防雷原则

针对变电所的特点，防雷原则是将绝大部分雷电流直接引入地下泄散（外部保护）；阻塞沿电源线或数据、信号线引入的过电压波（内部保护及过电压保护）；限制被保护设备上浪涌过压幅值（过电压保护）。这三道防线相互配合，各行其责，缺一不可。应从单纯一维防护（避雷针引雷入地——无源防护）至三维防护，包括防直击雷、防感应雷电波侵入、防雷电电磁感应等多方面加以系统分析。

发电厂、变电所的防雷保护

（一）外部防雷和内部防雷

避雷针或避雷带、避雷网引下线和接地系统构成外部防雷系统，主要是为了保护建筑物免受雷击引起火灾事故及人身安全事故；而内部防雷系统则是防止雷电和其他形式的过电压侵入设备中造成损坏，这是外部防雷系统无法保证的。为了实现内部防雷，需要对进出保护区的电缆，金属管道等都要连接防雷及过压保护器，并实行等电位连接。

（二）防雷等电位连接

为了彻底消除雷电引起的毁坏性的电位差，就特别需要实行等电位连接，电源线、信号线、金属管道等都要通过过电压保护器进行等电位连接，各个内层保护区的界面处同样要依此进行局部等电位连接，各个局部等电位连接棒互相连接，并最后与主等电位连接棒相连。

三、变电所防雷保护设计

变电所遭受的雷击是下行雷，雷直击在变电所的电气设备上，或架空线路的感应雷过电压和直击雷过电压形成的雷电波沿线路侵入变电所。因此，避免直击雷和雷电波对变电所进线及变压器产生破坏就成为变电所雷电防护的关键。

（一）变电所直击雷防护

架设避雷针是变电所防直击雷的常用措施，避雷针是防护电气设备、建筑物不受直接雷击的雷电接收器，其作用是把雷电吸引到避雷针身上并安全地将雷电流引入大地中，从而起到保护设备的效果。变电所装设避雷针时应使所有设备都处于避雷针保护范围之内，此外，还应采取措施,防止雷击避雷针时的反击事故。

(二)变电所进线防护

要限制流经避雷器的雷电电流幅值和雷电波的陡度就必须对变电所进线实施保护。当线路上出现过电压时,将有行波沿导线向变电所运动,其幅值为线路绝缘的 50% 冲击闪络电压,线路的冲击耐压比变电所设备的冲击耐压要高很多。因此,在接近变电所的进线上加装避雷线是防雷的主要措施。如不架设避雷线,当遭受雷击时,势必会对线路造成破坏。

变电所进线线路上方架设一段避雷线(一般为 1~2 km),以降低沿线路侵入的雷电波的陡度。其作用:避免雷电直击保护线路,使侵入的雷电波流经此段时被减弱;限制流过避雷器的冲击电流。通常在架空避雷线两端装设管型避雷器。避雷线由悬挂在被保护物上空的接地线(截面不小于 35 mm² 的镀锌钢绞线)、接地引下线和接地体(接地电极)三部分组成。

避雷线与最外侧导线的连线与垂线之间的夹角应保持在 20°~30° 范围内。如果避雷线挂得较低,离导线很近,雷电有可能绕过避雷线直击导线,挂得过高将给施工带来困难。

(三)变电所馈线侧防护

1. 抗雷线圈

抗雷线圈的作用是防止雷电波沿接触线、馈电线袭击变电所内电气设备,常在 27.5 kV 馈线隔离开关外侧装设与避雷器相配合的抗雷线圈。当陡波头雷电流通过抗雷线圈后,抗雷线圈的电感产生的感抗使雷电流不能突变,从而将雷电的电流波、电压波的波头拉平,使过电压(波)上升陡度减慢,并在避雷器配合下降低侵入波的幅值。

2. 避雷器

避雷器一般装设在 27.5 kV 网隔的电源侧,与线路并联。当线路上出现危及设备绝缘的雷电过电压时,避雷器的火花间隙(阀型避雷器)被击穿,或由高电阻变为低电阻,使过电压对大地放电(其放电电压低于被保护设备绝缘的耐压值),从而防止雷电产生的过电压侵入变电所内。

3. 避雷针

在出口线附近安装独立避雷针,防止雷电直击馈线或接触网。

(四)变电所内部防雷保护

1. 牵引变压器保护

对于双绕组牵引变压器,由于变压器绕组中的雷电过电压可以从一个绕组传递到另一个绕组,因此应该在其高压与低压绕组处都安装避雷器。对于三绕组牵引变压器,应在其低压绕线组任一出线端加装一个避雷器来保护。在多雷区,当变压器的低压侧中性点不接地时,其中性点可装设避雷器或保护间隙。

2. 直击雷防护

防直击雷的有效方法之一便是在变电所安装避雷针。避雷针能对雷电场产生附加电场,使雷电场畸变,从而将雷云放电通道,由原来可能向保护物体发展的方向,吸引到避雷针本身,然后经与避雷针相连的引下线和接地装置将雷电流流到大地中。

避雷针通常由避雷针主体(接闪器)、接引下线和接地装置(接地电极)组成。接闪器(针头)为直径 10~12 mm、长 1~2 m 的镀锌圆钢或镀锌钢管,起引雷作用;接地引下线通常采用 6

mm 的圆钢,将雷电流安全导入埋于地中的接地体,接地引下线应保证在强大雷电流通过时不熔化;接地体是埋于地下与土壤直接接触的金属物体,其电阻值一般不大于 10 Ω。

变电所装设的避雷针一般为 20 ~ 30 m。35 kV 及以下部分的避雷针要独立装设。110 kV 及以上部分,因为配电装置绝缘水平较高,可以将避雷针装设在配电装置构架上。但此构架应装设辅助接地装置,该接地装置与变电所接地网的连接点,距主变压器的接地装置与变电所的接地网的连接点的电气距离不应小于 15 m,以免造成变压器反击事故。

注意事项

避雷针及其接地装置与变电所的电气设备距离:地面上,由避雷针到配电装置的导电部分,以及到变电所的电气设备和架构部分的空间距离不小于 6 m;在地下,由避雷针本身的接地装置与变电所接地网间的最近地中距离不小于 3 m。

避雷针不宜安装在变电所的房屋上。照明线和电话线不要架设在独立避雷针上,防止雷击避雷针时雷电波沿导线传入室内,危及人身安全。独立避雷针及接地装置,不应装设在行人经常通行的地方,与道路或出入口的距离不应小于 3 m,否则应采取均压措施,或敷设厚度为 50 ~ 80 mm 的沥青加碎石层。防雷系统的各种钢材必须采用镀锌防锈钢材,连接方法要用焊接。圆钢搭接长度不小于 6 倍直径,扁钢搭接长度不小于 2 倍宽度。

(五)母线保护

分段母线的每段母线都应装设避雷器。

1. 阀式避雷器

雷电流经过阀片电阻时要形成电压降,即泄放雷电流时有一定残压加在被保护设备上。残压不能超过设备绝缘允许残压值,否则设备绝缘仍要被击穿。

2. 氧化锌避雷器

氧化锌避雷器无放电延时,大气过电压后无工频续流,可经受多重雷击、残压低、通流量大。

(六)变电所防雷接地

变电所具备各种防雷条件后要敷设接地网,然后增设接地体。接地装置包括水平接地极和垂直接地极,水平接地极采用 50 mm × 5 mm 扁钢,垂直接地极采用 50 mm × 50 mm 角钢。垂直接地极的间距应在 5 ~ 6 m 之间。主接地网接地装置电阻和独立避雷针接地电阻应分别低于 0.5 Ω 和 10 Ω。

(七)变压器中性点的防护

变压器的基本保护措施是在接近变压器处安装避雷器,这样可以防止线路侵入的雷电波损坏绝缘。装设避雷器时,要尽量接近变压器,并尽量减少连线的长度,以便减少雷电电流在连接线上的压降。同时,避雷器的接地线应与变压器的金属外壳及低压侧中性点连接在一起,这样就有效减少了雷电对变压器破坏的机会。

变电站的每一组主母线和分段母线上都应装设阀式避雷器,用来保护变压器和电气设备。各组避雷器应用最短的连线接到变电装置的总接地网上,避雷器的安装应尽可能处于保护设备的中间位置。

任务实施

填写任务单,见表6-3。

表6-3　任务单

任务内容	制订变电所防雷保护设计方案,形成技术方案报告
小组成员	
成员分工	
调研方法	
完成时间	

任 务 流 程

学生分组—小组分工—案例调研—小组讨论—分析问题—制订提纲—设计方案—撰写报告。

任务评价

任务评价表,见表6-4。

表6-4　评价表

任务名称		变电所防雷保护设计方案报告				
班级		小组成员		试验日期		
序号		评价内容及评分标准	分值	学生自评	学生互评	教师评价
1	格式要求	1. 报告的标准字体:所有一级标题均采用三号黑体,居中,上下各空一行;所有二、三级标题均采用小四号黑体,靠左对齐,首行缩进2个字符;二级标题前空一行,二级标题后不空行;三级标题前后均不空行。 2. 所有正文均采用小四号宋体,靠左对齐,首行缩进2个字符,行距均为固定值23磅。所有空行均采用小四号,行距均为固定值23磅。 3. 参考文献格式:"参考文献"用三号黑体居中,上下各空1行;内文宋体小四号,行距为固定值20磅;序号加半角中括号;悬挂缩进1.5字符	10分			
2	排版要求	纸型为A4,上下页边距为2.54 cm、左边距为3.0 cm、右边距为2.6 cm、正文行距为固定值23磅。双面打印	5分			
3	内容要求	报告包括:封面、摘要、正文、结论、参考文献	5分			
		论点正确,论据充分,结论严谨合理	5分			
		结构合理,中心突出,内容充实,逻辑性强,层次清晰,数据可靠,详略得当	10分			
		具有较强的文字表达能力,语言准确,文笔流畅,图表清楚	10分			
		变电所防雷保护方案设计完整,符合技术要求,具有工程实践意义	40分			
		科学严谨的逻辑思维能力,认真细致分析问题的能力,能运用所学的知识及获取新知识去完成报告	10分			
4	提交要求	任务发布后,两周内完成报告	5分			
综合评价						

课后练习

1. 变电所雷害的来源有哪些?

2. 怎样防护直击雷?

任务三 避雷器绝缘电阻测量

任务描述

测量避雷器的绝缘电阻,可以检查避雷器内部是否受潮,检查并联电阻接触是否良好、是否老化,有无断裂。测量前应检查瓷套有无外伤。对 35 kV 及以下氧化锌避雷器用 2 500 V 兆欧表摇测,对于多元件串联组成的避雷器,要求用 2 500 V 绝缘电阻表测量每一单独元件的绝缘电阻,每节的绝缘电阻应不低于 1 000 MΩ。

由于各生产厂及不同时期的产品,并联电阻的阻值的伏安特性不同,故对测量结果不作统一规定,主要与以前的测量结果或同类产品相比较后判断。

任务目标

1. 明确避雷器绝缘电阻测量的目的及意义;
2. 制订避雷器绝缘电阻测量的测试方案;
3. 完成避雷器绝缘预防性试验;
4. 分析试验数据,判断设备是否存在缺陷;
5. 撰写避雷器绝缘电阻测量试验报告。

知识准备

1. 试验目的

避雷器绝缘电阻包括本体绝缘电阻和底座绝缘电阻,主要目的在于初步检查避雷器内部是否受潮;有并联电阻者可检查其通、断、接触和老化等情况。

2. 危险点分析及预防措施

(1)未正确穿戴劳动防护用品。进入检修现场必须穿工作服,正确佩戴安全帽,穿绝缘靴。

(2)人为的试验仪器接线错误,造成试验设备的损坏或是被试品的损坏。熟知试验设备的原理和接线,在仪器送电之前模拟接线核对接线无误。

(3)外来人员勿碰带电体。试验过程中设置试验隔离带,防止外来人员进入。

(4)试验接线中触电。例如:当试验完成后,没有将被试品充分放电,导致试验人员接线时被电伤。试验完成后要充分放电。

(5)施工人员身体欠佳,或是精神状态不好注意力不集中。现场工作人员若是发现有人(主动报告)身体欠佳或是精神状况不好,立即停止参加工作。

(6)监护不到位。试验负责人必须时刻在现场监护所有试验的进行,不得离开,要实时注意现场动态,防止意外突发状况的发生。

(7)当天试验完成后现场未规整,清理。当天试验结束后,要将试验仪器和接线规整,保持现场干净整洁。

（8）防止高压击穿。试验过程中，高压线与人和设备保持安全距离，防止高压击穿放电。

（9）对感应电放电由于电压试验等级较高，可能对旁边的避雷器产生感应电，所以放电时连带旁边的避雷器，或是其他易产生感应电的设备放电。

避雷器绝缘
电阻测量

任务实施

任 务 单

填写任务单，见表6-5。

表6-5　任务单

作业内容	按照要求完成避雷器的绝缘电阻测量试验	
作业组人员		
测试时间		
当天环境		
测试地点		
现场基本信息	试品类型	
	型号	
测试项目		
使用仪器		

任 务 流 程

作业前准备—检查核实安全措施—用绝缘电阻测试仪完成避雷器的绝缘电阻的测量—根据测量结果分析判断绝缘状况—作业结束，恢复安全措施。

工器具及试验设备准备（表6-6）

表6-6　工具、仪器、材料清单

序号	名称	技术规格	单位	数量	备注
1	温湿度计	误差±1 ℃	个	1	
2	兆欧表	输出电流大于1 mA，220 kV及以上变压器试验时输出电流宜大于5 mA	台	1	
3	试验连接线	各类型号	条	若干	
4	万用表	—	台	1	
5	电缆盘	50 m	个	1	
6	接地线	—	根	1	
7	工具箱	扳手等常用工具	套	1	
8	记录本	—	本	1	
9	放电棒	—	根	1	

35 kV 以上避雷器选用 5 000 V 兆欧表,35 kV 及以下的避雷器选用 2 500 V。兆欧表如图 6-8 所示。

试验前接地放电,用干燥、清洁、柔软的布擦去被试品外绝缘表面的脏污,必要时用适当的清洁剂洗净。

图 6-8 兆欧表

试验安全防护及注意事项

(1)戴好安全帽、绝缘手套,穿好绝缘鞋。做好个人安全防护。

(2)在作业地点的周围要设围栅。围栅上悬挂"止步,高压危险!"的标示牌(标示牌要面向作业场地外方),并派专人看守。

(3)在一个电气连接部分内,同时只允许一个作业组且在一项设备上进行高压试验。

(4)被试设备周围有运行设备时,做好感应电压防范措施。

(5)严格执行《安全规程》和现场作业控制卡的规定选用专用屏蔽测试线,测试线应有足够的绝缘强度,否则测试线不能拖地,应使用绝缘杆或者绝缘带支撑,避免影响测量结果。

(6)湿度的影响对表面泄漏电流的影响较大,绝缘表面潮气吸附在瓷套表面形成水膜,常使绝缘电阻显著降低,一般在空气相对湿度不高于80%条件下进行试验,在相对湿度大时,采取清扫、电吹风吹干、屏蔽等措施消除影响。

(7)试验装置的金属外壳要装设接地线,其电源开关要使用有明显断开点的双极开关。

(8)电源、电源盘的验电。试验启动前注意呼唱。

(9)接线先接地线后架高压线,高压线要扣紧测量断口。

(10)试验前后对被试品放电,防止残余电荷伤人。断开绝缘电阻测试仪后要对被测试设备短接放电并接地。

(11)试验结束先放电、再拆高压线,最后拆接地线。

试 验 接 线

1. 避雷器为两节时的试验方法

当拆除一次连接线时,可以分别对上、下两节避雷器进行试验,接线如图 6-9(a)和图 6-9(b)。当不拆开一次连线时(避雷器顶部接地),试验接线见图 6-9(c)和图 6-9(d)。测量底座的绝缘电阻试验接线见图 6-9(e)。测量时采用 2 500 V 及以上数字绝缘电阻表。

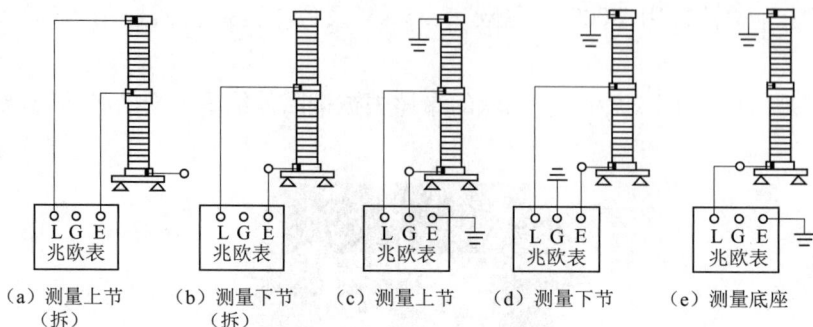

（a）测量上节　（b）测量下节　（c）测量上节　（d）测量下节　（e）测量底座
　　（拆）　　　　（拆）

图6-9　避雷器绝缘电阻测量接线图

避雷器为三节及以上时,在试验时一般不用拆开一次引线,试验时将避雷器顶部接地。

试 验 操 作

（1）避雷器低压端子接兆欧表的"E"端。

（2）试验用导线应使用专用带屏蔽的绝缘护套线,一端接兆欧表"L"端,"G"接屏蔽,另一端接避雷器高压端子。

（3）最后接通仪表电源线,自带电池的兆欧表和手摇式无须接电源线。

（4）检查试验接线正确,工作人员与施加电压部位保持足够的安全距离,操作人员征得负责人许可后,开始测量,读取绝缘电阻值,填写实验数据。

（5）测量完毕。首先断开仪器总电源,用放电棒将高压端充分放电后,拆除高压端接线,然后拆除仪器端高压线,最后拆除仪器接地线,试验结束。

（6）整理仪器,记录温度和湿度,把仪器摆放回原位;

（7）测量数值与标准或历史数据比较,判断是否合格,撰写试验报告。

试 验 数 据 分 析

所测绝缘电阻应符合下列要求:

35 kV 以上不低于 2 500 MΩ,35 kV 及以下不低于 1 000 MΩ,底座绝缘电阻不低于 5 MΩ,所测绝缘电阻与出厂、交接试验值、历次试验值比较,不得有明显降低或较大偏差。

任务评价

任务评价表,见表6-7。

表6-7 评价表

任务名称		避雷器绝缘电阻测量				
班级		小组成员		试验日期		
序号		评价内容及评分标准	分值	学生自评	学生互评	教师评价
1	安全防护	1.测试前,"确认设备已停电;停电作业命令已批准;安全措施和作业手续已办理,具备作业条件"。 2.测试后,"测试项目已完成,作业命令已消除"	10分			
		1.高压试验作业地点周围要设围栏,围栏上悬挂"止步,高压危险!"的标示牌。 2.设置封闭式高压试验围栏,并呼唤应答"高压试验围栏已设置,止步,高压危险标示牌已悬挂,开始作业"	5分			
		1.初次试验前要用高压验电器对主导体进行验电,用放电棒进行放电。 2.放电2 s,再后端对地放电1 s	5分			
		作业中需要着装整齐,穿绝缘靴、工作服,戴绝缘手套、安全帽,做好个人安全防护	10分			
2	试验准备	1.两人一组,与他人进行良好的沟通合作。 2.检查仪器状态;检查被试设备接地;检查测试线、仪器、装置外观、静态整定参数正确	10分			
		1.确认避雷器高低压端子接线、接地。 2.确认外观状态正常	10分			
3	试验操作	1.避雷器低压端子接兆欧表的"E"端。 2.试验用导线应使用专用带屏蔽的绝缘护套线,一端接兆欧"L"端,"G"接屏蔽,另一端接避雷器高压端子。 3.最后接通仪表电源线,自带电池的兆欧表和手摇式无须接电源线。 4.检查试验接线正确,工作人员与施加电压部位保持足够的安全距离,操作人员征得负责人许可后,开始测量,读取绝缘电阻值	30分			
		1.正确填写试验报告。 2.试验数据与出厂值比较,结论判断正确	10分			
4	文明作业	1.作业完毕,设备恢复原样。 2.设备、仪器及工器具收好,摆放整齐	5分			
		每次加压操作及验电、放电应进行呼唤应答	5分			
综合评价						

课后练习

1.避雷器绝缘电阻测量有何作用?

2.小组合作,制订避雷器绝缘电阻测量试验方案。

●●●● 任务四　避雷器泄漏电流测量和直流耐压试验 ●●●●

任务描述

避雷器泄漏电流是衡量避雷器质量好坏是否合格的一个重要指标,通过避雷器泄漏电流试验可以及时掌握设备绝缘状况,发现绝缘内部隐藏的缺陷。耐压试验可以检查避雷器是否受潮、劣化、断裂,以及制造过程中可能存在而未被检查出来的缺陷。

任务目标

1.明确避雷器泄漏电流测量和直流耐压试验的目的;

2.制订避雷器泄漏电流测量和直流耐压试验的试验方案;

3.完成避雷器泄漏电流测量和直流耐压试验;

4.分析试验数据,判断避雷器是否存在缺陷;

5.撰写避雷器泄漏电流测量和直流耐压试验报告。

知识准备

一、试验目的

测量直流 1 mA 电压 $U_{1\,mA}$ 及 $0.75U_{1\,mA}$ 压下的泄漏电流,目的是检查其非线特性及绝缘性能。$U_{1\,mA}$ 为试品通过 1 mA 直流时,被试避雷器两端的电压值。$0.75U_{1\,mA}$ 直流电压一般比最大工作相电压要高一些,在此电压下主要检测长期允许工作电流是否符合规定。避雷器施加高电压时,避雷器不可避免地要产生泄漏电流,这是衡量避雷器质量好坏是否合格的一个重要指标。直流耐压试验与泄漏电流的测量虽然方法一致,但其作用不同。前者是考验绝缘的耐电强度,其试验电压较高;后者是用于检查绝缘状况,试验电压相对较低。

二、危险点分析及预防措施

拆、接试验接线前,应将被试设备对地放电。测试前应与检修负责人协调,不允许有交叉作业。工作人员应与带电部位保持足够的安全距离。试验人员之间应口号联系清楚,加压过程中应有人监护并呼唱。试验仪器的金属外壳应可靠接地,仪器操作人员必须站在绝缘垫上。

三、试验前的准备工作

(一)分析试验条件

查勘现场,查阅相关技术资料,包括该设备历年试验数据及相关规程等,掌握该设备运行及缺陷情况。

(1)环境要求:环境温度不宜低于 5 ℃;环境相对湿度不宜大于 80%;大气环境条件应相对稳定。

（2）待试设备要求：待试设备处于检修状态；设备外观无破损、无异常；避雷器或限压器外绝缘表面应尽可能清洁干净。

（3）人员要求：了解各种绝缘材料、绝缘结构的性能、用途；了解各种电力设备的形式、用途、结构及原理；熟悉变电站电气主接线及系统运行方式；熟悉各类试验设备、仪器、仪表的原理、结构、用途及使用方法，并能排除一般故障；能正确完成试验室及现场各种试验项目的接线、操作及测量；熟悉各种影响试验结论的因素及消除方法；人员需经上岗培训，考试合格。

（二）办理工作票、做好试验现场安全和技术措施

填写第一种工作票，编写作业控制卡、质量控制卡，办理工作许可手续。

向其余试验人员交代工作内容、带电部位、现场安全措施、现场作业危险点，明确人员分工及试验程序。

任务实施

任 务 单

填写任务单，见表6-8。

避雷器泄漏
电流测量

表6-8　任务单

作业内容		按照要求完成避雷器泄漏电流测量和直流耐压试验
作业组人员		
测试时间		
当天环境		
测试地点		
现场基本信息	试品类型	
	型号	
测试项目		
使用仪器		

任 务 流 程

作业前准备—检查核实安全措施—完成避雷器泄漏电流测量和直流耐压试验—根据测量结果分析判断绝缘状况—作业结束，恢复安全措施。

工器具及试验设备准备

1. 试验仪器

（1）直流高压发生器（图6-10）

直流高压发生器采用了高频倍压电路，应用了最新的 PWM 高频脉宽调制技术，闭环调整，采用了电压大反馈，使电压稳定度大幅度提高。

使用高压直流成套装置进行测量，试验仪器要求：输出工作电流下直流电压的纹波系数 <1%；直流发生器最大输出电流应满足试验要求；输出电压误差 <3%；电流测量误差 <1%；测量限流电阻阻值为 5~10 MΩ（不拆高压引线测量时应用，区别于高压回路中保护限流电阻）。

（2）交直流阻容分压器（图6-11）

交直流阻容分压器主要由阻容互联组合而成。它利用电容作为介质，通过调整阻容的比值，将高压电网中的高电压分压为较低的电压，使得测量仪器的输入电压不超过其额定值。交直流阻容分压器能够同时测量交流电压和直流电压，并且在高压电路中无须接地。

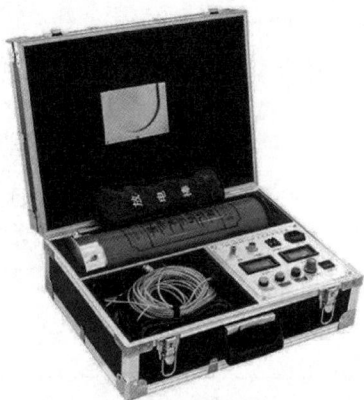

图6-10　直流高压发生器

图6-11　交直流阻容分压器

工具、仪器、材料清单见表6-9。

表6-9　工具、仪器、材料清单

序号	名称	技术规格	单位	数量	备注
1	高压直流装置	—	台	1	
2	微安表	2 000 μA	个	1	
3	屏蔽线	—	m	若干	
4	高压电缆	复合绝缘硅橡胶软高压电缆	m	若干	
5	温湿度计	误差±1 ℃	个	1	
6	放电棒	—	个	1	
7	对讲机	—	个	2	通信
8	围栏	—	个	1	
9	标识牌	—	个	1	
10	试验连接线	各类型号	m	若干	
11	记录本	—	本	1	

试验安全防护及注意事项

（1）实验前后对被试品及周围物体充分放电，防止残余电荷伤人。

（2）被试品设备周围有运行设备，做好感应电压防范措施。

（3）工作人员读取高压侧电流时应保持相应的安全距离。

（4）试验时认真监护，防止人员触及加压部位，操作过程中严格执行呼唱制度。

（5）严格执行《安全规程》和现场作业控制卡的规定。

（6）测量电流的导线应使用屏蔽线：测量 $U_{1\,mA}$ 值和 $0.75U_{1\,mA}$ 下的泄漏电流值时，宜在被试品下端与地之间（此时被试品的下端应与地绝缘）串联一只带屏蔽引线的电流表，电流表精度应高于成套装置上的仪表，当两只电流表指示的数值不同时，应以外部串联的电流表数值为准。

（7）测量系统应经过校验合格，测量误差不应大于 2%，测量 $0.75U_{1\,mA}$ 下泄漏电流的微安表，其准确度宜不大于 1.5 级，测量 $U_{1\,mA}$ 值和 $0.75U_{1\,mA}$ 下的泄漏电流值所用设备的直流电压脉动因数绝对值不大于 1.5%。

（8）应尽量避免电晕电流、杂散电容和表面潮湿污秽的影响，高压引线远离避雷器低压端，天气潮湿时，可用加屏蔽环的方法防止避雷器绝缘外套表面受潮影响测量结果。

（9）避免附近的交流电源及直流离子流产生的干扰，影响对所测避雷器质量情况的判断。

（10）分压器高压侧应接在微安表的电源侧。

（11）在局部停电条件下测试避雷器时，除了所用仪器应有较强的抗干扰性能和应使用比较粗的连接导线外，还应将被使避雷器的高压端用屏蔽环罩住或采取屏蔽措施。

试 验 接 线

断口间试验接线图如图 6-12 所示（分闸）。

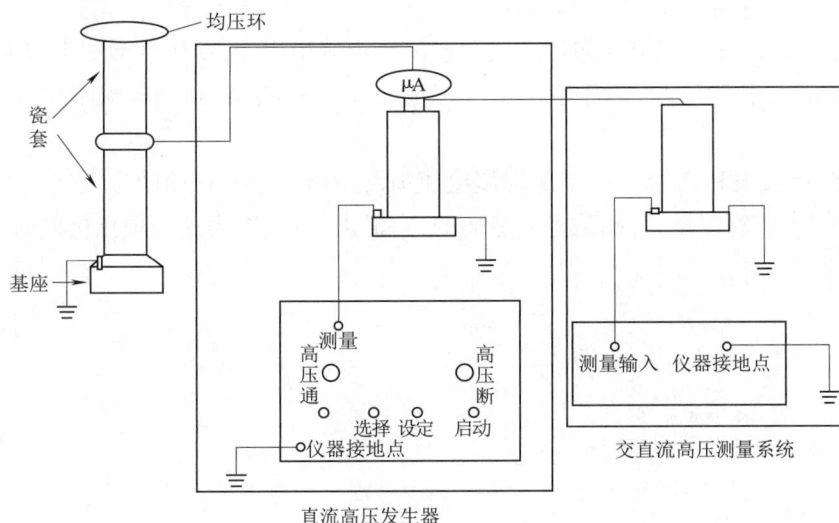

图 6-12　直流 1 mA 电压 $U_{1\,mA}$ 及 $0.75U_{1\,mA}$ 压下的泄漏电流测量接线图

试 验 操 作

（1）用专业短路线将避雷器低压端与设备外壳接地线短接，使避雷器低压端可靠接地；将放电棒的接地线与接地点可靠连接；将仪器专用接地线夹接在接地点上，确保接触良好。

（2）将接地线的一端与倍压筒接地端子相连，确认接触良好，将接地线的另一端与大功率机箱的接地端子相连，确认接触良好（注意：保护接地与工作接地，以及放电棒的接地线均应单独接到试品的地线上。严禁各接地线相互串联）。

（3）用专用电缆线连接倍压筒与大功率箱,用专用高压输出电缆线一端插入微安表上端的连接孔中,另一端夹紧避雷器的高压端子,确认接触良好,控制箱插入电源线,接通电源。将过压保护整定拨盘开关设置在适当位置上,一般为 1.15～1.20 倍测试电压值。

（4）顺时针方向平缓调节调压电位器,输入端即从零开始升压(注意:升压速度以每秒 3～5 kV 为宜)。

（5）升压时要时刻注意微安表的指示,当微安表显示数值接近 1 000 uA 时,应调节电压细调旋钮,调节电压值。直至微安表显示数值 1000,读出此时的电压值并记录(3 个人一组工作,一个人负责监视微安表,一个人升压,一个人监视分压器控制箱,试验过程全程呼唱)。

（6）按下"Um75%"按钮,电压即降至原来的 75%,并保持此状态。此时读取微安表,并记录数据。

（7）测量结束后,将调压器逆时针回零,按下电源通断绿色按钮,切断输出高压。将电源开关放在关断位置。

（8）利用放电棒分别对避雷器高压侧及倍压筒高压输出端放电;然后再用放电棒上面接地线的钩子去钩至设备上,直接对地放电。

（9）当充分放电后,即可进行试验拆线工作。

试验数据分析

$U_{1\,mA}$ 不得低于《交流无间隙金属氧化物避雷器》(GB 11032—2020)的规定值,并且与初始值或者制造厂给定值相比较,变化率不应大于 ±5%。

$0.75U_{1\,mA}$ 下的泄漏电流值与初始值或制造厂给定值相比较,变化量增加不应大于 30%,且泄漏电流值不应大于 50 μA。对于额定电压 216 kV 以上避雷器,泄漏电流不应大于制造厂的规定值。

避雷器的 $U_{1\,mA}$ 值和 $0.75U_{1\,mA}$ 下的泄漏电流值两项指标中有一项超过上述要求时,应查明原因,可增加交流试验项目,若确系老化造成的,宜退出运行;但当这两项指标同时超出上述要求时,应立即退出运行。

任务评价

任务评价表,见表6-10。

表6-10　评价表

任务名称		避雷器泄漏电流测量和直流耐压试验				
班级		小组成员		试验日期		
序号		评价内容及评分标准	分值	学生自评	学生互评	教师评价
1	安全防护	1.测试前,"确认设备已停电;停电作业命令已批准;安全措施和作业手续已办理,具备作业条件"。 2.测试后,"测试项目已完成,作业命令已消除"	5分			
		1.高压试验作业地点周围要设围栏,围栏上悬挂"止步,高压危险!"的标示牌。 2.设置封闭式高压试验围栏,并呼唤应答"高压试验围栏已设置,止步,高压危险标示牌已悬挂,开始作业"	5分			
		1.初次试验前要用高压验电器对主导体进行验电,用放电棒进行放电。 2.放电2 s,再后端对地放电1 s	5分			
		作业中需要着装整齐,穿绝缘靴、工作服,戴绝缘手套、安全帽,做好个人安全防护	5分			
2	试验准备	1.两人一组,与他人进行良好的沟通合作。 2.检查仪器状态;检查被试设备接地;检查测试线、仪器、装置外观、静态整定参数正确	10分			
		1.确认避雷器高低压端子接线、接地。 2.确认外观状态正常	10分			
3	试验操作	1.将接地线的一端与倍压筒接地端子相连,确认接触良好,将接地线的另一端与大功率机箱的接地端子相连,确认接触良好。 2.用专用电缆线连接倍压筒与大功率箱,用专用高压输出电缆线一端插入微安表上端的连接孔中,另一端夹紧避雷器的高压端子,确认接触良好,控制箱插入电源线,接通电源。将过压保护整定拨盘开关设置在适当位置上,一般为1.15 ~ 1.20倍测试电压值。 3.顺时针方向平缓调节调压电位器,输入端即从零开始升压。 4.升压时要时刻注意微安表的指示,当微安表显示数值接近1 000 μA时,应调节电压细调旋钮,调节电压值。直至微安表显示数值1000,读出此时的电压值并记录。 5.按下"Um75%"按钮,电压即降至原来的75%,并保持此状态。此时读取微安表,并记录数据。 6.测量结束后,将调压器逆时针回零,按下电源通断绿色按钮,切断输出高压。将电源开关放在关断位置。 7.利用放电棒分别对避雷器高压侧与倍压筒高压输出端放电;然后再用放电棒上面接地线的钩子去钩至设备上,直接对地放电	40分			
		1.正确填写试验报告。 2.试验数据与出厂值比较,结论判断正确	10分			
4	文明作业	1.作业完毕,设备恢复原样。 2.设备、仪器及工器具收好,摆放整齐	10分			
综合评价						

📧 课后练习

1. 避雷器泄漏电流测量和直流耐压试验都需要哪些试验仪器？
2. 避雷器泄漏电流测量和直流耐压试验有哪些危险点需要防范？

📖 技术前沿

避雷器泄漏电流的在线监测

一、避雷器泄漏电流监测方法

目前，为保障对避雷器泄漏电流大小测试的准确性，一般多会应用在线监测方法，而在过去则多采用停电离线监测，但是这一传统方法存在有许多的不足，如可能出现测试电压与实际不符的问题，且在测试时需要停电，大大降低了整体工作效率；而通过应用在线监测方法，这一问题可以得到良好解决，并且无须停电后监测，进一步提高了测试效率，不仅如此，在线监测时不会出现电压不符的问题。

二、常用在线监测方法分析

随着相关测试技术的发展，对于避雷器泄漏电流的在线监测方法得到了较快发展，目前可通过以下几种方法予以监测：

1. 监测总泄漏电流法

避雷器在应用中，会不间断地泄漏电流，为保障测试效率和准确性，可以采用监测总泄漏法，该方法可以通过对接地引线上的泄漏情况进行测试。但是在实际应用中该方法有一定的不足，如灵活性不强，对于一些应用时间比较长的避雷器检测准确性不高，不过从实际应用探析来看，对于因受潮劣化的避雷器泄漏电流有良好应用效果。

2. 补偿法测阻性电流

该方法在应用时需要测试时去除容性电流，随后便可通过测量阻性电流的方式确认泄漏电流。在实际测试工作中，首先要引入补偿信号，处理后进行泄漏电流相减便能获取阻性电流数据，进而可以达到比较准确的测试数值。但是就该方法的实际应用来看，极有可能会受到电网谐波成分的影响而出现数值异常波动问题。

3. 基次谐波法测阻性电流

在该监测方法的应用中，需要应用数字滤波对阻性基波电流进行分析，在该过程中可以对阻性电流进行分解，那么在该过程中便可通过对阻性电流的检测来获取最终数据，随后在计算后便可达到检测避雷器泄漏电流的目的。但在该方法的实际应用中需要通过 PT 获取电网的电压信号，同时还会应用 CT 钳接地线，整个检测准确性比较高，但是在实际测试中可能会给电网电压高次谐波产生一定的不良影响。

4. 三次谐波法测阻性电流

三次谐波法也是比较常用的一种在线监测方法，具有便捷性，可以通过测试避雷器的总电流来获取三次谐波阻性电流分量，整体效率比较高，测试准确性也不错，不过在避雷器的故障检测中应用该方法无法确认故障在具体的哪一项。

任务五　避雷器计数器试验

任务描述

由于密封不良,避雷器放电计数器在运行中可能进入潮气或水分,使内部元件锈蚀,导致计数器不能正确动作。因此,需定期试验以判断计数器是否状态良好、能否正常动作,以便总结运行经验并有助于事故分析。

任务目标

1. 理解避雷器放电计数器的原理及试验目的;
2. 制订避雷器放电计数器试验方案;
3. 完成避雷器放电计数器试验;
4. 分析试验数据,判断避雷器放电计数器是否存在缺陷;
5. 撰写避雷器放电计数器试验报告。

知识准备

一、放电计数器原理

图 6-13(a)为 JS 型双阀片式结构放电计数器原理。当避雷器动作时,放电电流流过阀片电阻 R_1,在 R_1 上的压降经阀片电阻 R_2 给电容 C 充电,C 再对电磁式计数器的电感绕组 L 放电,使其移动一格,计一次数。改变 R_1 及 R_2 的阻值,可使计数器具有不同的灵敏度,一般最小动作电流为 100 A。

JS-8 型整流式结构的放电计数器原理如图 6-13(b)所示。避雷器动作时,阀片电阻 R_1 上的压降经全波整流给电容 C 充电,C 再对电磁式计数器的电感绕组放电,使其动作计数。该放电计数器的阀片电阻 R_1 阻值较小,通流容量较大,最小动作电流为 100 A。JS-8 型一般用于 6.0~330 kV 系统,JS-8A 型用于 500 kV 系统。

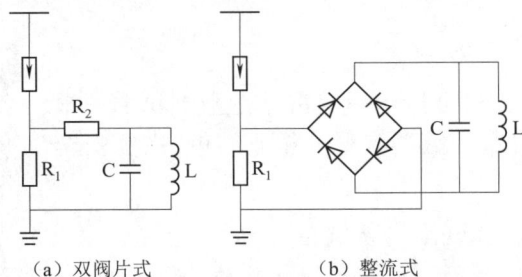

(a) 双阀片式　　　　(b) 整流式

图 6-13　JS 型放电计数器原理

二、试验目的

由于密封不良,动作计数器在运行中可能进入潮气或水分,使内部元件锈蚀,导致计数器不能正常动作,每年应检查 1 次。

三、测试标准

(1)测试环境应该干燥、无尘、无电磁干扰,并且温度适宜。

(2)测试前需要将避雷器计数器进行校准,确保其读数准确无误。

(3)测试时需要使用标准测试电压和电流,测试电压和电流的大小应该符合避雷器的额定值。

(4)测试时需要对避雷器进行多次击穿,每次击穿后需要记录避雷器计数器的读数,并且等待一定时间以排除残余电荷的影响。

(5)测试完成后需要对测试结果进行分析和统计,计算出避雷器的平均击穿次数、标准差等参数。

(6)测试报告应该清晰、准确地记录测试环境、测试方法、测试结果、测试结论等内容,并且需要在报告中注明测试人员、测试时间等信息。

任务实施

任务单

填写任务单,见表 6-11。

表 6-11　任务单

作业内容	按照要求完成避雷器计数器试验		
作业组人员			
测试时间			
当天环境			
测试地点			
现场基本信息	试品类型		
	型号		
测试项目			
使用仪器			

任务流程

作业前准备—检查核实安全措施—避雷器计数器试验—根据测量结果分析判断避雷器计数器状况—作业结束,恢复安全措施。

工器具及试验设备准备

放电计数器测试仪即避雷器放电计数器校验仪,是用来测试各种型号放电计数器是否正常动作的一种仪器。

工具、仪器、材料清单见表 6-12。

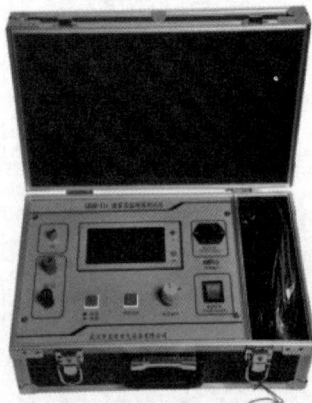

图 6-14　放电计数器测试仪

表 6-12 工具、仪器、材料清单

序号	名称	技术规格	单位	数量	备注
1	放电计数器测试仪	—	台	1	
2	屏蔽线	—	m	若干	
3	温湿度计	误差 ±1 ℃	个	1	
4	放电棒	—	个	1	
5	对讲机	—	个	2	通信
6	围栏	—	个	1	
7	标识牌	—	个	1	
8	试验连接线	各类型号	m	若干	
9	记录本	—	本	1	

试验安全防护及注意事项

（1）在作业地点的周围要设围栅。围栅上悬挂"止步，高压危险！"的标示牌（标示牌要面向作业场地外方），并派专人看守。

（2）在一个电气连接部分内，同时只允许一个作业组且在一项设备上进行高压试验。

（3）试验装置的金属外壳要装设接地线。

（4）试验时应服从现场指挥，并做好安全措施。

（5）周围人员应离现场一定距离。

（6）避雷器放电计数器试验时，应先确保设备安全性能良好，电源及电缆连接无故障。

（7）试验前应检查接地电阻是否符合规定，并在试验期间保持恒定。

（8）试验前应先了解测试对象的额定电压和其他参数，并选择适当的高压发生器进行试验。

（9）试验时应注意，为得到足够的交流电流，应由一人摇兆欧表，另一人通过绝缘杆挂电容器的放电引线。

（10）在兆欧表停摇之前，将兆欧表与电容器的引线断开，用绝缘杆挂导线给放电计数器放电，以防止电容器对兆欧表反充电，损坏兆欧表及因释放电荷得不到正确的结果。

（11）应记录放电计数器试验前后的放电指示位数。原则上应将放电计数器指示位数通过多次动作试验恢复到试验前位置。

试 验 接 线

图 6-15 所示是在现场采用的一种简易试验方法的原理图。

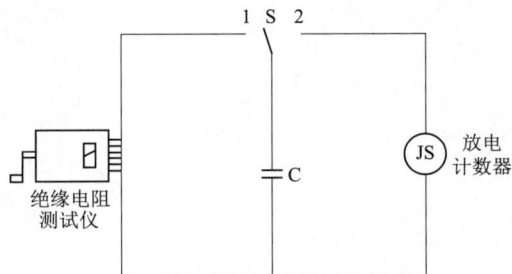

图 6-15 放电计数器动作次数原理

试 验 操 作

1. 放电记录器试验

（1）用专用放电器试验。使用专用放电器试验可减轻试验人员的劳动强度。试验时避雷器恢复为正常运行时的接线，记录放电器的原始指数。将放电器的接地端接地，打开电源，待放电器充足电后，将放电器的高压端子与放电记录器的进线端子相接触，检查记录器是否动作，连续试验 3～5 次，记录试验后放电记录器的指数。

放电器充足电后，试验人员不得碰触放电器的高压端子，防止电击伤；试验结束关闭电源后应将放电器的高压端子与接地线短接，使放电器充分放电。

（2）用电容器试验。可使用 1 μF 左右、额定电压 6.3 kV 及以上的电容器，采用 2 500 V 兆欧表给电容器充电后代替放电器进行试验。

2. 运行检查和试验

放电计数器在运行中发现的主要问题是密封不良和受潮，严重的甚至出现内部元件锈蚀的情况。因此在对避雷器进行预防性试验时，应检查放电计数器内部有无水气、水珠，元件有无锈蚀，密封橡皮垫圈的安装有无开胶等情况，发现缺陷应予以处理或更换。

用一个 1 000 V 或 2 500 V 兆欧表给一个容量约为 5～10 μF 的电容器充电，然后用电容器通过放电计数器放电，计数器应当动作。

任务评价

任务评价表,见表6-13。

表6-13 评价表

任务名称		避雷器计数器试验					
班级		小组成员			试验日期		
序号		评价内容及评分标准		分值	学生自评	学生互评	教师评价
1	安全防护	1.测试前,"确认设备已停电;停电作业命令已批准;安全措施和作业手续已办理,具备作业条件"。 2.测试后,"测试项目已完成,作业命令已消除"		5分			
		1.高压试验作业地点周围要设置围栅,围栅上悬挂"止步,高压危险!"的标示牌。 2.设置封闭式高压试验围栅,并呼唤应答"高压试验围栅已设置,止步,高压危险标示牌已悬挂,开始作业"		5分			
		1.初次试验前要用高压验电器对主导体进行验电,用放电棒进行放电。 2.放电2 s,再后端对地放电1 s		5分			
		作业中需要着装整齐、穿绝缘靴、工作服、绝缘手套、安全帽,做好个人安全防护		5分			
2	试验准备	1.两人一组,与他人进行良好的沟通合作。 2.检查仪器状态;检查被试设备接地;检查测试线、仪器、装置外观、静态整定参数正确		5分			
		1.确认避雷器高低压端子接线、接地。 2.确认外观状态正常		5分			
3	试验操作	1.试验时避雷器恢复为正常运行时的接线,记录放电器的原始指数。打开电源,待放电器充足电后,将放电器的高压端子与放电记录器的进线端子相接触,检查记录器是否动作,连续试验3~5次,记录试验后放电记录器的指数。 2.放电器充足电后,试验人员不得碰触放电器的高压端子,防止电击伤。 3.试验结束关闭电源后应将放电器的高压端子与接地线短接,使放电器充分放电		50分			
		1.正确填写试验报告。 2.试验数据与出厂值比较,结论判断正确		10分			
4	文明作业	1.作业完毕,设备恢复原样。 2.设备、仪器及工器具收好,摆放整齐		5分			
		每次加压操作及验电、放电应进行呼唤应答		5分			
综合评价							

课后练习

1.请说明避雷器放电计数器的原理。

2.请制订避雷器放电计数器的试验方案。

案例分析

110 kV 避雷器阻性电流试验现场测试案例

在变电所,对 110 kV 氧化锌避雷器进行特性试验。分析试验过程及特性试验结果,撰写试验报告。

一、试验意义

(1)氧化锌避雷器因其优异的非线性特性、通流容量大和结构简单可靠等优点在电网中普遍应用。但在实际运行中,氧化锌避雷器的爆炸事故也时有发生,主要原因是在运行中阀片长期承受电力系统运行电压的作用,以及内部受潮或过热等因素的影响,造成阀片非线性电阻特性的劣化。

(2)氧化锌避雷器劣化的主要表现是正常电压下的阻性电流的增加,阻性电流的加大造成发热量增加,避雷器内部温度上升,温度上升又加速阀片的老化,形成恶性循环,最后导致氧化锌避雷器由于过热而损坏,引起避雷器的爆炸,导致大面积停电事故。劣化与爆炸避雷器如图 6-16 所示。

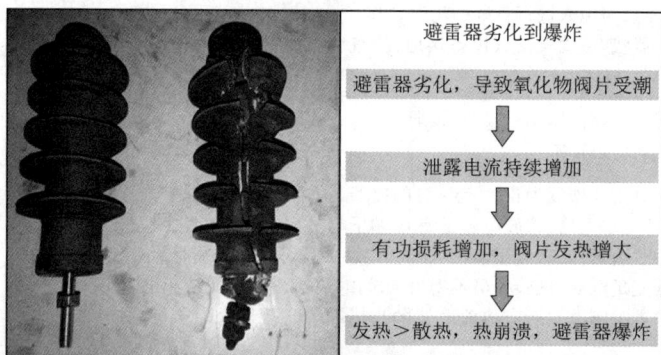

图 6-16 劣化与爆炸避雷器

(3)随着电力设备检修周期的延长,以及状态检修的深入开展,避雷器停电试验的机会越来越少,带电检测及在线监测在一定程度上决定了对避雷器绝缘状况的判断。

(4)运行中的氧化锌避雷器在交流电压的作用下,流经的泄漏电流有两种:阻性电流和容性电流。一般认为仅占总泄漏电流 10% ~ 20% 的阻性电流的增加是引起氧化锌避雷器劣化的主要因素,所以从总泄漏电流中准确提取其阻性电流是判断氧化锌避雷器运行状况的关键,通过带电检测泄漏电流特别是阻性分量,可以反映避雷器的健康状况。

二、详细测试过程

1. 准备工作及注意事项

(1)阻性电流试验在带电情况下进行,注意试验安全,雷雨前或远方有雷云时,立即停止试验。

（2）在拆接线过程中,严禁测试线、身体部位超过避雷器底部法兰。

（3）测量前先连接接地线,测量完最后拆接地线。

（4）参考电压只能从计量或测量端子引,不能从保护端子引,以免误动作。

（5）拆除接线时先拆电压互感器二次端子侧,再拆电压采集器接线,否则易造成短路。

2. 试验接线（图 6-17）

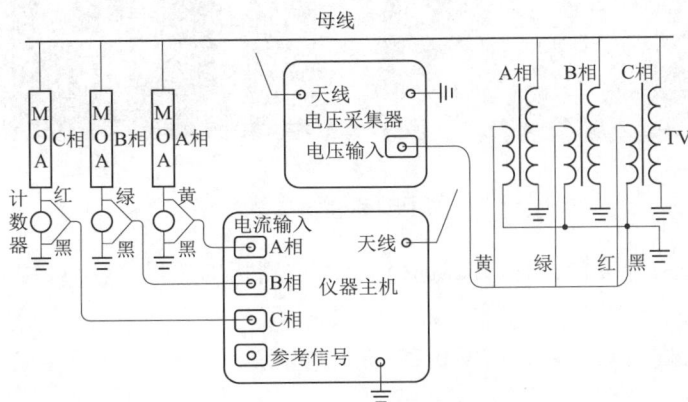

图 6-17　试验接线示意

（1）首先将仪器及电压采集器可靠接地,然后将避雷器运行的全电流通过测试线接入仪器,黄、绿、红三个夹子分别夹在 A、B、C 三相避雷器的底部（即避雷器计数器的上端）,三个黑色夹子接地（接好线以后注意观察计数器上的电流是否归零,归零则证明接线正确无误）。仪器端将航空插头对应接在仪器的 A、B、C 三相。避雷器泄漏电流检测如图 6-18 所示。

（a）

（b）

图 6-18　避雷器泄漏电流检测

（2）用电压采集器去采集电压互感器的二次电压,电压采集器黄、绿、红、黑夹子分别接在电压互感器二次侧的 A、B、C 和地,电压信号通过无线方式传入主机。电压信号采集如图 6-19 所示。

图 6-19　电压信号采集

（3）主机开机，进行设置，测试方式选择无线，被测相别选择 A、B、C 相，禁用补偿，电压互感器变比为 1 000。

（4）设置完毕，进入测试得到如图 6-20 所示结果。

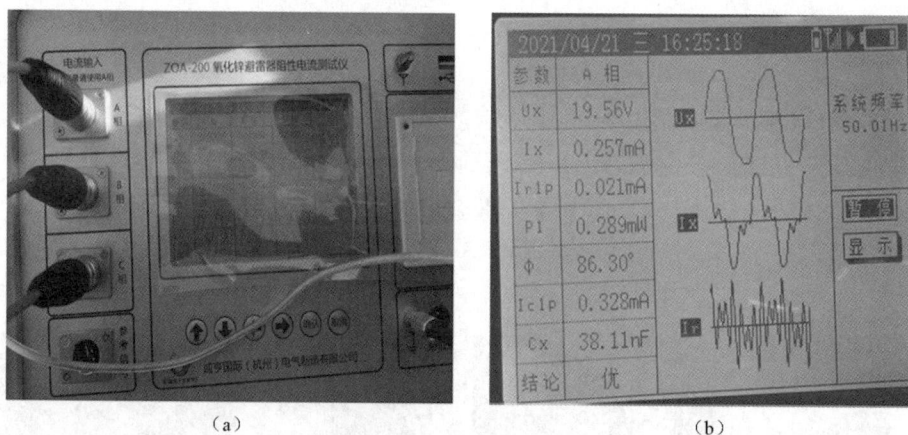

图 6-20　测试结果

三、测试结果分析

根据实际测得的数据进行分析，主要通过如下三种方式：

（1）纵向比较：同一产品，在相同的环境条件下，阻性电流与上次或初始值比较应≤30%，全电流与上次或初始值比较应≤20%。当阻性电流增加 0.3 倍时应缩短试验周期开展加强监测，增加 1 倍时应停电检查。

（2）横向比较：同一厂家、同一批次的产品，避雷器各参数应大致相同，彼此应无显著差异。如果全电流或阻性电流差别超过 70%，即使参数不超标，避雷器也有可能异常。

（3）综合分析法：按照阻性电流不能超过总电流的 20% 要求，φ 不能小于 75°，综合分析判断见表 6-14。当怀疑避雷器泄漏电流存在异常时，应排除各种因素的干扰，并结合红外精确测温、高频局部放电测量来判断。

表 6-14 综合分析判断

φ	$0°\sim74.99°$	$75°\sim76.99°$	$77°\sim77.99°$	$80°\sim82.99°$	$83°\sim87.99°$	$\geqslant88°$
性能	劣	差	中	良	优	有干扰

四、结论

（1）新设备的交接试验不一定能发现设备潜在的缺陷，随着运行时间增加，设备的状态可能发生明显改变，因此应加强设备投运后的带电检测。

（2）相比于停电试验，由于带电检测不影响设备运行，所得到的数据更接近设备真实状态，且不受停电时间制约。因此带电检测比传统的预防性试验更能有效地检测设备缺陷。

项目七

轨道交通变电所接地装置接地电阻测量试验

项目描述

由于安全运行的需要,常将电力系统及其电气设备的某些部分与大地相连接,这就是接地。接地方式可分为工作接地、保护接地、防雷接地。本项目将详细描述接地装置、接地电阻测量的相关内容。

学习目标

1. 知识目标

(1)掌握接地的类型;

(2)掌握接地电阻的概念;

(3)掌握接地电阻的试验方法。

2. 能力目标

(1)能够判断接地的类型;

(2)能够按照标准进行接地电阻相关试验;

(3)能够对试验结果进行准确分析。

3. 素质目标

(1)养成精益求精的学习态度;

(2)养成安全操作的意识;

(3)培养一丝不苟的精神。

学习引导

接地的功能是通过接地装置来实现的,如供电系统中的防雷接地,通过设置接地装置将雷电流泄入大地,从而保障系统的正常运行及人身的安全。由于接地装置长期深埋地下,易在土壤腐蚀环境中发生电化学腐蚀而损坏。目前接地装置腐蚀防护措施主要有提高接地材料耐蚀性和改善土壤腐蚀环境两种方式。提高材料耐蚀性措施包括碳钢接地、镀锌钢接地、铜(铜覆钢)接地、石墨接地、导电水泥、阴极保护、增大接地面积、涂覆导电防腐涂料等;改善土壤腐蚀环境措施包括采用降阻剂技术、人工改良土壤等。就施工过程来说,一旦接地网施工地址确定,周围的土壤腐蚀性也随之确定,难以改变。因此,在实际工作过程中,接地装置的防腐蚀措施更多在于提高接地系统的耐蚀性。

本项目主要讲解接地的概念、接地装置的设置方式、接地电阻大小的测量方法,对于深入了解接地装置具有重要作用。

任务一　接地装置检查

任务描述

接地装置是通过引线在内的埋设在地中的一个或一组金属体或由金属导体组成的金属网,其功能是泄放故障电流、雷电流或其他冲击电流,稳定电压。作为保障供电系统正常运行及人身安全的必要装置,了解接地的概念、接地装置的构成、常用接地装置的结构类型及接地装置的日常检查及维护十分必要。

任务目标

1.理解接地的概念;

2.掌握接地装置的构成;

3.掌握接地的类型;

4.能对接地装置进行检查和维护。

知识准备

一、接地及接地装置的基本概念

接地指由于运行及安全的需要,将电力系统及其电气设备的某些部分与大地相连接。埋入大地并直接与土壤接触的金属导体称为接地体。电气设备的接地部分同接地体相连接的金属导体称为接地引下线。接地体和接地引下线共同组成接地装置。

按照用途的不同接地可分为工作接地、保护接地、防雷接地三种类型。

(1)工作接地。电力系统正常运行需要而将电网中某一点接地。如中性点的直接接地、中性点经消弧线圈接地,又称系统接地。工作接地要求的接地电阻为 $0.5 \sim 10\ \Omega$。

(2)保护接地。电气装置的金属外壳、配电装置的构架和线路杆塔等,由于绝缘损坏有可能带电,为防止其危及人身和设备安全而设的接地。高压设备保护接地要求的接地电阻为 $1 \sim 10\ \Omega$。

(3)防雷接地。为雷电保护装置(避雷针、避雷线和避雷器等)向大地泄放雷电流而设的接地。避雷器的接地电阻一般不超过 $5\ \Omega$。

事实上,上述三种接地有时很难分开。如变电站中的电源和各种电气设备及防雷装置都处在同一地网中,它们的接地不易分开,所以变电站的接地网实际上是集工作接地、保护接地和防雷接地为一体的接地装置。

二、工程实用接地装置

工程实用接地体主要由扁钢、圆钢、角钢或钢管组成，埋于地面下 0.5～1 m 处。水平接地体多用扁钢，宽度一般为 20～40 mm；或者用直径不小于 $\phi6$ mm 的圆钢。垂直接地体一般用角钢(20 mm $\times 20$ mm $\times 3$ mm～50 mm $\times 50$ mm $\times 5$ mm)或钢管，长度约取 2.5 m。根据敷设地点不同，可分为输电线路和发电厂及变电站接地。

1. 典型接地体

(1)单根垂直接地体(图 7-1)

(2)多根垂直接地体

当单根垂直接地体的接地电阻不能满足要求时，为了得到较小的接地电阻，往往将多个单一接地体并联组成复式接地装置。多根接地体并联构成的复式接地装置如图 7-2 所示。

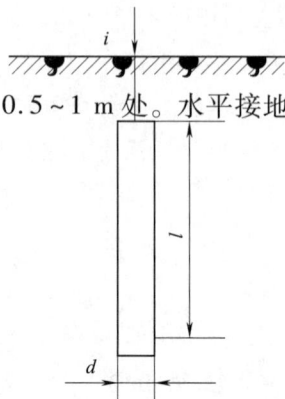

图 7-1　单根垂直接地体

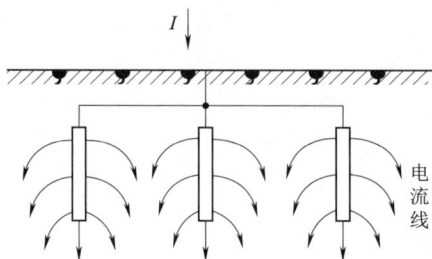

图 7-2　多根垂直接地体

(3)水平接地体

水平接地体形式见表 7-1。

表 7-1　水平接地体的形状系数

序号	1	2	3	4	5	6	7	8
接地体形式	──	L	人	○	＋	□	✕	✳
形状系数 A	−0.6	−0.18	0	0.48	0.89	1	3.03	5.65

2. 变电站的防雷接地

变电站内有大量电气设备，为了保证其工作接地、保护接地、防雷接地的需要，需设置良好的接地装置。一般的做法是根据保护接地和工作接地要求敷设一个统一的接地网，然后再在避雷针和避雷器安装处增加垂直接地体以满足防雷接地的要求。

接地网常用 4 mm $\times 40$ mm 的扁钢或 $\phi20$ mm 的圆钢水平敷设，排列成长孔形或方孔形，其目的主要在于均压，接地网示意如图 7-3 所示。

图7-3 接地网示意

任务实施

任 务 单

填写任务单,见表7-2。

表7-2 任务单

作业内容	按照作业要求完成接地装置的检查		
作业组人员			
测试时间			
当天环境			
测试地点			
现场基本信息	试品类型		
	型号		
测试项目			
使用仪器			

准备工作:穿好工作服、绝缘鞋,戴好安全帽,带上检查、维护作业卡。

任 务 流 程

作业前准备—检查核实安全措施—检查接地装置—作业结束,恢复安全措施。

接地装置的检查

1.日常检查

(1)检查接地引下线与设备的金属外壳,接地网连接良好,无松动脱落现象;

(2)接地引下线表面的油漆,标志完好。

2.特殊检查

(1)检查接地引下线与设备的金属外壳,接地网连接良好,是否有烧断现象。

(2)检查接地引下线无损伤、碰断、腐蚀现象。

3.维护

在运行期间,对接地装置的连接情况进行检查和接地电阻的测量,可按下列周期进行:

（1）连接情况检查至少每一年一次。

（2）接地电阻的测量至少每一年一次。

（3）必要时，选点挖土检查接地体和接地线连接是否完好。

（4）接地装置设检查记录本，将检查结果载入备查。

（5）当进行设备扩建时和根据当地雷击率，应重新评估接地引下线截面的过流容量。

任务评价

任务评价表,见表7-3。

表 7-3　评价表

任务名称		接地装置检查					
班级			小组成员		试验日期		
序号		评价内容及评分标准			分值	学生自评	学生互评	教师评价
1	安全防护	检查、维护前,穿好工作服、绝缘鞋、戴好安全帽、绝缘手套,带上检查、维护作业卡	10 分			
		1.检查、维护过程中需要着装整齐,穿绝缘靴、工作服,戴安全帽,做好个人安全防护。 2.检查、维护期间与运行设备保持相应安全距离	10 分			
2	巡视准备	1.两人一组,与他人进行良好的沟通合作。 2.记录环境温度、湿度、气象情况、检查、维护日期及使用仪表	10 分			
3	检查	日常检查: 1.检查接地引下线与设备的金属外壳,接地网连接良好,无松动脱落现象。 2.接地引下线表面的油漆,标志完好	10 分			
		特殊检查: 1.检查接地引下线与设备的金属外壳,接地网连接良好,是否有烧断现象; 2.检查接地引下线无损伤,碰断,腐蚀现象	20 分			
		维护: 在运行期间,对接地装置的连接情况检查和接地电阻的测量,可按下列周期进行: 1.连接情况检查至少每一年一次; 2.接地电阻的测量至少每一年一次; 3.必要时,选点挖土检查接地体和接地线连接是否完好; 4.接地装置设记录本,将检查结果载入备查; 5.当进行设备扩建时和根据当地雷击率,应重新评估接地引下线截面的过流容量	25 分			
		1.记录好检查、维护数据。 2.试验数据与历史数据比较,无异常	10 分			
4	文明作业	1.检查维护完毕。 2.设备、仪器及工器具收好,摆放整齐	5 分			
综合评价						

课后练习

1.什么是接地装置?

2.接地的类型有哪些? 分别有什么作用?

任务二　接地电阻测量

任务描述

接地电阻的测量是电气安全至关重要的一环,如防雷接地中,当有电流通过接地体流入大地时,接地体电位升高,人若站在这样的地面上,有可能受到接触电压和跨步电压引起的电击伤害,当接地装置的接地电阻过大时尤其危险。因此对接地装置必须进行接地电阻试验,对新安装的接地装置必须测定接地电阻,以确定该装置能否投入运行。对运行中的接地装置也必须每年对其进行定期试验。本任务的主要内容为学习接地电阻的测试方法并对测量结果进行相应分析。

任务目标

1. 理解接地电阻的含义;
2. 掌握用测量接地电阻的方法;
3. 能根据接地电阻测试结果分析、判断地网接地状况。

知识准备

一、接地电阻

接地电阻是表征接地装置功能的一个重要的电气参数。接地电阻是电流 I 经接地体流入大地时接地体对地电压 U 与电流 I 的比值,即

$$R = \frac{U}{I} \tag{7-1}$$

严格说来,接地电阻包括四个组成部分:接地引下线的电阻、接地体本身的金属电阻、接地体与土壤的接触电阻和土壤的溢流电阻。前三种电阻相对于第四种要小得多,一般忽略不计。

（一）工频接地电阻

经接地装置入地的电流为工频电流 I_e 时,接地装置所呈现的电阻称为工频接地电阻,用 R_e 表示。

（二）冲击接地电阻

经接地装置入地的电流为冲击电流时,接地装置所呈现的电阻称为冲击接地电阻,用 R_i 表示。

在流过冲击电流时,有两种效应会影响到冲击接地电阻值的大小。

（1）火花效应。由于冲击电流的幅值很大,接地体的电位很高,在其周围的土壤中会产生强烈的火花放电,这部分土壤的电阻率大为降低,成为良好的导体,相当于增大了接地体的有效尺寸,结果使接地装置的冲击接地电阻小于工频接地电阻,这种现象称为火花效应。

（2）电感效应。当冲击电流流经接地体时,由于电流变化很快,其等值频率很高,会使接

地体本身呈现明显的电感作用,阻碍电流向远方流通。这对于伸长接地体尤为明显,结果使接地体的全部长度得不到充分利用。此时,冲击接地电阻值大于工频接地电阻,这一现象称为电感效应。显然,当接地体长度达到一定值后,再增加其长度,接地电阻不再下降,这个长度为伸长接地体的有效长度,一般为 40~60 m。

通常把冲击接地电阻 R_i 与工频接地电阻 R_e 的比值 α 称为接地体的冲击系数为

$$\alpha = \frac{R_i}{R_e} \tag{7-2}$$

一般地,冲击系数 $\alpha < 1$。当采用伸长接地体时,可能因电感效应使 $\alpha > 1$。

为了降低接地电阻,首先要充分利用自然接地极,如钢筋混凝土杆、铁塔基础、发电厂和变电所的构架基础等,大多数情况下单纯依靠自然接地极是不能满足要求的,需要增设人工接地装置,人工接地装置有水平敷设、垂直敷设,以及既有水平又有垂直敷设的复合接地装置。水平敷设人工接地极的可采用圆钢、扁钢,垂直敷设的可采用角钢、钢管,埋于地表面下 0.5~1 m 处。由于金属的电阻率远小于土壤的电阻率,所以接地极本身的电阻在接地电阻中忽略不计。在土壤电阻率较高的岩石地区,为了减小接地电阻,有时需要加大接地体的尺寸,主要是增加水平埋设的扁钢的长度,通常称这种接地极为伸长接地极。

二、接地电阻的测量仪器

接地电阻和土壤电阻率的测量试验应在土壤干燥时进行,即土壤电阻系数最高时进行。如北方第一次试验应在夏季土壤最干燥时进行,第二次则应在冬季土壤冰冻最甚时进行;南方则可以在较干燥的春季或秋季进行。土壤的湿度对接地电阻影响很大,因此雨后不宜测量。

接地兆欧表适用于直接测量各种接地装置的接地电阻值,ZC-8 型接地兆欧表的外形及尺寸如图 7-4 所示,可供一般低电阻的测量,四端钮还可以测量土壤电阻率。接地兆欧表根据电位计原理设计,由手摇交流发电机、相敏整流放大器、电位器、电流互感器及检流计构成,全部密封于携带式外壳内,附件有接地探测针及连接导线等装于附件袋内,全部机件体积小、重量轻、携带使用便利。

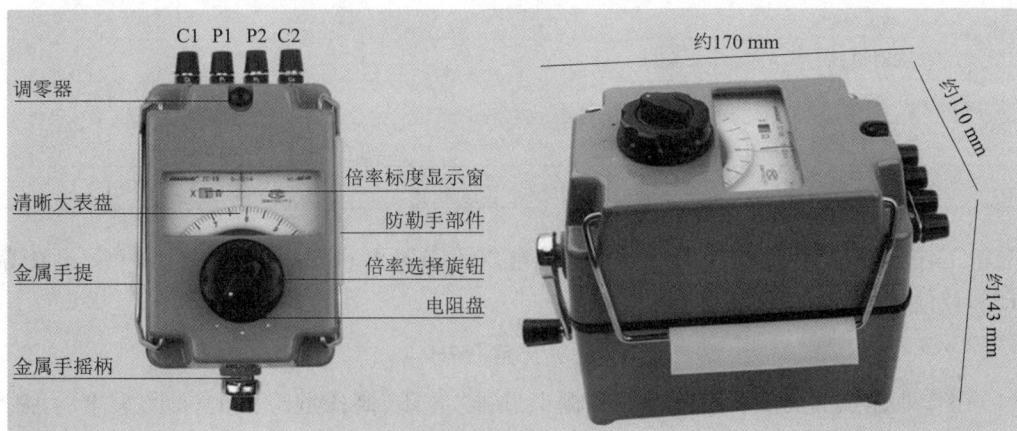

图 7-4 ZC-8 型接地兆欧表的外形及尺寸

任务实施

任 务 单

填写任务单,见表 7-4。

表 7-4　任务单

作业内容	按照作业要求完成牵引变电所接地网接地电阻的测量		
作业组人员			
测试时间			
当天环境			
测试地点			
现场 基本 信息	试品 类型		
	型号		
测试项目			
使用仪器			

任 务 流 程

作业前准备—检查核实安全措施—用 ZC-8 型接地兆欧表完成接地网接地电阻的测量—根据测量结果分析判断接地电阻是否合格—作业结束,恢复安全措施。

工器具及试验设备准备(表7-5)

表 7-5　工具、仪器、材料清单

序号	名称	技术规格	单位	数量	备注
1	接地兆欧表	100 Ω/10 Ω/1 Ω	台	1	
2	接地钢钎	—	只	2	
3	铁锤	—	把	1	
4	塑料多股软铜线	2.5 mm²	条	800 ~ 1 000 m	
5	温湿度计	—	个	1	
6	对讲机	—	台	2	通信
7	围栏	—	个	1	
8	标识牌	—	个	1	
9	记录本	—	本	1	

准备工作:确认接地网接地引下线与其他电气设备断开;记录环境温度、湿度、气象情况、试验日期及使用仪表。

试验安全防护

(1)在作业地点的周围要设围栅。围栅上悬挂"止步,高压危险!"的标示牌(标示牌要面向作业场地外方),并派专人看守。

(2)在一个电气连接部分内,同时只允许一个作业组且在一项设备上进行高压试验。

（3）施加电压作业要专人操作、专人监护。加压时,操作人要穿绝缘靴或站在绝缘垫上,操作人和监护人要呼唤应答。整个加压过程,全体作业人员均要精神集中,随时注意有无异常现象。

试 验 接 线

接地电阻测量接线如图7-5(a)和图7-5(b)所示,其中图7-5(a)表示接地兆欧表为三端钮时接线方法,图7-5(b)表示接地兆欧表为四端钮时的接线方法。接线时沿被测接地极 E 使电位极 P 和电流极 C 依直线彼此相距20 m,且电位极 P 插于接地极 E 和电流极 C 之间。三端钮接线时用导线将 E,P,C 连于仪表相应的端钮,四端钮接线时将 C2、P2 短接后与接地极 E 相连,P1 端钮与电位极 P 相连、C1 端钮与电流极 C 相连。

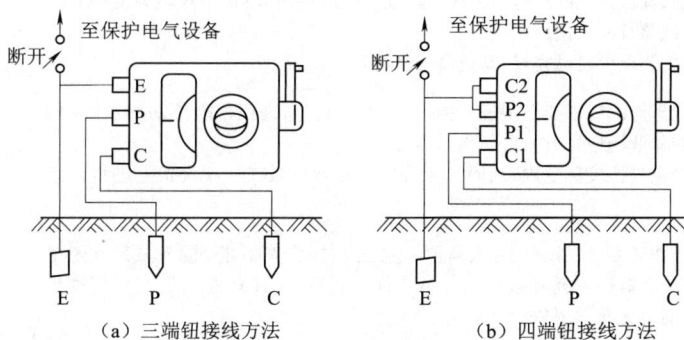

C1、C2—电流端钮;P1、P2—电位(压)端钮;E—地网。

图7-5 接地电阻测量接线图

试 验 操 作

（1）确认接地体与被保护设备断开,按接地电阻测试接线接好试验线。

（2）将仪表放置水平位置,检查检流计是否指在中心线上,否则可用调零器将其调整指向中心线。

（3）将"倍率标度"置于最大倍数,慢慢转动发电机摇把,同时旋动"测量标度盘"使检流计指针指向中心线。

（4）当检流计的指针接近平衡时,加快发电机摇把的转速,使其达到120 r/min 以上,调整"测量标度盘"使指针指向中心线。

（5）如"测量标度盘"的读数小于 1 时,应将"倍率标度"置于较小标度倍数,再重新调整"测量标度盘"以得到正确读数。

（6）用"测量标度盘"的读数乘以"倍率标度盘"的倍数即为所测的接地电阻值。

试 验 数 据 分 析

根据《铁路牵引变电所电气设备试验规则》关于有效接地系统接地网的接地阻抗判断依据:

$$R \leqslant 2\,000/I \qquad (7\text{-}3)$$

式中 R——考虑到季节变化的最大接地电阻,接地阻抗的实部,Ω;

I——经接地网入地的最大接地故障不对称电流有效值,A。

还应计算系统中各接地中性点间的故障电流分配,以及避雷线中分走的接地故障电流。

任务评价

任务评价表,见表 7-6。

表 7-6　评价表

任务名称		牵引变电所接地网接地电阻的测量				
班级		小组成员		试验日期		
序号		评价内容及评分标准	分值	学生自评	学生互评	教师评价
1	安全防护	1. 测试前,确认接地网接地引下线与其他电气设备断开;记录环境温度、湿度、气象情况、试验日期及使用仪表。 2. 测试后,测试项目已完成,作业命令已消除	10 分			
		1. 在作业地点的周围要设围栅。围栅上悬挂"止步,高压危险!"的标示牌(标示牌要面向作业场地外方),并派专人看守。 2. 在一个电气连接部分内,同时只允许一个作业组且在一项设备上进行高压试验	10 分			
		施加电压作业要专人操作、专人监护。加压时,操作人要穿绝缘靴或站在绝缘垫上,操作人和监护人要呼唤应答。整个加压过程,全体作业人员均要精神集中,随时注意有无异常现象	10 分			
		作业中需要着装整齐,穿绝缘靴、工作服、戴绝缘手套、安全帽,做好个人安全防护	10 分			
2	试验准备	1. 两人一组,与他人进行良好的沟通合作。 2. 确认接地体与被保护设备断开,按接地电阻测试接线接好试验线。 3. 将仪表放置水平位置,检查检流计是否指在中心线上,否则可用调零器将其调整指向中心线	10 分			
3	试验操作	1. 将"倍率标度"置于最大倍数,慢慢转动发电机摇把,同时旋动"测量标度盘"使检流计指针指向中心线。 2. 当检流计的指针接近平衡时,加快发电机摇把的转速,使其达到 120 r/min 以上,调整"测量标度盘"使指针指向中心线	10 分			
		1. 如"测量标度盘"的读数小于 1 时,应将"倍率标度"置于较小标度倍数,再重新调整"测量标度盘"以得到正确读数。 2. 用"测量标度盘"的读数乘以"倍率标度盘"的倍数即为所测的接地电阻值	20 分			
		1. 正确填写试验报告。 2. 对试验数据进行分析	10 分			
4	文明作业	1. 作业完毕,设备恢复原样。 2. 设备、仪器及工器具收好,摆放整齐	5 分			
		每次加压操作,操作人和监护人应进行呼唤应答	5 分			
综合评价						

课后练习

1. 什么是接地电阻?
2. 如何降低接地电阻?
3. 试述接地电阻的测量方法。

案例分析

一、变电站概况

该 220 kV 变电站电压等级有 220 kV/110 kV/10 kV,220 kV、110 kV 侧为双母线接线,10 kV 侧为单母线接线方式;220 kV 侧进线 4 回,分别运行于 220 kV 南、北母线,110 kV 侧馈线 9 回,其中两回在停止运行状态,10 kV 侧馈线 5 回。

二、试验过程

时间:20××年××月××日上午。

地点:某 220 kV 变电站。

试验设备:大电流地网参数综合测试仪。

试验内容:变电站大地网接地电阻、接地阻抗、跨步电压等试验。

试验过程:

(1)试验人员根据现场布置情况,初步测得主接地网呈现长方形状,长约 185 m,最大处宽约 135 m,其最大对角线长约 230 m。根据现场布线测定,电压测试线全长约 1 600 m,电流测试线全长约 1 600 m。

(2)采用夹角法进行主接地网接地阻抗与接地电阻测试。

(3)测试结果符合标准,测试顺利完成。

(4)接地阻抗测试结束后,收电位线,其他的分流、场区地表电位梯度分布、跨步电位差、接触电位差等测试同步进行。保障了试验数据精准同时也提升了试验效率。

(5)对全站接地采用选点开挖的方法,对接地网的腐蚀情况进行检查。

项目八

轨道交通变电所电力电缆试验

项目描述

本项目主要介绍变电所电力电缆试验的相关内容。变电所的电力电缆试验通常要求在电力电缆新安装敷设后将要投运前,以及运行过程中定期进行,以此来判断电力电缆的绝缘状况及可能存在的相关隐患,从而预防事故的发生或电缆的损坏。电力电缆的试验有:测量绝缘电阻、直流耐压试验及泄漏电流测量、检查电缆线路的相位、充油电缆的绝缘油试验,本项目重点介绍绝缘电阻测量、泄漏电流测量、直流耐压试验及绝缘在线监测等内容。电力电缆以下简称电缆。

学习目标

1. 知识目标

(1)了解电力电缆的结构;

(2)掌握电力电缆绝缘电阻测量试验流程;

(3)掌握电力电缆泄漏电流和直流耐压试验方法。

2. 能力目标

(1)能够识别出电力电缆的类型;

(2)能够按照标准进行电力电缆相关试验;

(3)能够对试验结果进行准确分析。

3. 素质目标

(1)养成自主学习、刻苦钻研的态度;

(2)增强标准操作的意识;

(3)培养一丝不苟的精神。

学习引导

随着社会的不断发展及人们生活水平的提高,架空输电线路已经不能满足城市对电气设备设施在占地、环境等方面的要求,城市配电网络逐渐采用电力电缆替代架空输电线路。近年来随着电力需求的急剧增长,高压电路系统的扩容已成为当务之急。目前,我国电缆已经在多方面实现技术创新突破!未来,高温超导技术、碳纤维电缆、环保材料、铝代铜技术、铝稀土优化处理技术及"薄小工艺"六大电缆技术将助力电缆发展,推动产业升级。2020年12月22日,世界首条35 kV公里级超导电缆示范工程在上海投运,标志着国内新型电力系统建设领域关键技术取得了重大突破,有效解决窄通道大容量输电难题,有助于消除负荷热点地区的供电"卡脖子"现象。该35 kV公里级超导电缆示范工程位于上海市徐汇区长春变电站和漕溪变电站两座220 kV变电站之间,线路全长1.2 km,设计电流2 200 A,为国家电网在国内首次建设的超导输电项目,是目前世界上输送容量最大、线路最长、全商业化运行的35 kV高温超导电缆。超导输电的原理是在 −196 ℃的液氮环境中,利用超导材料的超导特性,使电力传输介质接近于零电阻,电能传输损耗趋近于零,从而实现低电压等级的大容量输电。一条35 kV超导电缆相当于传统220 kV电缆的输送容量,可以替代4~6条相同电压等级传统电缆,较以往可节省70%的地下管廊空间。这种传输效能和空间经济性上的显著优势,使得超导电缆适用于将大容量电能直接输送到寸土寸金的城市中心区域。

在牵引供电系统中,电力电缆也承担着向牵引网供电的重要作用。因此,了解电力电缆的结构、掌握电力电缆绝缘状况的检测方法对牵引供电系统的可靠、稳定、安全运行起着重要的作用。

任务一　电力电缆检查

任务描述

电力电缆主要用于传输和分配电能,并在各种电气设备间起到连接作用。目前,我国高速铁路电力系统两条贯通线多采用交联聚乙烯单芯电缆敷设,普速铁路为交联聚乙烯三芯电缆。了解电力电缆的结构是判断其绝缘状态的重要环节,根据电力电缆的型号对其材质、芯数、电压等级进行判断也是工程当中必须具备的能力。在本任务中,将详细讲解电力电缆的结构、分类及其检查维护的相关内容。

任务目标

1. 了解电力电缆的基本结构;
2. 了解电力电缆的分类;
3. 会制订检查方案,检查电力电缆。

知识准备

电力电缆具有占地面积和空间小、安全可靠等优点,随着我国电气化铁路装备及技术的发展,电力电缆及附件大量投入使用。在电缆选型时,需同牵引供电系统的设计参数相匹配,并充分考虑其应用的范围、运行环境、主要技术性能,以及远期的满载运行能力、事故情况下或过负荷运行情况下电流等因素,从而实现电缆供电的可靠性、经济性、稳定性。我国牵引供电系统采用27.5 kV的专用电缆供电,通常采用交联聚乙烯绝缘聚氯乙烯护套电缆(TYJV)及交联聚乙烯绝缘聚乙烯护套电缆(TYJY)两种型号,其不同在于外护套材料不同。

一、电力电缆的基本结构

如图 8-1 所示，电力电缆主要由线芯（导体）、绝缘层和护层（套）三部分构成，不同的部分材质不同，起到的作用不同。

线芯是传导电流的通路。常用的电缆线芯材料是铜或铝。它们具有较高的导电性能和较小的线路损耗。

绝缘层可以隔绝导体上高电场对外界的作用，常见的绝缘材料有：油浸纸、聚乙烯、聚氯乙烯、交联聚乙烯、乙丙橡胶等。

护层又称为护套，保护电缆线芯和绝缘层，使线芯、绝缘层免受外界损伤、受潮、渗透、腐蚀等作用。一般由金属护层与绝缘护层两部分组成。

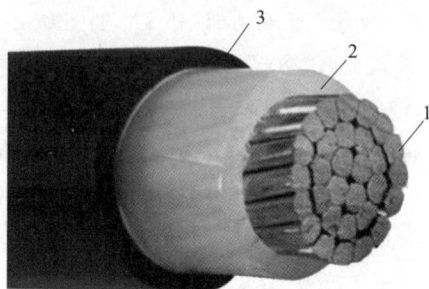

1—线芯；2—绝缘层；3—护层。

图 8-1　电力电缆的基本结构

二、电力电缆的分类

（1）按输送的电能形式分：直流电缆、交流电缆等。

（2）按结构特征分：统包型、分相型、钢管型、扁平型、自容型电缆等。

（3）按电压等级分：低压型、中压型、高压型、超高压型电缆等。

低压电力电缆：$U \leq 1$ kV；

中压电力电缆：6 kV$\leq U \leq 35$ kV；

高压电力电缆：63 kV$\leq U \leq 220$ kV；

超高压电力电缆：$U \geq 330$ kV。

（4）按芯数分：单芯电缆和多芯电缆等。

（5）按敷设环境分：直埋、排管、隧道、架空、水底过河、大高落差电缆等。

（6）按电缆的绝缘材料不同分为如下种类：

①油浸纸绝缘电缆：包括铅包、铝包、铠装和无铠装等。常见的三芯油浸纸绝缘电缆结构如图 8-2 所示。

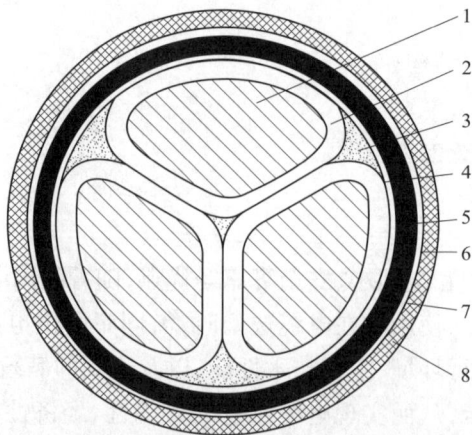

1—线芯；2、4—纸绝缘；3—填料；5—铅（铝）包；6—内衬垫；7—金属护层（铠装）；8—外绝缘护层。

图 8-2　三芯油浸纸绝缘电缆结构

②塑料类电缆:有聚乙烯、聚氯乙烯和交联聚乙烯电缆等。其中交联聚乙烯电缆较为常见,其单芯和三芯电缆的结构如图8-3和图8-4所示。

1—线芯;2—内半导体层;
3—交联聚乙烯绝缘层;4—外半导体层;
5—铜屏蔽层;6—金属护层;7—外绝缘护层。
图8-3　单芯交联聚乙烯电缆

1—线芯;2—内导体层;3—交联聚乙烯绝缘层;
4—外半导体层;5—填料;6—铜屏蔽层;
7—金属护套(铠装)护套;8—外绝缘护层。
图8-4　三芯交联聚乙烯电缆

③橡胶类电缆:常见的有天然橡胶电缆,复合橡胶电缆等,其电气性能和耐老化性能较好。
④其他绝缘材料的电缆:有充气电缆、充油电缆等。

三、电力电缆的试验项目

根据电力电缆的基本结构组成,电力电缆的性能试验分为导体导电性能及绝缘材料绝缘性能两大类。导体的导电性能主要涉及导体的直流电阻测量、电缆的相位检查、载流量测算等方面;绝缘材料的绝缘性能主要包括绝缘电阻测量、泄漏电流测量和直流耐压试验。

任务实施

任务单

填写任务单,见表8-1。

表8-1　作业任务单

作业内容		按照作业要求完成电力电缆检查
作业组人员		
测试时间		
当天环境		
测试地点		
现场 基本 信息	试品 类型	
	型号	
测试项目		
使用仪器		

准备工作:穿好工作服、绝缘靴,戴好安全帽,带上检查、维护作业卡。

任务流程

作业前准备—检查核实安全措施—检查电力电缆—作业结束,恢复安全措施。

电力电缆检查

电力电缆检查是为了掌握电缆运行状态,及时发现和消除电缆线路及其附属设备上存在的缺陷,检查电缆周围环境是否满足运行环境要求,在电缆故障时查找故障点,以确保安全可靠供电。电缆检查分为定期检查、特殊检查和故障时事故查找。

注意事项

(1)夜间检查应携带照明工具。

(2)进入电缆隧道,应首先检查隧道内含氧量,防止对人身造成伤害;注意隧道内积水情况,防止毒蛇及其他动物对人员造成伤害。

(3)沿电缆线路走向检查时,应注意旁边建筑物和道路障碍。

(4)检查时遇有雷电,应远离检查设备,防止雷电波入侵电缆对人身造成伤害。

(5)电缆线路跳闸后事故查找时,应将电缆视为带电设备,查找时严禁用手触摸。

(6)开启后的电缆盖板应封盖严密。

---

1. 明敷电缆检查

(1)检查电缆外表有无锈蚀、损伤,沿线挂钩或支架有无脱落,线路上及附近有无堆放易燃易爆及强腐蚀性物质。

(2)电缆标牌完整、清晰,相序涂抹符合要求。

2. 地埋电缆检查

(1)电缆标牌完整、清晰,有明确的走向标志。

(2)对敷设于地下的每一条电缆线路,应查看路面是否正常,有无开挖痕迹、堆物或线路标桩是否完整无缺等。

(3)与电缆线路交叉、并行电气机车路轨的电缆连接线是否良好。电缆线路与铁路、公路及排水沟交叉处有无缺陷。

任务评价

任务评价表,见表8-2。

表8-2 评价表

任务名称		电力电缆检查					
班级		小组成员		试验日期			
序号		评价内容及评分标准		分值	学生自评	学生互评	教师评价
1	安全防护	1. 夜间检查应携带照明工具;进入电缆隧道,应首先检查隧道内含氧量,防止对人身造成伤害;注意隧道内积水情况,防止毒蛇及其他动物对人员造成伤害。 2. 沿电缆线路走向检查时,应注意旁边建筑物和道路障碍。 3. 检查时遇有雷电,应远离检查设备,防止雷电波入侵电缆对人身造成伤害。 4. 电缆线路跳闸后事故查找时,应将电缆视为带电设备,查找时严禁用手触摸。 5. 开启后的电缆盖板应封盖严密		15分			
		检查过程中需要着装整齐,穿绝缘靴、工作服、戴安全帽,做好个人安全防护		10分			
		检查期间与运行设备保持相应安全距离		10分			
2	试验准备	1. 两人一组,与他人进行良好的沟通合作。 2. 记录环境温度、湿度、气象情况、检查日期及使用仪表		10分			
3	试验操作	明敷电缆检查: 1. 检查电缆外表有无锈蚀、损伤,沿线挂钩或支架有无脱落,线路上及附近有无堆放燃易爆及强腐蚀性物质; 2. 电缆标牌完整、清晰,相序涂抹符合要求		15分			
		地埋电缆检查 1. 电缆标牌完整、清晰,有明确的走向标志; 2. 对敷设于地下的每一条电缆线路,应看路面是否正常,有无开挖痕迹、堆物或线路标桩是否完整无缺等; 3. 与电缆线路交叉、并行电气机车路轨的电缆连接线是否良好。电缆线路与铁路、公路及排水沟交叉处有无缺陷		20分			
		1. 正确填写检查记录卡。 2. 检查数据与历史数据比较,无异常		10分			
4	文明作业	1. 作业完毕,设备恢复原样。 2. 设备、仪器及工器具收好,摆放整齐		10分			
综合评价							

课后练习

1. 电力电缆由哪些部分构成?

2. 电力电缆的类型有哪些?

3. 试述电力电缆的检查内容。

•••• 任务二 电力电缆绝缘电阻测量 ••••

📋 任务描述

电缆的绝缘电阻是反映电缆绝缘性能最基本最重要的指标,通过测量绝缘电阻可发现电缆的下列缺陷:绝缘介质的受潮情况、是否因某种原因形成导电通道、绝缘的变化情况。本任务详细描述了电力电缆的绝缘电阻测量流程及接线方法,并给出了判断绝缘电阻是否合格的标准。

📋 任务目标

1. 理解绝缘电阻的含义;
2. 掌握用兆欧表测量绝缘电阻的测试方法;
3. 掌握根据绝缘电阻测试结果分析判断电缆绝缘状况的方法。

💻 知识准备

1. 电缆的绝缘电阻

电缆的绝缘电阻指的是电力电缆并联等效电路(图 8-5)中的电阻值 R_g,它是反映电缆绝缘性能最基本最重要的指标,通过测量绝缘电阻可发现电缆的下列缺陷:

(1)绝缘介质的受潮情况;

(2)是否因某种原因形成导电通道;

(3)绝缘的变化情况。

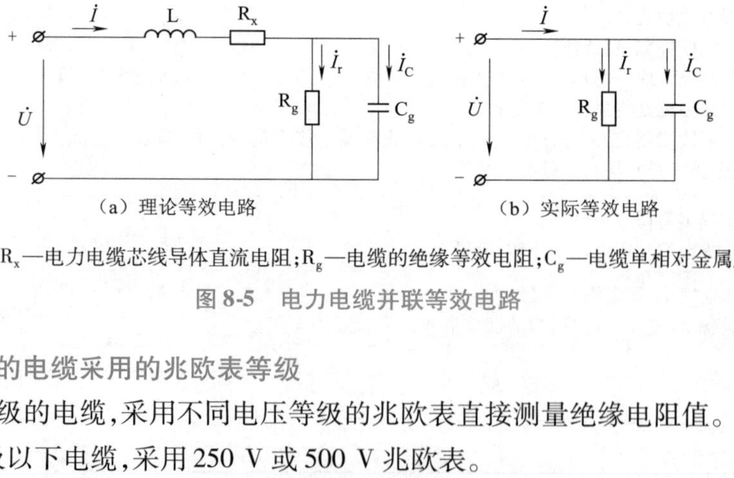

(a)理论等效电路　　　　　　　　(b)实际等效电路

L—电缆的等效电感;R_x—电力电缆芯线导体直流电阻;R_g—电缆的绝缘等效电阻;C_g—电缆单相对金属屏蔽层的等效电容。

图 8-5 电力电缆并联等效电路

2. 不同等级的电缆采用的兆欧表等级

不同电压等级的电缆,采用不同电压等级的兆欧表直接测量绝缘电阻值。

(1)500 V 及以下电缆,采用 250 V 或 500 V 兆欧表。

(2)橡塑电缆的外护套及内衬层,采用 500 V 兆欧表。

(3)0.6/1 kV 电缆,采用 1 000 V 兆欧表。

(4)0.6/1 kV 以上电缆,采用 2 500 V 兆欧表。

(5)6/6 kV 及以上电缆采用 2 500 V 或 5 000 V 兆欧表。

本任务以 10 kV 电力电缆为例讲解其绝缘电阻的测量过程。

任务实施

任务单

填写任务单,见表8-3。

表8-3　作业任务单

作业内容	按照作业要求完成10 kV电力电缆绝缘电阻测量
作业组人员	
测试时间	
当天环境	
测试地点	
现场基本信息	试品类型	
	型号	
测试项目	
使用仪器	

任务流程

作业前准备—检查核实安全措施—用绝缘电阻测试仪完成10 kV电力电缆绝缘电阻的测量—根据测量结果分析判断绝缘状况—作业结束,恢复安全措施。

工器具及试验设备准备(表8-4)

表8-4　工具、仪器、材料清单

序号	名称	技术规格	单位	数量	备注
1	温湿度计	误差±1 ℃	个	1	
2	兆欧表	5 000 V或2 500 V	台	1	
3	试验连接线	各类型号	条	若干	
4	万用表	—	台	1	
5	接地线	—	根	1	
6	工具箱	扳手等常用工具	套	1	
7	记录本	—	本	1	
8	放电棒	—	根	1	
9	围栏	—	个	1	
10	标识牌	—	个	1	
11	对讲机	—	个	2	通信

准备工作:根据《现场绝缘试验实施导则　绝缘电阻、吸收比和极化指数试验》(DL/T 474.1—2018)中的规定,确认被试品电源断开,对外连线已拆除或断开。试验前将被试品接地放电,对电容量较大者(如发电机、电缆、大中型变压器和电容器等),应充分放电(不少于5 min)。用干燥、清洁、柔软的布擦去被试品外绝缘表面的脏污,必要时用适当的清洁剂洗净。记录被试设备的温度、环境温度、湿度、气象情况、试验日期及使用仪表等。

试验安全防护

(1)在作业地点的周围要设围栅。围栅上悬挂"止步,高压危险!"的标示牌(标示牌要面向作业场地外方),并派专人看守。

(2)在一个电气连接部分内,同时只允许一个作业组且在一项设备上进行高压试验。

(3)试验装置的金属外壳要装设接地线,其电源开关要使用有明显断开点的双极开关。

(4)施加电压作业要专人操作、专人监护。加压时,操作人要穿绝缘靴或站在绝缘垫上,操作人和监护人要呼唤应答。整个加压过程,全体作业人员均要精神集中,随时注意有无异常现象。

(5)断开绝缘电阻测试仪后要对电缆芯线充分放电。

试验接线

测量电力电缆的绝缘电阻时,应依次测量各相对地的绝缘电阻值。测量某一相时,将测量相与兆欧表的高压端"L"连接,同时设置屏蔽环与兆欧表的屏蔽端"G"连接;将非被测相线芯、金属屏蔽或金属护套和铠装层一同接地,并与兆欧表的接地端"E"连接;"L""E"端子的接线不能对调。

电力电缆绝缘电阻测量的顺序及部位见表 8-5。

表 8-5　绝缘电阻测量顺序及部位

顺序	10 kV 交联聚乙烯三芯电缆	
1	A 相	主绝缘电阻
2	B 相	主绝缘电阻
3	C 相	主绝缘电阻

10 kV 交联聚乙烯三芯电缆主绝缘电阻测试接线如图 8-6 所示。

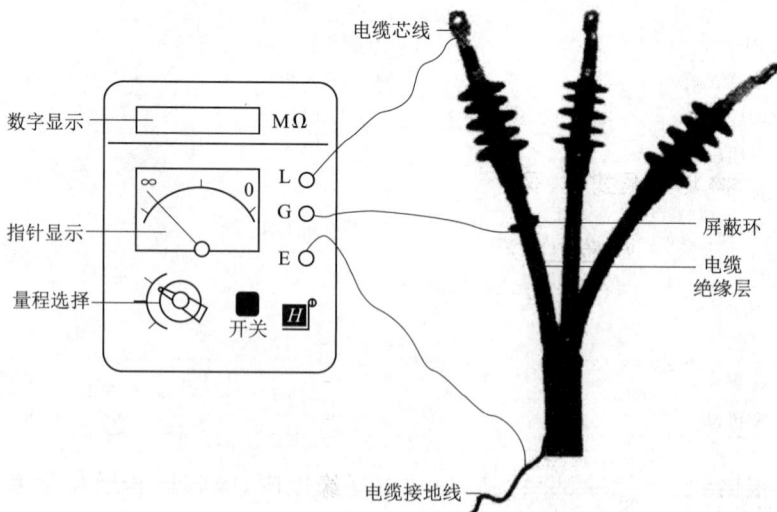

图 8-6　10 kV 交联聚乙烯三芯电缆主绝缘电阻测试接线

试验操作

(1)按要求接好试验线,启动兆欧表后,读取 60 s(1 min)的数据。在对电缆进行绝缘电阻测量时,由于电缆的分布电容的大小与其长度成正比且比较大,因此在测前测后都要注意较长时间的放电,以防止烧坏兆欧表或造成测量误差。

(2)测试时,应记录环境温度或电缆温度,并进行标准温度换算。

(3)当周围空气湿度较大或对电缆绝缘有怀疑时,可使用导线在被测相上1/3处缠绕几圈,绕后接入兆欧表的屏蔽端"G",以消除套管表面泄漏电流的影响。

(4)注意保证测试线之间及测试线"L"与地之间的绝缘良好,当测试电压较高时应注意"G"端的连接。

(5)每次测试完毕后应先断开"L"端与电缆的连接,再关断仪器电源。

(6)测量结束后要对被测试的芯线充分放电。

试验数据分析

根据《铁路变电所电气设备试验规则》的规定,橡塑绝缘电缆线路的主绝缘电阻用5 000 V兆欧表测量。绝缘电阻与上次相比不应有显著下降,否则应做进一步分析,必要时进行诊断性试验。

任务评价

任务评价表,见表8-6。

表8-6 评价表

任务名称		10 kV 电力电缆绝缘电阻测量				
班级		小组成员		试验日期		
序号		评价内容及评分标准	分值	学生自评	学生互评	教师评价
1	安全防护	1.测试前,"确认设备已停电;停电作业命令已批准;安全措施和作业手续已办理,具备作业条件"。 2.测试后,"测试项目已完成,作业命令已消除"	10 分			
		1.在作业地点的周围要设围栅。围栅上悬挂"止步,高压危险!"的标示牌(标示牌要面向作业场地外方),并派专人看守。 2.在一个电气连接部分内,同时只允许一个作业组且在一项设备上进行高压试验。 3.试验装置的金属外壳要装设接地线,其电源开关要使用有明显断开点的双极开关	5 分			
		1.施加电压作业要专人操作、专人监护。加压时,操作人要穿绝缘靴或站在绝缘垫上,操作人和监护人要呼唤应答。整个加压过程,全体作业人员均要精神集中,随时注意有无异常现象。 2.断开绝缘电阻测试仪后要对电缆芯线充分放电,不少于 5 min	5 分			
		作业中需要着装整齐,穿绝缘靴、工作服、戴绝缘手套、安全帽,做好个人安全防护	10 分			
2	试验准备	1.确认被试品电源断开,对外连线已拆除或断开。 2.试验前将被试品接地放电,对电容量较大者(如发电机、电缆、大中型变压器和电容器等),应充分放电(不少于 5 min)	10 分			
		1.用干燥、清洁、柔软的布擦去被试品外绝缘表面的脏污,必要时用适当的清洁剂洗净。 2.记录被试设备的温度、环境温度、湿度、气象情况、试验日期及使用仪表等	10 分			
3	试验操作	1.按要求接好试验线,启动兆欧表后,读取60 s(1 min)的数据。在对电缆进行绝缘电阻测量时,由于电缆的分布电容的大小与其长度成正比且比较大,因此在测前测后都要注意较长时间的放电,以防止烧坏兆欧表或造成测量误差。 2.当周围空气湿度较大或对电缆绝缘有怀疑时,可使用导线在被测相上1/3处缠绕几圈,绕后接入兆欧表的屏蔽端"G",以消除套管表面泄漏电流的影响	10 分			
		1.注意保证测试线之间及测试线"L"与地之间的绝缘良好,当测试电压较高时应注意"G"端的连接。 2.每次测试完毕后应先断开"L"端与电缆的连接,再关断仪器电源。 3.测量结束后要对被测试的芯线充分放电	20 分			
		1.正确填写试验报告。 2.试验数据与出厂值、规程比较,结论判断正确	10 分			
4	文明作业	1.作业完毕,设备恢复原样。 2.设备、仪器及工器具收好,摆放整齐	5 分			
		每次加压操作及验电、放电应进行呼唤应答	5 分			
综合评价						

1. 通过测量电力电缆绝缘电阻可以发现哪些绝缘缺陷?

2. 对于不同电压等级的电力电缆,如何选用兆欧表?

3. 试述电力电缆主绝缘电阻测量的操作过程。

●●●● 任务三　电力电缆泄漏电流测量和直流耐压试验 ●●●●

🧰 任务描述

　　测量泄漏电流与测量绝缘电阻在原理上是相同的,不同的是测量泄漏电流时所用的直流电压较高,能发现兆欧表测量绝缘电阻所不能发现的缺陷。通常泄漏电流试验与直流耐压试验同时进行。因直流耐压试验就是对电缆施加比额定电压高得多的直流电压,以检验电缆在长时或短时过电压下的工作可靠性。本任务主要学习电力电缆泄漏电流测量和直流耐压试验的相关方法。

🖥 任务目标

　　1. 理解电力电缆泄漏电流、直流耐压试验的含义;

　　2. 掌握高压直流装置、微安表、屏蔽线的使用方法;

　　3. 掌握电力电缆泄漏电流、直流耐压试验的测试方法;

　　4. 能根据测试结果分析判断电缆的绝缘状况。

🖥 知识准备

　　电缆绝缘电阻的测量实际上就是测量电缆的泄漏电流,但因兆欧表输出的直流电压较低(不超过 10 kV,一般最高为 5 kV),有些绝缘缺陷不易发现,因此测量泄漏电流往往要在较高电压下进行,有时还要观察泄漏电流随电压上升的变化规律,这样更能发现电缆的绝缘缺陷。电力系统中的各种电气设备在长期运行过程中其绝缘会受到类似雷击、短路、倒闸操作等一些过电压的冲击,这些过电压往往大大超过电气设备的额定电压。直流耐压试验就是给电缆施加比额定电压高得多的直流高电压(2 倍以上或更高),以检验其长时或短时在过电压下的工作可靠性,属于一种破坏性试验。通常泄漏电流试验与直流耐压试验同时进行。在直流耐压的过程中,随着电压的升高,分段读取泄漏电流值,而在最后进行直流耐压试验。

　　给电气设备特别是电力电缆做耐压试验,由于直流耐压试验设备较其他形式的耐压试验设备相比,具有体积小、重量轻、便于携带、可靠性高和操作简单等优点。在现场易于实施,因此在交接和预防性试验中把此项目作为最主要的试验项目,而在电缆生产厂的各项试验则不涉及直流试验。

　　在《现场绝缘试验实施导则　直流高电压试验》(DL/T 474.2—2018)中,对直流高压试验电压做了相关要求。

　　1.电压值和极性

　　直流电压是指单极性(正或负)的持续电压,它的幅值用算术平均值表示。在现场直流电压绝缘试验中,为了防止外绝缘的闪络和易于发现绝缘受潮等缺陷,通常采用负极性直流电压。根据不同试品的要求,试验电源应能满足试验的电压值、极性和容量要求。

2. 纹波

由高电压整流装置产生的电压包含有纹波的成分。在输出工作电流下,直流电压的纹波因数 S 应按式(8-1)计算,且 S 应不大于 3% 。

$$S = \frac{U_{max} - U_{min}}{2U_d} \times 100\% \tag{8-1}$$

式中 U_{max}、U_{min}、U_d 分别为直流电压的最大值、最小值和平均值。

3. 容许偏差

如果试验持续时间不超过 60 s,在整个试验过程中试验电压的测量值应保持在规定电压值的 ±1% 以内,当试验持续时间超过 60 s 时,在整个试验过程中试验电压的测量值应保持在规定电压值的 ±3% 以内。

任务实施

任务单

填写任务单,见表 8-7。

表 8-7　作业任务单

作业内容	按照作业要求完成三芯电缆泄漏电流、直流耐压试验	
作业组人员		
测试时间		
当天环境		
测试地点		
现场基本信息	试品类型	
	型号	
测试项目		
使用仪器		

任务流程

作业前准备—检查核实安全措施—用高压直流装置、微安表完成三芯电缆泄漏电流、直流耐压试验—根据测量结果分析判断绝缘状况—作业结束,恢复安全措施。

工器具及试验设备准备（表8-8）

表 8-8　工具、仪器、材料清单

序号	名称	技术规格	单位	数量	备注
1	高压直流装置	—	台	1	
2	微安表	2 000 μA	个	1	
3	屏蔽线	—	m	若干	
4	高压电缆	复合绝缘硅橡胶软高压电缆	m	若干	

序号	名称	技术规格	单位	数量	备注
5	温湿度计	误差 ±1 ℃	个	1	
6	放电棒	—	个	1	
7	对讲机	—	个	2	通信
8	围栏	—	个	1	
9	标识牌	—	个	1	
10	试验连接线	各类型号	m	若干	
11	记录本	—	本	1	

准备工作:确认电缆退出运行,测量前被测试电缆应充分放电(5 min 以上);拆除一切对外连线;用干燥、清洁、柔软的布擦净电缆头;试验前应将线芯充分分开,逐相进行测量;记录环境温度、湿度、气象情况、试验日期及使用仪表。

试验安全防护

(1)在作业地点的周围要设围栅。围栅上悬挂"止步,高压危险!"的标示牌(标示牌要面向作业场地外方),并派专人看守。

(2)在一个电气连接部分内,同时只允许一个作业组且在一项设备上进行高压试验。

(3)试验装置的金属外壳要装设接地线,其电源开关要使用有明显断开点的双极开关。

(4)施加电压作业要专人操作、专人监护。加压时,操作人要穿绝缘靴或站在绝缘垫上,操作人和监护人要呼唤应答。整个加压过程,全体作业人员均要精神集中,随时注意有无异常现象。

(5)断开测量设备后要对电缆芯线充分放电。

试验接线

测量某一相时,将被测量相的始端和终端分别与微安表 A1、A2 连接,同时将微安表与被测相设置屏蔽线进行等电位屏蔽(图 8-7 中虚线);对于 35 kV 及以上的电缆,由于试验电压高,通过被试品表面及周围空间的泄漏电流相当大,所以两端的终端头均应屏蔽;将非被测相线芯、金属屏蔽或金属护套和铠装层一同接地。

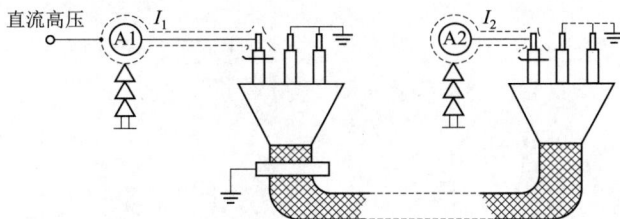

图 8-7　三芯电缆泄漏电流测量接线

试验操作

(1)按要求接好试验线,启动高压直流装置,在现场直流电压绝缘试验中,为了防止外绝缘的闪络和易于发现绝缘受潮等缺陷,通常采用负极性直流电压。升压时电压从零(或接近零)开始(仪器一般都设有回零启动开关——不到"0"位,不能启动)升压速度从 75% 试验电压开始可以每秒2% 试验电压速度升压,在升压过程中可分段读取泄漏电流值进行比较。

(2)当直流电压加至被试品的瞬间,流经试品的电流有电容电流、吸收电流和泄漏电流。电容电流是瞬时电流,吸收电流也在较长时间内衰减完毕,最后逐渐稳定为泄漏电流。一般是在试验时,先把微安表短路 1 min,然后打开进行读数。对具有大电容的设备,在 1 min 还不够,可取 3 ~ 10 min,或一直到电流稳定再记录。但不管取哪个时间,在对前后所得结果进行比较时,必须是相同的时刻。

(3)耐压试验结束后,必须要对电缆芯线导体进行充分完全放电,特别是在耐压试验完成,并确保切断试验设备电源后,一般需使电缆上的电压降至 1/2 试验电压以下,通过 $(200 ~ 500)\,\Omega/kV$(实际中的放电电阻约为 80 kΩ/kV)的放电电阻对地反复放电,直至无火花后再用短路线直接短路放电。

(4)耐压结束时,应迅速均匀降压到零,然后切断电源,切勿不降压突然切断电源。

试验数据分析

电缆是否有问题,或能否投入运行,可由直流泄漏值和直流耐压试验的结果综合判断,有下列情况之一者,电缆绝缘可能有缺陷或存在故障。

(1)泄漏电流在试验电压下忽高忽低,很不稳定。

(2)泄漏电流与历史数据相比变化较大。

(3)泄漏电流随试验电压的升高连续增大,且数值很大(比规定值或历史数据大得多)。

(4)当试验电压上升到某一电压时(试验规程要求的试验电压之内),泄漏电流突然增大;当电压降低时,泄漏电流又正常。

(5)泄漏电流随时间的延长有明显上升现象。当试验电压加到要求试验电压时,测量 1 min 和要求试验的时间(一般 5 min 泄漏电流,正常情况应符合 $I_{1min}/I_{5min} \geq 1$)。

(6)泄漏电流相对较大(历史数据或规定数据)且不平衡系数大于 2。

任务评价

任务评价表,见表8-9。

表8-9　评价表

任务名称		三芯电缆泄漏电流、直流耐压试验				
班级		小组成员		试验日期		
序号		评价内容及评分标准	分值	学生自评	学生互评	教师评价
1	安全防护	1.测试前,"确认设备已停电;停电作业命令已批准;安全措施和作业手续已办理,具备作业条件"。 2.测试后,"测试项目已完成,作业命令已消除"	10分			
		1.在作业地点的周围要设围栅。围栅上悬挂"止步,高压危险!"的标示牌(标示牌要面向作业场地外方),并派专人看守。 2.在一个电气连接部分内,同时只允许一个作业组且在一项设备上进行高压试验。 3.试验装置的金属外壳要装设接地线,其电源开关要使用有明显断开点的双极开关	5分			
		1.施加电压作业要专人操作、专人监护。加压时,操作人要穿绝缘靴或站在绝缘垫上,操作人和监护人要呼唤应答。整个加压过程,全体作业人员均要精神集中,随时注意有无异常现象。 2.断开测量设备后要对电缆芯线充分放电	5分			
		作业中需要着装整齐,穿绝缘靴、工作服,戴绝缘手套、安全帽,做好个人安全防护	10分			
2	试验准备	1.确认电缆退出运行,测量前被测试电缆应充分放电(5 min 以上)。 2.拆除一切对外连线;用干燥、清洁、柔软的布擦净电缆头	10分			
		1.试验前应将线芯充分分开,逐相进行测量; 2.记录环境温度、湿度、气象情况、试验日期及使用仪表	10分			
3	试验操作	1.按要求接好试验线,启动高压直流装置,在现场直流电压绝缘试验中,为了防止外绝缘的闪络和易于发现绝缘受潮等缺陷,通常采用负极性直流电压。升压时电压从零(或接近零)开始(仪器一般都设有回零启动开关——不到"0"位,不能启动)升压速度从75% 试验电压开可以每秒2% 试验电压速度升压,在升压过程中可分段读取泄漏电流值进行比较。 2.当直流电压加至被试品的瞬间,流经试品的电流有电容电流、吸收电流和泄漏电流。电容电流是瞬时电流,吸收电流也在较长时间内衰减完毕,最后逐渐稳定为泄漏电流。一般是在试验时,先把微安表短路1 min,然后打开进行读数。对具有大电容的设备,在1 min 还不够,可取3～10 min,或一直到电流稳定再记录。但不管取哪个时间,在对前后所得结果进行比较时,必须是相同的时刻	10分			
		1.耐压试验结束后,必须要对电缆芯线导体进行充分完全放电,特别是在耐压试验完成,并确保切断试验设备电源后,一般需使电缆上的电压降至1/2 试验电压以下,通过(200～500)Ω/kV(实际中的放电电阻约为 80 kΩ/kV)的放电电阻对地反复放电,直至无火花后再用短路线直接短路放电。 2.耐压结束时,应迅速均匀降压到零,然后切断电源,切勿不降压突然切断电源	20分			
		1.正确填写试验报告。 2.试验数据历史数据比较,结论判断正确	10分			
4	文明作业	1.作业完毕,设备恢复原样。 2.设备、仪器及工器具收好,摆放整齐	5分			
		每次加压操作及验电、放电应进行呼唤应答	5分			
综合评价						

课后练习

1. 电缆泄漏电流及直流耐压试验有什么区别及联系？
2. 直流耐压试验设备与其他耐压设备相比有什么特点？
3. 请绘制三芯电力电缆泄漏电流试验测量接线图。

●●●● 任务四　电力电缆绝缘在线监测　●●●●

任务描述

在前述任务中，已经学习了电力电缆的各种绝缘试验方法，但是这些常规的预防性试验一般要定期（如一年或多年）或必要时不定期进行，很难发现电力电缆中随机可能出现的问题。

本任务中描述的电力电缆在线监测技术，是电缆在运行状态下，连续或随机检测电力电缆的绝缘状况好坏，以及绝缘有问题的位置，以便于在早期发现问题和鉴定绝缘老化状况，确保供电系统的安全运行。

任务目标

1. 理解直流叠加法、直流分量法的测量原理；
2. 能根据直流叠加法、直流分量法的监测结果判断电力电缆绝缘状况并进行相应处理。

知识准备

一、绝缘在线监测系统的构成

随着我国高速铁路的快速发展，为了提高电气化铁路供电的可靠性，27.5 kV 高压电缆被广泛应用于从变电所到接触网间的电能输送。相对于普速铁路常使用架空线路的方式，高速铁路多使用地埋电缆方式进行供电。虽然安全系数更高但也为检修带来了困难。因此对电缆进行在线监测及评估，及时发现绝缘劣化的电缆，是保证牵引供电系统稳定运行的关键环节之一。

绝缘在线监测系统一般由以下几部分构成：

（1）信号的变送。信号的变送由相应的传感器来完成，传感器从电气设备上监测出反映绝缘状态的物理量，统一将其转换为合适的电信号后送至后续单元。常用的传感器有温度传感器、电流传感器、振动传感器和气体传感器等。

（2）信号的预处理。对传感器送来的信号进行滤波等预处理，称为信号的预处理。对信号进行预处理可对混叠在信号中的噪声进行抑制，以提高信噪比。

（3）数据采集。对经过预处理后的信号进行采集，并将其转换为数字信号后送往数据处理单元。数据采集单元主要由采样保持电路和模数转换器组成。

（4）信号的传输。对于便携式监测与诊断系统，由于其用于就地监测初诊断，不需要将信号传输到远离被监测设备的地方，故只需对信号进行适当的变换和隔离。对于固定式的监测初诊断系统，因其数据处理单元一般远离被监测的设备，故需配置专门的信号传输单元。

为避免长距离传送电信号时受到外界电磁干扰，一般采用光纤信号传输系统。其特点是先将电信号转换为光信号，用光纤将光信号传送到目的地后再转换为电信号。

（5）数据处理。对所采集的数据进行处理和分析，如进行平均处理、数字滤波、时域或频域分析等，目的是进一步抑制噪声，提高信噪比，以获得真实可靠的数据。

（6）诊断。对处理后的数据和历史数据、判据及其他信息进行比较、分析后，对设备绝缘的状态或故障部位做出诊断。

二、电力电缆绝缘电阻的在线监测方法

（一）直流叠加法

对于电力电缆的绝缘电阻在线监测通常采用"直流叠加法"，其测试原理如图 8-8 所示。

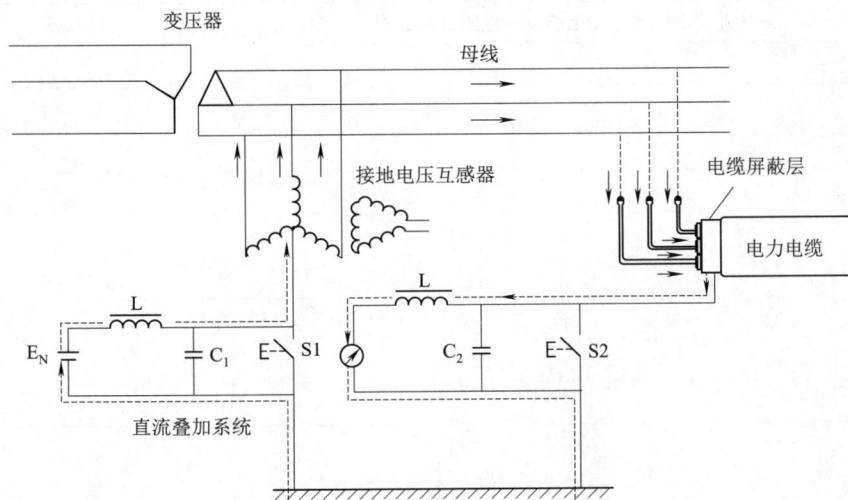

图 8-8　电力电缆绝缘电阻直流叠加法测试原理图

开始测量时，保持 S1、S2 处于断开状态，将直流电源 E_N 电压（约 50 V）通过接地电压互感器的中性点与运行母线的三相交流电叠加在电缆的三相中。此时，电缆同时施加有工频交流和直流电压，通过 LC_2 滤波器，滤除测试回路中的交流成分，只检测由电源 E_N 流过电缆绝缘层的微弱直流电流，最后计算出电缆的绝缘电阻。

直流叠加法也可用于电缆护套绝缘电阻的在线测试。

（二）直流分量法

对于塑料电缆，一般因电缆中存在的"水树枝"引起绝缘缺陷并形成故障，利用水树枝在电缆中存在的整流效应现象，通过检测电缆接地线的交流电流所含的微弱直流成分，来对电缆的绝缘劣化程度进行诊断，即所谓的"直流分量法"，其测试原理如图 8-9 所示。

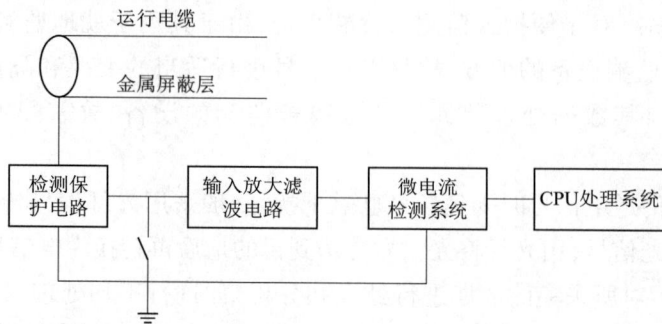

图 8-9　绝缘直流分量法在线监测系统原理

任务实施

任 务 单

填写任务单,见表 8-10。

表 8-10　作业任务单

作业内容	按照作业要求完成电力电缆绝缘电阻在线监测		
作业组人员			
测试时间			
当天环境			
测试地点			
现场基本信息	试品类型		
	型号		
测试项目			
使用仪器			

任 务 流 程

作业前准备—检查核实安全措施—电力电缆绝缘电阻在线监测—电力电缆绝缘电阻在线监测数据分析—作业结束,恢复安全措施。

电力电缆绝缘电阻在线监测

1. 直流叠加法监测结果分析

根据经验及有关规定,采用直流叠加法测得的电缆绝缘电阻 R_g,根据如下标准来判断电缆的绝缘状况:

(1)当 $R_g > 1\ 000\ M\Omega$,电缆绝缘良好。

(2)当 $100\ M\Omega < R_g < 1\ 000\ M\Omega$,属绝缘轻度问题,可继续使用。

(3)当 $10\ M\Omega < R_g < 100\ M\Omega$,属绝缘中度问题,应时刻关注,也可继续使用。

(4)当 $R_g < 10\ M\Omega$,属绝缘严重问题,应停电检修或更换电力电缆。

2.直流分量法监测结果分析

根据国外检测经验及有关资料,分析结果如下:

(1)若测得的电流$I_g > 100$ mA,表明绝缘有严重问题。

(2)若1 mA $< I_g < 100$ mA,表明绝缘有问题需要关注。

(3)若$I_g < 1$ μA,表明绝缘良好。由于所测的直流分量电流很小,很容易引起干扰,实际效果很不理想。

任务评价

任务评价表,见表8-11。

表8-11 评价表

任务名称		电缆绝缘电阻在线监测结果分析				
班级		小组成员		试验日期		
序号		评价内容及评分标准	分值	学生自评	学生互评	教师评价
1	在线监测	进入绝缘电阻在线监测系统获取所需数据	10分			
2	直流叠加法监测数据分析	1. 当 $R_g > 1\,000$ MΩ,电缆绝缘良好。 2. 当 100 MΩ $< R_g < 1\,000$ MΩ,属绝缘轻度问题,可继续使用。 3. 当 10 MΩ $< R_g < 100$ MΩ,属绝缘中度问题,应时刻关注,也可继续使用。 4. 当 $Rg < 10$ MΩ,属绝缘严重问题,应停电检修或更换电缆	20分			
		处理建议: 1. $R_g < 10$ MΩ,尽快更换。 2. 10 MΩ $< R_g < 100$ MΩ,加强监测、随时更换。 3. 100 MΩ $< R_g < 1\,000$ MΩ,继续使用。 4. $R_g > 1\,000$ MΩ,绝缘良好	20分			
3	直流分量法监测数据分析	1. 若测得的电流 $I_g > 100$ mA,表明绝缘有严重问题。 2. 若 1 mA $< I_g < 100$ mA,表明绝缘有问题需要关注。 3. 若 $I_g < 1$ μA,表明绝缘良好。由于所测的直流分量电流很小,很容易引起干扰,实际效果很不理想	20分			
		处理建议: 1. $I_g > 100$ mA,尽快更换。 2. 1 mA $< I_g < 100$ mA,加强监测,必要时更换。 3. $I_g < 1$ μA,绝缘良好,继续使用	20分			
4	报告记录	1. 正确填写监测报告。 2. 结论判断正确	10分			
综合评价						

课后练习

1. 绝缘电阻在线监测系统一般由哪几部分构成?

2. 电力电缆绝缘电阻在线监测方法有哪些?

案例分析

变电站 10 kV 母线接地故障案例分析

一、案例一

(一)线路概况

线路名称:水瑶线　　　　　　　　电压等级:10 kV

绝缘类型:XLPE(交联聚乙烯)绝缘　电缆全长:149 m

水瑶线为变电站的 10 kV 馈线,另一端经杆塔连接接触网,敷设情况如图 8-10 所示。在杆塔处因电缆数量多且不是一次敷设,使电缆多次被破坏,该处电缆曾多次发生故障。

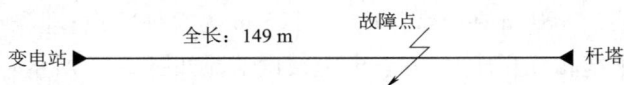

图 8-10　电缆线路敷设示意

(二)事故象征

20××年××月××日,变电站后台监控机报"10 kV 母线接地",母线故障相电压降低,非故障相电压升高为线电压,复归保护装置信号,现场检查站内设备无异常。

(三)事故处理过程

(1)根据站内检查及异常信号分析判断:水瑶线有接地故障。

(2)将故障线路停电并装设接地线。

(3)通知检修人员进入现场作业,检查线路验电、放电、挂地线,并做好安全措施。

(4)拆下故障电缆两端终端接头,用兆欧表、万用表测试结果见表 8-12 和表 8-13,诊断该电缆发生了多相高阻接地故障。

表 8-12　兆欧表测试电缆绝缘情况

相别	A—地	B—地	C—地
绝缘电阻	0	∞	0

表 8-13　万用表测试电缆电阻情况

相别	A—地	C—地	A—C
电阻	2 MΩ	2 MΩ	20 kΩ

(5)使用电缆故障定位仪、测距仪找到故障点并进行开挖。

(6)更换故障电缆。

(7)使用兆欧表对新更换电缆进行绝缘电阻测试,符合要求,充分放电。

(8)对新更换电缆进行耐压试验,符合要求,充分放电。

(9)拆除安全措施,人员离场,恢复供电。

(四)事故总结

该次线路故障共计停电 5 h,在事故处理过程中由于过分依赖经验,导致经过两次定位才找到故障精确位置,定位时间比较长,恢复供电速度比较慢。

经验教训:日常工作中应加强对电气设备的运行情况监测,及时发现可能出现的故障情况,避免长时间停电情况的出现。工作人员应时刻保持警惕,严格标准化作业流程,切实履行好岗位职责。

二、案例二

(一)线路概况

线路名称:电缆 1 号线、电缆 2 号线　　　　　电压等级:10 kV

绝缘类型:XLPE(交联聚乙烯)绝缘　　　　　电缆全长:515 m

电缆 1、2 线路为该降压变电站的 10 kV 出线,从变电站到车站并联供电;全长大约 515 m,在 400 m 处有一接头:前 400 m 在电缆沟内,后 115 m 为直埋敷设;埋深 0.5 ~ 1 m 不等,电缆沟很窄,共有十多根电缆相互积压在一起;电缆敷设情况如图 8-11 所示。

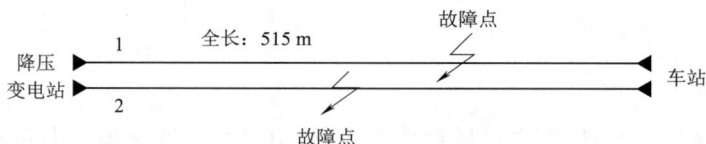

图 8-11　电缆线路敷设示意

(二)事故象征

20××年××月××日,某降压变电站后台监控机报"10 kV 母线接地",母线故障相电压降低,非故障相电压升高为线电压,复归保护装置信号,现场检查站内设备无异常。

(三)事故处理过程

(1)根据站内现场检查及异常信号分析判断:1、2 线路有接地故障。

(2)将故障线路停电并装设接地线。

(3)通知检修人员进入现场作业,检查线路验电、放电、挂地线,并做好安全措施。

(4)拆下故障电缆两端终端接头,用兆欧表测试结果见表 8-14,诊断电缆 1、2 均发生了单相高阻接地故障。

表 8-14　兆欧表测试电缆绝缘情况

相别	A—地	B—地	C—地
电缆 1 绝缘电阻	∞	∞	0.5 MΩ
电缆 2 绝缘电阻	∞	4 MΩ	∞

(5)使用电缆故障定位仪、测距仪找到故障点并进行开挖。

(6)更换故障电缆。

(7)使用兆欧表对新更换电缆进行绝缘电阻测试,符合要求,充分放电。

(8)对新更换电缆进行耐压试验,符合要求,充分放电。

(9)拆除安全措施,人员离场,恢复供电。

参考文献

[1] 国家能源局. 电力设备预防性试验规程:DL/T 596—2021[S]. 北京:中国电力出版社,2021.

[2] 中国国家铁路集团有限公司. 铁路牵引变电所电气设备试验规则:TL/GD 206—2023[S]. 北京:中国铁道出版社有限公司,2023.

[3] 中华人民共和国住房和城乡建设部,中华人民共和国国家质量监督检验检疫总局. 电气装置安装工程电气设备交接试验标准:GB 50150—2016[S]. 北京:中国计划出版社,2016.

[4] 国家能源局. 现场绝缘试验实施导则:DL/T 474—2018[S]. 北京:中国电力出版社,2018.

[5] 何发武. 高电压设备测试[M]. 北京:中国铁道出版社有限公司,2020.

[6] 王喜燕,马广胜. 高压电气绝缘检测工作页[M]. 北京:化学工业出版社有限公司,2021.

[7] 陈天翔. 高电压技术实验指导书[M]. 西安:西安交通大学出版社,2023.

[8] 苏群,刘先锋. 高电压技术[M]. 北京:中国电力出版社,2019.

[9] 王睿,邓小桃. 高电压技术[M]. 北京:中国铁道出版社,2014.

[10] 韩伯锋. 电力电缆试验及检测技术[M]. 2版. 北京:中国电力出版社,2014.

[11] 朱启林,李仁义,徐炳银. 电力电缆故障测试方法与案例分析[M]. 北京:机械工业出版社,2008.